RUSIA
109
KAZAJISTÁN
MONGOLIA
81
GEORGIA
UZBEKISTÁN
94
KIRGUISTÁN
107
COREA DEL NORTE
112
TURQUÍA
TURKMENISTÁN
110
80
SIRIA
95
COREA DEL SUR
JAPÓN
ISRAEL
IRAK
AFGANISTÁN
CHINA
82
IRÁN
111
83
JORDANIA
97
PAKISTÁN
99
NEPAL
100
BUTÁN
108
ARABIA SAUDÍ
96
BANGLADÉS
106
E.A.U.
84
105
TAIWÁN
MYANMAR
103
OMÁN
INDIA
LAOS
104
SUDÁN
ERITREA
YEMEN
TAILANDIA
VIETNAM
87
102
CAMBOYA
FILIPINAS
SOMALIA
SUDÁN DEL SUR
ETIOPÍA
98
SRI LANKA
101
BRUNÉI
MALASIA
UGANDA
89
SINGAPUR
88
KENIA
INDONESIA
TANZANIA
PAPÚA NUEVA GUINEA
TIMOR ORIENTAL
ISLAS SALOMÓN
MALAUI
114
90
MOZAMBIQUE
91
VANUATU
FIYI
MADAGASCAR
AUSTRALIA
118
119
115
113
116
124
125
NUEVA ZELANDA
123
117
121
122
120

RUTAS

RUTAS

SENDERISMO PARA DESCUBRIR EL MUNDO

CONTENIDOS

Introducción *p. 6*

Prepararse para la ruta *p. 8*

Equipo esencial *p. 10*

Índice *p. 248*

Agradecimientos *p. 254*

AMÉRICA CENTRAL Y DEL SUR *p. 70*

AMÉRICA DEL NORTE *p. 12*

EUROPA *p. 94*

Página anterior
Paseo invernal por
Cat Bells, en el Distrito de
los Lagos de Inglaterra

ÁFRICA Y ORIENTE PRÓXIMO *p. 164*

AUSTRALASIA *p. 222*

ASIA *p. 186*

Caminando sobre un árbol caído en un bosque centenario

INTRODUCCIÓN

Hay pocas cosas tan satisfactorias como viajar a pie: marcarse un ritmo constante en medio de un paisaje increíble con la libertad de parar donde apetezca. Es una actividad siempre gratificante y sostenible que merece ser difundida. De ahí la razón de ser de *Rutas. Senderismo para descubrir el mundo.*

Este libro contiene una cuidada selección de 125 recorridos espectaculares por todo el mundo, reunidos por un equipo de entusiastas de las actividades al aire libre. Algunos se han elegido por sus impresionantes paisajes, otros por su interesante historia y otros por los estimulantes retos que suponen. No se han puesto límites en cuanto a distancia: los recorridos van desde un paseo de medio día por una pasarela sobre un pantano en Estonia hasta una épica ruta de seis meses por los montes Apalaches, en Estados Unidos. Tampoco es una colección de extenuantes caminatas de montaña: se incluyen numerosos recorridos costeros y paseos por bosques, así como rutas mochileras más clásicas.

El libro está convenientemente organizado por continentes, con los mejores itinerarios. Cada recorrido contiene información práctica para planificar el viaje, incluidas la distancia, el desnivel positivo y la duración, además de consejos sobre los lugares de mayor interés y tentempiés para comer en ruta. También se incluyen los perfiles, que muestran al detalle los ascensos y descensos de cada itinerario. ¿Qué más se necesita para lanzarse a vivir una aventura a pie?

SÍMBOLOS PRINCIPALES

 DISTANCIA  DESNIVEL POSITIVO  DURACIÓN

PREPARARSE PARA LA RUTA

La planificación es esencial antes de emprender cualquier ruta a pie, sobre todo si se trata de un viaje de varios días o a una zona remota. Aquí se reúnen algunos consejos prácticos para organizar la ruta y prepararse antes de partir.

Planificación

Para que el viaje a pie tenga éxito es necesario tener en cuenta no solo dónde se quiere ir y qué distancia se puede recorrer, sino también detalles más específicos sobre el equipo, el alojamiento y los transportes. La mayoría de la gente camina a un ritmo medio de unos 5 kilómetros por hora, pero esto puede variar dependiendo del terreno, las condiciones meteorológicas y la forma física. Conviene consultar el pronóstico del tiempo para saber qué equipaje llevar, planificar dónde se va a dormir (atención a las normas sobre acampada libre y la obligación de reservar con antelación) y cómo llegar al punto de partida de la ruta y salir de su final.

NO DEJAR HUELLA

Senderismo responsable

Caminar es una de las maneras de viajar más sostenibles. Para proteger la naturaleza hay que ceñirse al camino marcado, elegir bien los lugares de acampada, usar hornillo en vez de hacer fuego y nunca dejar basura. No hay que llevarse ningún elemento natural ni molestar a los animales.

Campamento en medio del imponente paisaje montañoso del Himalaya, en Nepal

Ropa

Aquí la clave está en las capas: es la mejor manera de añadir ropa cuando hace frío y quitársela cuando hace calor. La combinación estándar consta de una capa interior, una capa intermedia, ya sea un forro polar o una prenda acolchada o de plumas, y una capa exterior, por lo general una chaqueta. La capa interior debe ser de lana merino, poliéster o nailon, materiales que favorecen la transpiración; conviene evitar el algodón, que se humedece con facilidad. La chaqueta debe ser de un material impermeable y transpirable, como el GORE-TEX. Para las piernas se recomiendan unos pantalones cómodos de secado rápido (los desmontables de cremallera son muy versátiles); no está de más llevar también unos pantalones impermeables.

El tipo de calzado dependerá de la distancia que se camine y de lo que se lleve a cuestas. Los factores clave son el peso, la transpirabilidad, la durabilidad y la resistencia al agua, así como el grado de sujeción que se necesite. Lo mejor es ponerse en manos de un experto.

Orientación

Un mapa de papel y una brújula son los instrumentos más sencillos y fiables para orientarse sin depender de la tecnología. Aun así, conviene llevar un *smartphone* o un reloj con GPS, y comprobar que las aplicaciones necesarias funcionan sin conexión. No hay que olvidar el cargador portátil, pues los dispositivos consumen mucha batería.

Comportamiento

Es preciso ceñirse a los caminos marcados, tanto para proteger el medio ambiente como para evitar invadir propiedades privadas. Hay que intentar no hacer ruido, evitar las prendas y los materiales brillantes en la medida de lo posible y cerrar las verjas tras pasar por terrenos con ganado. Si se desciende por una senda estrecha, lo habitual es ceder el paso a las personas que suben.

SEGURIDAD

Senderismo sin riesgos

No se debe subestimar la distancia para terminar el recorrido antes de que anochezca.

Hay que llevar agua, comida y tentempiés suficientes para toda la ruta, más algo de reserva.

Siempre se debe llevar un teléfono móvil, pero no depender de él para orientarse.

Hay que informar de nuestros planes de viaje a alguien de confianza.

En áreas remotas no se debe caminar en solitario.

Uno de los postes indicadores del Moselsteig, que discurre por el oeste de Alemania

Páginas web

Las siguientes páginas web en inglés contienen excelentes recursos para planear rutas a pie.

alltrails.com
Base de datos global con unos 200 000 itinerarios, mapas y reseñas de senderistas.

komoot.com
Planificador de rutas muy intuitivo, perfecto para encontrar destinos.

outdoorgearlab.com
Comparativas detalladas de material para practicar senderismo y acampadas.

lnt.org
Consejos para disfrutar de la naturaleza de forma responsable.

earth.google.com
Útil para ver mapas interactivos en 3D e investigar parajes desconocidos.

Para descargarse las rutas GPX que aparecen en este libro y acceder a otros contenidos interesantes sobre senderismo, consultar nuestra página *dk.com/hike* (en inglés).

EQUIPO ESENCIAL

¿A punto de ponerse en camino pero aún sin saber qué llevar? He aquí una lista de artículos a tener en cuenta cuando se trata de internarse en la naturaleza. Muchos de ellos son piezas esenciales del equipo que siempre hay que llevar allá donde se vaya; otras pueden ser útiles si se recorren ciertos tipos de terreno o en determinadas partes del mundo.

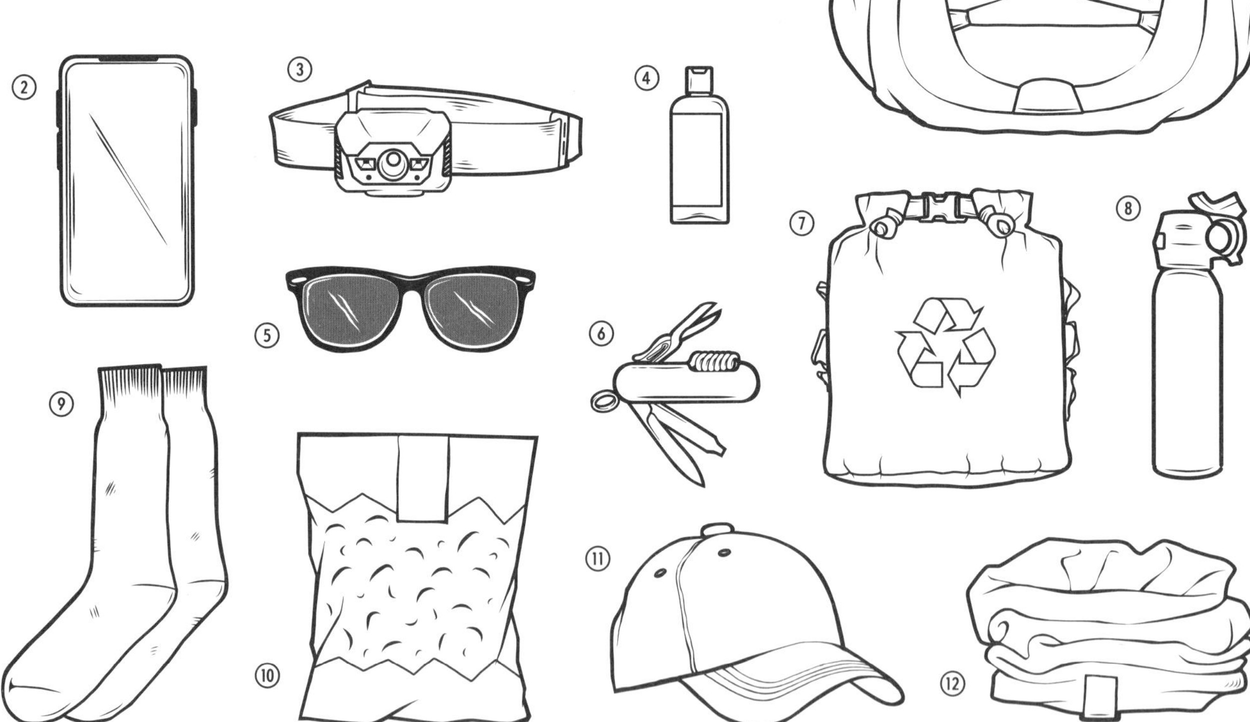

① **Mochila** La comodidad es la clave: tirantes acolchados, respaldo ergonómico y cinturón lumbar.

② **Teléfono móvil** Puede ser un práctico GPS, además de ser útil en caso de emergencia.

③ **Linterna frontal** 10 lúmenes bastan para el campamento, pero para caminatas nocturnas se requieren 300 lúmenes.

④ **Gel desinfectante** Útil para lavarse las manos cuando escasea el agua.

⑤ **Gafas de sol** Deben ser ligeras, con cristales polarizados y protección UV (4 es la máxima categoría).

⑥ **Navaja suiza** Este artilugio multiusos incluye herramientas tan útiles como unas tijeras, una minisierra y un abrebotellas.

⑦ **Bolsa de basura reutilizable** También puede servir como funda impermeable en el interior de la mochila o bolsa de almacenamiento.

⑧ **Espray antiosos** Debe llevarse en lugar accesible en algunas zonas de EE. UU.

⑨ **Calcetines de repuesto** Para cuidar los pies, hay que cambiar los calcetines a menudo. Mejor si son de lana merino.

⑩ **Frutos secos** El tentempié perfecto para nutrirse y tener energía.

⑪ **Gorra** Protege del sol y mantiene la cabeza caliente si refresca.

⑫ **Braga de cuello** Pocas prendas tienen tantos usos como este pequeño y ligero complemento, que sirve como bufanda, mascarilla, pañuelo y cinta para la cabeza.

⑬ **Chaqueta impermeable** Las mejores también son transpirables y resistentes al viento. La capucha no debe restar visibilidad.

⑭ **Bastones** Protegen las rodillas y ayudan a mantener el equilibrio en terrenos resbaladizos y escarpados.

⑮ **Brújula** Lo más fiable para orientarse sin depender de la cobertura o las baterías.

⑯ **Botella reutilizable** Aparte de llevar el agua puede usarse como utensilio de cocina. Además, contribuye a reducir la huella de carbono.

⑰ **Repelente de insectos** Existen varios tipos, como la DEET, la picaridina o los repelentes naturales.

⑱ **Pañuelos desechables** Ligeros y muy útiles. Mejor si son biodegradables.

⑲ **Reloj con GPS** Permite monitorizar el recorrido, la situación, la altitud, el ritmo cardiaco y las calorías quemadas. También da la hora.

⑳ **Guantes** Mantener las manos calientes y secas previene la formación de ampollas si se usan bastones en distancias largas.

㉑ **Botiquín** Imprescindible en cualquier ruta. Debe tener lo necesario para tratar cortes, mordeduras, golpes, quemaduras y ampollas.

㉒ **Prismáticos** Deben combinar suficientes aumentos (el grado de ampliación del objeto observado) y buena resolución (depende del diámetro de las lentes) en un tamaño compacto. 10x32 es una buena opción.

㉓ **Mapa topográfico** La escala debe adecuarse a la distancia y la extensión que se recorran.

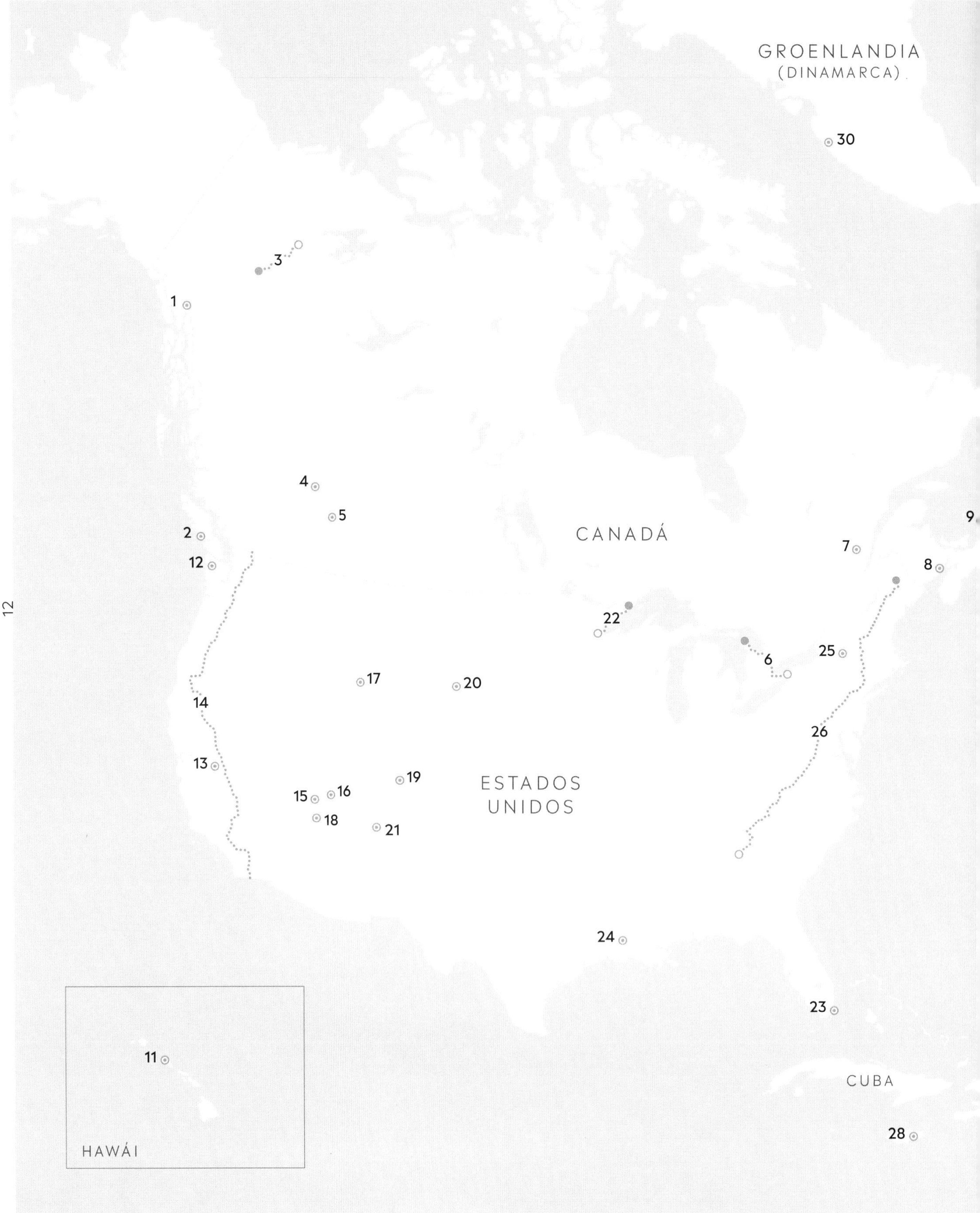

GROENLANDIA
(DINAMARCA)

30

3

1

4

5

CANADÁ

9

2

7

12

8

22

6

25

17

20

14

26

13

19

ESTADOS
UNIDOS

15

16

18

21

24

23

11

CUBA

28

HAWÁI

10

27

29

1. Chilkoot Trail *(p. 14)*
2. ʔapsčiik t̓ašii *(p. 15)*
3. Canol Heritage Trail *(p. 16)*
4. Tonquin Valley Trail *(p. 18)*
5. Plain of Six Glaciers Trail *(p. 19)*
6. Bruce Trail *(p. 20)*
7. Traversée de Charlevoix *(p. 24)*
8. Fundy Footpath *(p. 26)*
9. Skyline Trail *(p. 27)*
10. East Coast Trail *(p. 28)*
11. Ka'ena Point Trail *(p. 32)*
12. Hoh River Trail *(p. 34)*
13. Wapama and Rancheria Falls Trail *(p. 35)*
14. Pacific Crest Trail *(p. 36)*
15. East Mesa Trail to Observation Point *(p. 42)*
16. Fairyland Loop Trail *(p. 43)*
17. Teton Crest Trail *(p. 44)*
18. Rim-to-Rim *(p. 46)*
19. West Maroon Pass Trail *(p. 47)*
20. Black Elk Peak Trail *(p. 48)*
21. Pueblo Alto Loop Trail *(p. 49)*
22. Superior Hiking Trail *(p. 50)*
23. Spite Highway *(p. 52)*
24. Lake Chicot Loop *(p. 53)*
25. Northville–Placid Trail *(p. 54)*
26. Appalachian Trail *(p. 56)*
27. Bermuda Railway Trail *(p. 62)*
28. Blue Mountain Peak Trail *(p. 63)*
29. Waitukubuli National Trail *(p. 64)*
30. Arctic Circle Trail *(p. 66)*

AMÉRICA DEL NORTE

1

Chilkoot Trail

DE DYEA, ALASKA, EE. UU., A BENNETT, CANADÁ

Esta famosa ruta de varios días sigue los pasos de los buscadores de oro del siglo XIX y une la costa de Alaska con los yacimientos de la Columbia Británica.

En 1896, cuando se descubrió oro cerca del río Klondike, en el territorio del Yukón, se desató una de las fiebres del oro más frenéticas de la historia. De 1897 a 1898, una tranquila ruta hacia el interior usada por las gentes de las Naciones Originarias durante siglos fue escenario de una estampida de 100 000 personas, que viajaron de Dyea, en Alaska, a Bennett, en la Columbia Británica.

La fiebre del oro duró poco. En la década de 1960, este camino minero de 50 km se convirtió en una ruta recreativa. Los entusiastas senderistas que la recorren atraviesan frondosos bosques costeros, ascienden por el desprotegido paisaje alpino del formidable Chilkoot Pass, en la frontera de Estados Unidos y Canadá, y se adentran en bosques boreales habitados por osos y alces a orillas de serenos lagos. A lo largo del camino se ven muchos objetos abandonados por los buscadores de oro, desde viejas suelas de botas hasta un cabrestante a motor, testimonios del pasado minero del lugar.

50 KM

1641 M

3-5 DÍAS (IDA)

Date un tonificante chapuzón en el **CRATER LAKE,** uno de los relucientes lagos glaciares que hay en el tramo canadiense de la ruta.

CANADÁ

Bennett

Lindeman

Happy Camp

Crater Lake

Chilkoot Pass

Si hace buen tiempo, sube a **CHILKOOT PASS;** las vistas compensan las pendientes de 45 grados de la Golden Staircase.

Sheep Camp

0 km 10

Canyon City Campground

Finnegan's Point

ESTADOS UNIDOS

Dyea

Explora el corto sendero circular del **CANYON CITY CAMPGROUND** que recorre el entonces ajetreado centro de transportes homónimo, hoy repleto de objetos oxidados.

PERFIL DE RUTA

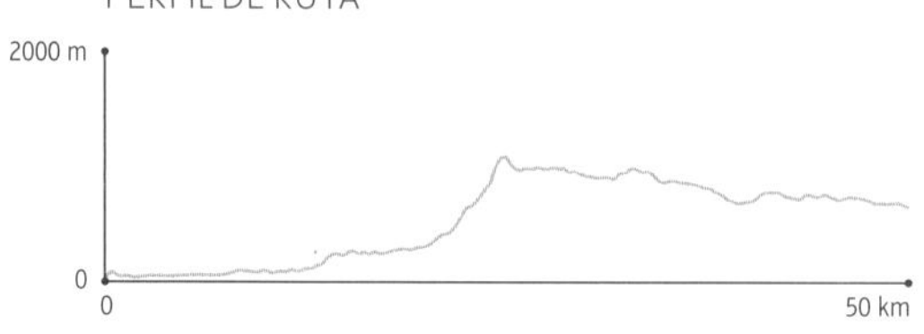

Recorre el sendero que discurre por un bosque húmedo y neblinoso hasta la **ENSENADA DE SCHOONER,** cuyas orillas rocosas están llenas de madera de deriva y estrellas de mar.

Desvíate hacia el **RAINFOREST TRAIL,** dividido en dos senderos de 1 km a ambos lados del ʔapsčiik t̓ašii, que atraviesa un denso bosque cubierto de helechos y musgo.

Visita el **KWISITIS VISITOR CENTRE,** que alberga una interesante exposición sobre los pueblos indígenas de la zona, cuyos destinos estaban ligados tanto al mar como a la tierra.

2

ʔapsčiik t̓ašii

PACIFIC RIM NATIONAL PARK RESERVE, ISLA DE VANCOUVER, CANADÁ

Un camino pavimentado permite acercarse a la cultura de las Naciones Originarias a través de los verdes bosques de la Pacific Rim National Park Reserve.

28 KM

165 M

1-2 DÍAS (IDA)

ʔapsčiik t̓ašii se pronuncia «aps-chiic-ta-shii» y significa «ir en la dirección correcta por el camino». Y no solo en sentido literal, aunque el hecho de estar asfaltado y bien señalizado facilita mucho las cosas. Su nombre también se refiere a ser conscientes del entorno lleno de vida que nos rodea.

Este enfoque filosófico se puso de manifiesto cuando se decidió construir la ruta en estrecha colaboración con las Yuułuʔiłʔatḥ y Tla-o-qui-aht. A lo largo del camino, los topónimos indígenas en los letreros recuerdan que son las Naciones Originarias las que administran el territorio. La presencia de tótems y otras tallas reafirma los vínculos ancestrales. Los paneles informativos proporcionan datos culturales y detalles de la rica flora y fauna de la zona. La ruta serpentea por playas de fina arena y verdes tramos de bosque húmedo centenario antes de llegar a la localidad de Tofino. Aquí se puede decidir cuál será la siguiente etapa del viaje.

PERFIL DE RUTA

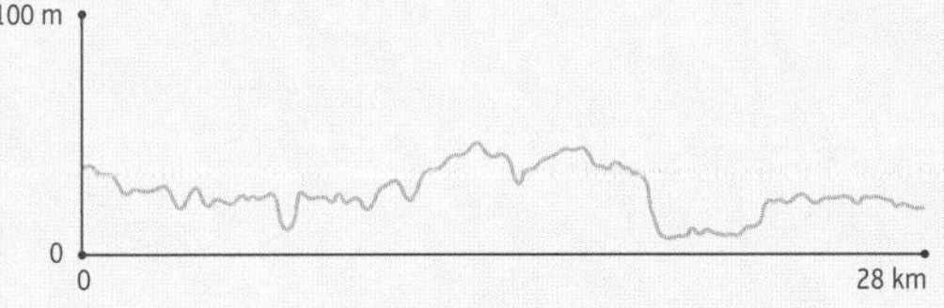

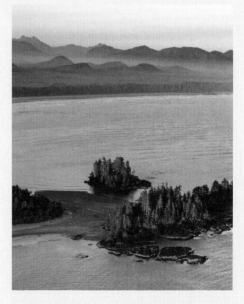

Ensenada de Schooner, una de las muchas espectaculares playas de la ruta

Explora el centro petrolero de **NORMAN WELLS,** con unos 800 habitantes, es la única localidad cercana a la ruta. Luego organiza el cruce del río Mackenzie.

Norman Wells

Río Mackenzie

Río Carcajou

CANADÁ

Toma precauciones en el vadeo del **RÍO TWITYA,** es uno de los más duros y peligrosos de la ruta. Es vital tener experiencia en aguas profundas.

Devil's Pass

Río Twitya

Disfruta de tranquilas acampadas en playas de arena en uno de los tramos más idílicos de la ruta que sigue el curso del **RÍO GODLIN** entre crestas montañosas.

Río Godlin

Lagos Godlin

Río Ekwi

Caribou Pass

En el extremo occidental de la ruta, asómbrate de los picos desnudos de las montañas Mackenzie que forman la frontera entre los territorios del Yukón y el Noroeste. En el **MACMILLAN PASS**, una pista de aterrizaje presta servicio a la zona.

Macmillan Pass

0 km 30

3

Canol Heritage Trail

DE NORMAN WELLS AL MACMILLAN PASS, CANADÁ

Puede afirmarse que el remoto y difícil Canol Heritage Trail es la principal ruta salvaje de Canadá. Sigue el trayecto de un oleoducto abandonado proyectado en la década de 1940; de ahí la peculiar arqueología industrial que jalona el camino.

377 KM
7677 M
18 DÍAS (IDA)

Abriéndose paso a través de las remotas montañas Mackenzie, el Canol Heritage Trail sigue la ruta de un oleoducto de la Segunda Guerra Mundial. El llamado Canol Project se completó en 1944, pero fue abandonado solo tres años después, en parte debido a problemas de mantenimiento. Esparcidos por el camino quedan rastros del proyecto, entre ellos barracas Quonset en ruinas y camiones y tractores de la década de 1940 oxidados. Estos contrastan con los paisajes casi vírgenes que atraviesa la ruta.

La escala del territorio es enorme y la variedad de hábitats es inmensa, desde bosques subárticos hasta extensiones de tundra. El itinerario incluye nueve espectaculares puertos de montaña, varios de ellos por encima de la masa forestal. Los picos nevados albergan impresionantes cascadas y cañones. La fauna es abundante: alces, castores, caribús, osos y muflones de Dall habitan la región, y seguro que muchos de ellos jamás han visto a un ser humano.

PERFIL DE RUTA

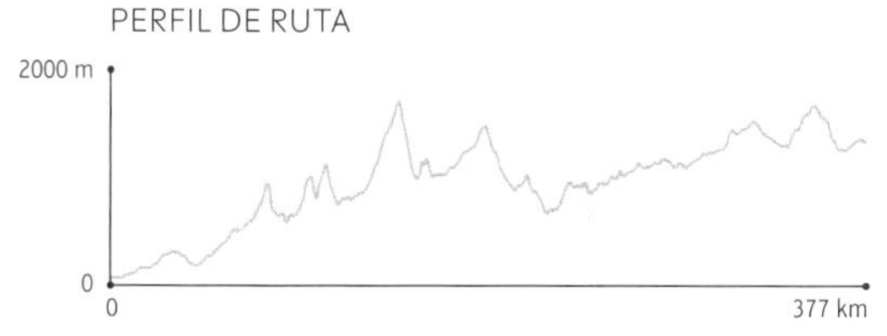

Gran parte de la ruta sigue la antigua Canol Road, una pista sin mantenimiento desde la década de 1970, cuando dejaron de usarla los leñadores y los mineros. La pista facilita la orientación y el tránsito, aunque la ruta dista de ser llana y no siempre es fácil de seguir. A ello se unen un tiempo impredecible y cambiante, las ciénagas, los voraces insectos, la amenaza constante del oso gris y decenas de ríos traicioneros que hay que vadear. Pronto se hace patente que esta remota ruta solo es apta para senderistas experimentados y bien equipados. Se requiere autosuficiencia, ya que solo se puede pedir ayuda por teléfono satelital.

La logística y el coste son trabas añadidas: hay que fletar un vuelo a una remota pista de aterrizaje, alquilar una embarcación para acceder a la ruta y organizar entregas de suministros por paracaídas a lo largo del camino. Solo una decena de senderistas hacen la ruta entera cada año; es más fácil llegar en avión y hacer solo un tramo. Sin embargo, una verdadera sensación de éxito aguarda a quienes completan la que quizás sea la ruta más dura de Norteamérica.

4

Tonquin Valley Trail

JASPER NATIONAL PARK, CANADÁ

En esta parte de las montañas Rocosas canadienses hay estupendas rutas para todos los gustos, pero la combinación de paisajes espectaculares y accesibilidad del Tonquin Valley Trail es difícil de superar.

El Parque Nacional de Jasper siempre figura en las listas de los mejores lugares para caminar en Canadá, y el Tonquin Valley Trail es una de sus mejores rutas. Picos yermos adornados con lenguas de nieve forman un majestuoso telón de fondo a una sucesión de prados floridos y lagos alpinos conectados por el camino. El estricto control del parque garantiza el desarrollo de la vida salvaje: es fácil ver caribús, alces, uapitíes, ciervos y marmotas. Por su parte, los osos grises y negros se nutren con las bayas que crecen en las laderas inferiores.

Cierto es que esta ruta es conocida por el barro, los mosquitos y las bajas temperaturas nocturnas, pero estos factores no hacen más que acentuar su lado salvaje. En cualquier caso, se trata de males menores: el camino es cómodo, no tiene pérdida y se halla a solo 20 minutos en coche de la agradable localidad de Jasper, núcleo del parque, donde una buena comilona y una confortable cama aguardan al cansado caminante.

48 KM

1345 M

3 DÍAS (IDA)

PERFIL DE RUTA

3000 m

0

0

48 km

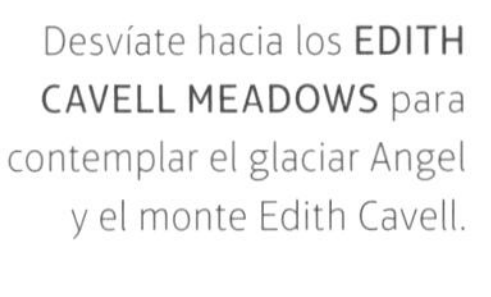

Desvíate hacia los **EDITH CAVELL MEADOWS** para contemplar el glaciar Angel y el monte Edith Cavell.

El punto más alto de la ruta es el **MACCARIB PASS**, donde podrás espiar a las curiosas marmotas que habitan estos altos prados alpinos.

Punto de partida

Portal Campsite

Tonquin Backcountry Lodge

Maccarib Pass

Lago Amethyst

Amethyst Campsite

CANADÁ

Lago Cavell

Astoria Campsite

Edith Cavell Meadows

Wates-Gibson Lodge

0 km 5

Disfruta del **LAGO AMETHYST**, con el imponente telón de fondo de las montañas Ramparts.

Una popular **ZONA DE ESCALADA** sin nombre bordea el camino; observa a los temerarios escaladores en las paredes de roca.

CANADÁ

Fairmont Chateau

Lago Louise

Párate a tomar un té con bizcochitos en la **PLAIN OF SIX GLACIERS TRAIL TEAHOUSE**.

0 km 1

Plain of Six Glaciers Trail Teahouse

Mirador de Abbots Pass

Dirígete al extremo más lejano del **LAGO LOUISE** para disfrutar las mejores vistas de esta mágica masa de agua turquesa.

5

Plain of Six Glaciers Trail

BANFF NATIONAL PARK, CANADÁ

Es posible conocer lo mejor del Banff National Park en una memorable ruta de un día entre lagos azules verdosos y espectaculares glaciares.

14 KM

589 M

1 DÍA (IDA Y VUELTA)

Crac, crac. El sonido que llega desde el camino no es el ruido de las botas pisando piedras y rocas. No. Es el sonido del movimiento constante de los glaciares, cuyos crujidos y chasquidos trae el viento a través de las azules aguas del lago Louise.

Los excursionistas siempre han sentido atracción por esta ruta, que pasa ante las lenguas de hielo, los picos afilados y los lagos del parque nacional más visitado de Canadá. Al principio es fácil hacerse una idea equivocada de lo que depara el camino, ya que discurre suavemente a orillas del lago, pero pronto asciende y, pasada una cabaña de troncos que alberga un salón de té, llega a un anfiteatro donde la naturaleza muestra su lado más salvaje. Las vistas de los glaciares son inmensas, al igual que el paisaje de hielo y roca que se divisa desde el mirador de Abbots Pass.

PERFIL DE RUTA

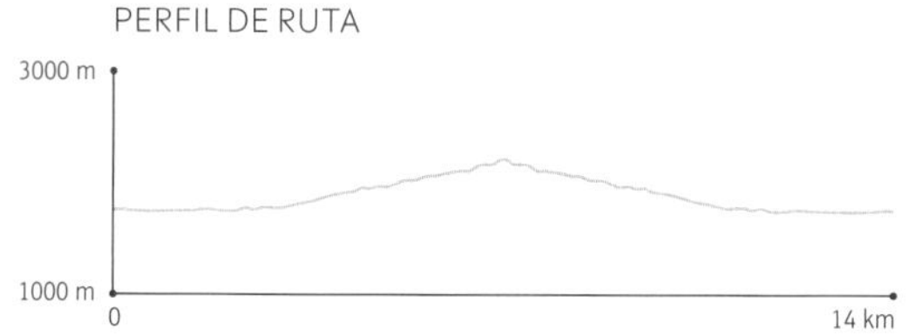

Consejo

Es una ruta muy transitada: conviene empezar al amanecer o tan tarde como permita la luz.

6

Bruce Trail

DE QUEENSTON A TOBERMORY, CANADÁ

Esta épica ruta, fácilmente accesible desde el área metropolitana de Toronto, sigue la Niagara Escarpment serpenteando por muchos de los senderos más bellos y menos frecuentados del sur de Ontario.

Consejo
La web brucetrail.org ofrece información de cada tramo de la ruta y consejos para prepararla.

863 KM
12 855 M
30 DÍAS (IDA)

La escarpadura del río Niágara –una enorme falla geológica causada por diferentes estadios de erosión– adquiere su forma más espectacular en las estruendosas cataratas. Pero se extiende mucho más allá de ese famoso monumento natural y traza un enorme arco desde el lago Michigan, al oeste, hasta el lago Ontario, al este. El tramo que atraviesa el sur de Ontario es especialmente célebre porque alberga un paraíso natural y marca un llamativo contraste con el ondulado paisaje circundante. Esta sección forma la espina dorsal del sendero más largo, antiguo y concurrido de Canadá.

El Bruce Trail data de la década de 1960, cuando un grupo de naturalistas de Ontario idearon un camino que seguiría la escarpadura desde la frontera con Estados Unidos, cerca de las cataratas del Niágara, hasta el extremo de la enorme península de Bruce, que casi divide en dos el azulado lago Hurón. Tras un meticuloso proceso que requirió miles de horas de trabajo voluntario e involucró a las autoridades medioambientales, los terratenientes, los municipios y el Gobierno de Ontario, los impulsores de la idea lograron crear una ruta con nueve secciones contiguas. Su éxito captó la atención de la Unesco, que declaró la escarpadura Reserva de la Biosfera en 1990.

Hay una maravillosa variedad de hábitats a lo largo del camino, como bosques caducifolios maduros y humedales; todos albergan una abundante y próspera fauna, incluidas unas 300 especies de aves. Sin embargo, no todo es naturaleza: muchos tramos atraviesan zonas urbanizadas y discurren por carreteras secundarias. ►

PERFIL DE RUTA

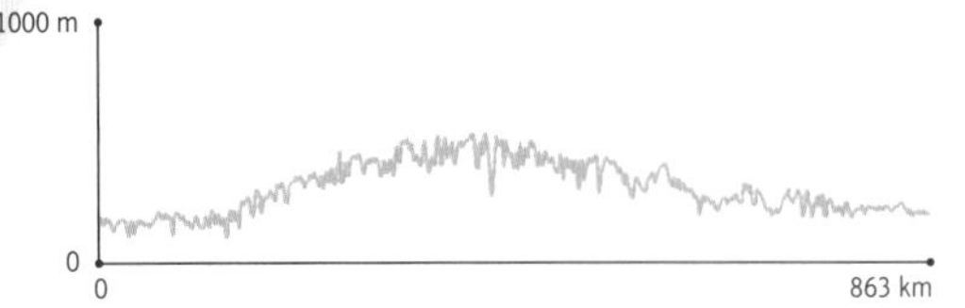

Una pausa para descansar entre árboles en el Bruce Trail

Desde la localidad de **TOBERMORY** puedes tomar un barco a la isla de Flowerpot, que alberga unos extraordinarios farallones.

BLUE MOUNTAIN, la mayor estación de esquí de Ontario, garantiza emociones fuertes en invierno; en verano, sube en telesilla para disfrutar de las vistas de Collingwood y la Georgian Bay.

Observa las espectaculares formaciones de roca roja de las **CHELTENHAM BADLANDS** que destacan en un área donde la superficie pétrea se ha cubierto en gran medida de nuevos depósitos glaciares.

Visita **HAMILTON**, la mayor localidad de la ruta, conocida por sus numerosas cascadas, unas 100 dentro de sus límites urbanos, más que cualquier ciudad del mundo.

Admira las impresionantes **CATARATAS DEL NIÁGARA**, las mayores del mundo en cuanto a volumen de agua.

REPONER FUERZAS

Productos locales

Los senderistas hambrientos pueden degustar los productos cultivados en las cercanías del Bruce Trail, en especial en el tramo más meridional de la ruta. En los huertos venden fruta fresca y, tras un largo día de camino, vale la pena tomarse un vaso de vino en una de las muchas bodegas de la zona *(visitniagaracanada.com/taste/wineries).*

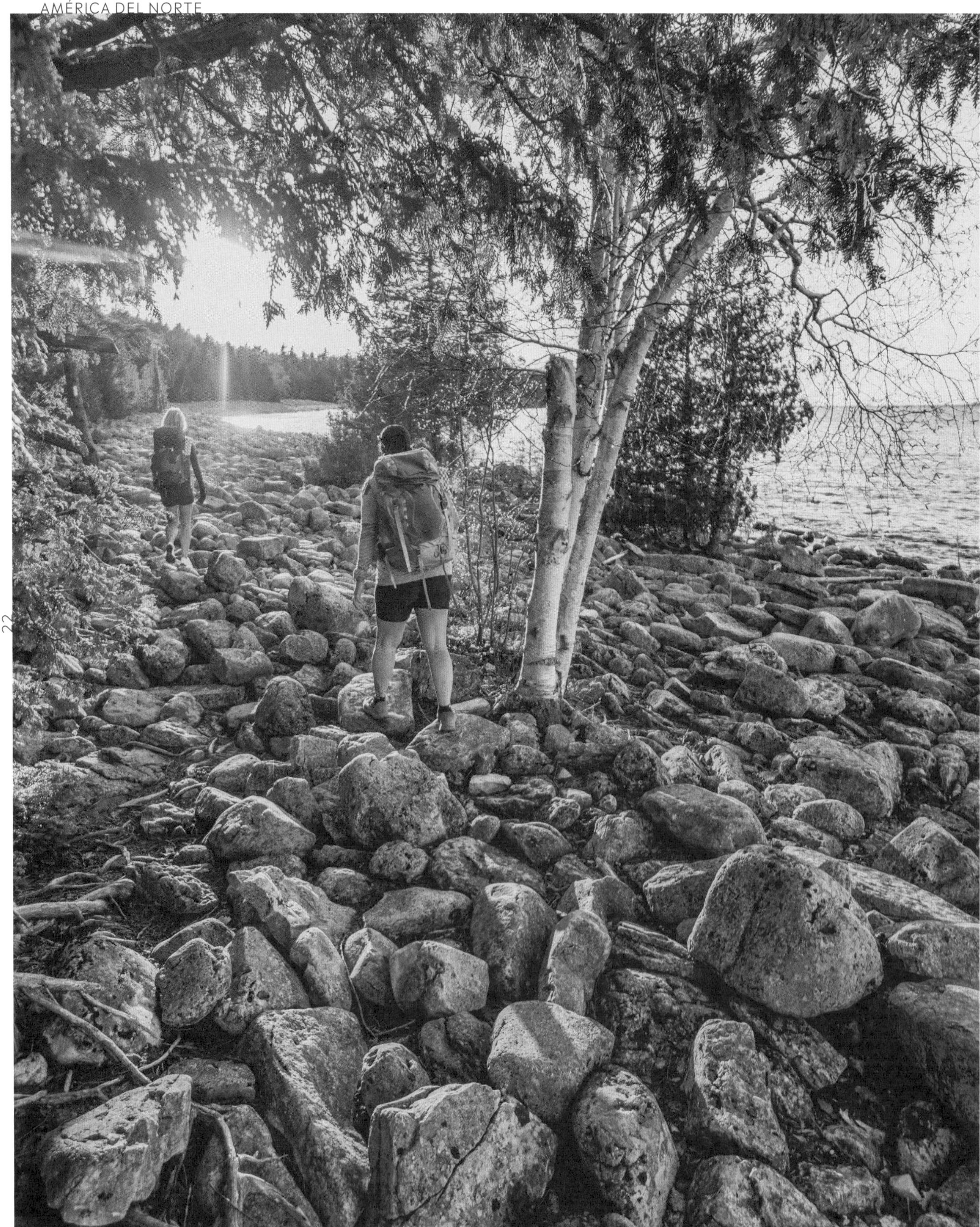

En esta variedad reside parte del atractivo de la ruta. Cada una de las nueve secciones tiene su nombre, su carácter distintivo y su paisaje. De sur a norte, la ruta se inicia con la sección del Niágara, que empieza 5 km al norte de las cataratas y serpentea entre huertos de árboles frutales y viñedos de una de las principales regiones vinícolas de Canadá. Las flores primaverales y los colores otoñales destacan en las primeras etapas de la ruta, que, en cambio, son las más concurridas y urbanizadas. Pero la proximidad a la civilización no resta encanto al camino, sobre todo al pasar por lugares como la ciudad de Hamilton, que alberga más de 100 cascadas, o la Crawford Lake Conservation Area, donde los hallazgos arqueológicos han impulsado la reconstrucción de un poblado iroqués del siglo XV.

El itinerario empieza a adquirir un carácter más agreste en la sección de Caledon Hills, donde la escarpadura ha sido sepultada en gran medida por depósitos glaciares. El ondulado paisaje hace el camino más exigente, con duras subidas y escarpados descensos, aunque también da paso a uno de los mejores paisajes de la ruta. Las espectaculares formaciones de roca roja de las Cheltenham Badlands –una serie de crestas de lutita que constituyeron el lecho de un mar tropical– podrían servir de escenario para una película sobre Marte.

Finalmente, la escarpadura se reafirma en los altos riscos de Blue Mountain, una popular estación de esquí cuyas laderas ofrecen amplias vistas de la localidad de Collingwood y de la Georgian Bay, en el lago Hurón. Es uno de los primeros atisbos de esta bahía, y no será el último, ya que después de atravesar los densos bosques del Beaver Valley –un valle muy propenso a embarrarse– la ruta zigzaguea de nuevo hacia el lago Hurón y sigue su orilla durante gran parte de la sección de Sydenham. En este tramo hay que prestar atención a la sutil transición entre los bosques latifolios templados y los bosques de coníferas boreales, que tiene lugar en las pintorescas Inglis Falls.

La localidad de Wiarton marca el inicio de la sección de la Península, que empieza con una subida por una escalera de caracol. Esta es la sección más exigente y remota del Bruce Trail, y requiere experiencia y una rigurosa preparación. Pero lo mejor aguarda al final: los últimos 30 km discurren sobre frondosos acantilados con inigualables vistas de las azules aguas de la Georgian Bay.

CURIOSIDADES

Una ruta con nombre propio

La península de Bruce y el Bruce Trail llevan el nombre de James Bruce, gobernador general de Canadá en 1847. Sin embargo, se le recuerda más por su rol de comisionado especial británico en la Segunda Guerra del Opio con China en 1860, cuando ordenó el saqueo del palacio de Verano de Pekín, en el que se destruyeron tesoros de incalculable valor.

Caminando a orillas de la resplandeciente Georgian Bay, en la península de Bruce

Haz una excursión en kayak en el **PARC NATIONAL DES HAUTES-GORGES-DE-LA-RIVIÈRE-MALBAIE,** donde se encuentra el cañón más profundo al este de las Rocosas.

Chalet Le Coyote

0 km 5

Parc National des Hautes-Gorges-de-la-Rivière-Malbaie

Chalet Geai Bleu

Chalet L'Épervier

Desvíate al **PUESTO DE OBSERVACIÓN DE LA NOYÉE** para disfrutar de amplias vistas del río St Lawrence.

Refuge Bihoreau

CANADÁ

Puesto de observación de La Noyée

Mont Grands-Fonds

Refuge La Marmotte

Sube a la modesta estación de esquí de **MONT GRANDS-FONDS,** que brinda imponentes vistas desde su mirador, a 735 m de altura.

Refuge L'Écureuil

Saint-Urbain

Sentier des Sommets

No pases por alto el **SENTIER DES SOMMETS**, un sendero que coincide con el extremo oeste de la Traversée de Charlevoix, que conecta cinco cumbres y ofrece vistas de los bosques y lagos.

UNA RUTA MÁS CORTA

A mitad de camino

El atractivo del Parc National des Hautes-Gorges-de-la-Rivière-Malbaie es tal que muchos visitantes optan por hacer la primera mitad de la Traversée de Charlevoix y parar un par de días en el parque. La organización *(traverseedecharlevoix.qc.ca)* se encarga de llevar el vehículo y el equipo de acampada de los excursionistas hasta el parque.

7

Traversée de Charlevoix

DE SAINT-URBAIN A MONT GRANDS-FONDS, CANADÁ

Basada en una red de refugios de montaña, esta ruta ofrece la oportunidad de ver bosques y lagos casi vírgenes, vertiginosas paredes de roca e impresionantes cañones con el mínimo equipaje.

91 KM
2512 M
7 DÍAS (IDA)

Se cree que un asteroide que chocó contra la Tierra hace unos 450 millones de años creó el cráter de Charlevoix. Gran parte de esta depresión de 54 km de diámetro yace hoy bajo el río St Lawrence, pero una buena porción sigue en tierra firme y forma un enorme paso relativamente llano entre el río y las montañas Laurentides, al oeste. Es el borde vagamente definido del cráter el que guía la Traversée de Charlevoix, que discurre por el corazón de la Reserva de la Biosfera de Charlevoix.

La ruta une dos parques nacionales –Grands-Jardins y Hautes-Gorges-de-la-Rivière-Malbaie– y tiene como telón de fondo unas enormes paredes de granito gris que se alzan imponentes sobre un paisaje lacustre. Los abedules, fresnos, arces y olmos –un festival de color en otoño– dan paso a bosques de abetos a medida que el camino se adentra en las montañas, al norte, donde el curso alto del río Malbaie se abre camino entre gigantescos cañones y hace las delicias de los piragüistas.

PERFIL DE RUTA

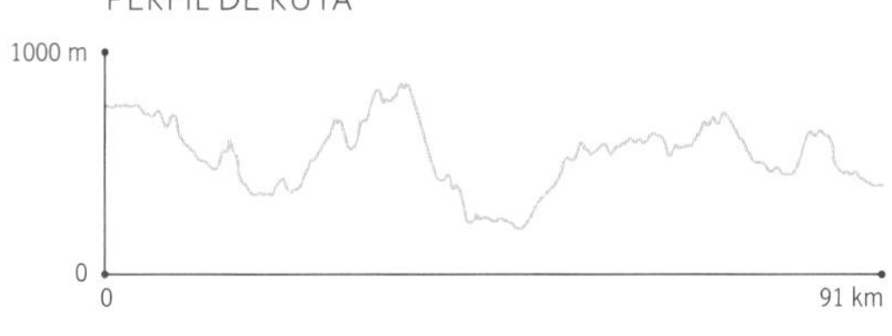

Senderista en el Parc National des Hautes-Gorges-de-la-Rivière-Malbaie

Gracias a su combinación de carreteras de explotación maderera y pistas forestales –de las que dan ventaja a las zapatillas de *trail* sobre las botas de *trekking*–, la Traversée es una de las rutas de larga distancia más accesibles de Canadá. Ni siquiera es necesario llevar una pesada mochila: no hay zonas de acampada en el itinerario, sino que los senderistas comparten una serie de cabañas equipadas con colchones básicos y cocinas. La organización sin ánimo de lucro que gestiona las cabañas también realiza suministros de comida e incluso transportes de equipaje. Todo ello contribuye a brindar al visitante la inusual oportunidad de adentrarse en un área remota cargando solo con lo esencial sin que sufran los hombros.

8

Fundy Footpath

DE POINTE WOLFE AL BIG SALMON RIVER, CANADÁ

El trayecto muestra un tramo de naturaleza insólita en torno a una extraordinaria bahía sujeta a amplias mareas y bordeada por acantilados, barrancos y otros accidentes geográficos.

Desde la orilla de la bahía de Fundy en Nueva Brunswick, con Nueva Escocia al otro lado, llaman poderosamente la atención las vivas mareas y las raras formaciones de arenisca ocre rojiza. La sorpresa llega al enterarse de que esos abruptos promontorios son estribaciones de los montes Apalaches.

Sin embargo, este hecho se pone de manifiesto cuando se empieza a recorrer el Fundy Footpath. Apenas hay un metro llano en este camino escarpado, rocoso y lleno de raíces que recorre acantilados puntiagudos, salientes, profundos valles, traicioneros ríos de mareas, bahías y marismas.

El aspecto positivo de este desafiante terreno es que permite adentrarse en un antiguo bosque acadiano que lleva intacto unos 10 000 años. Su delicado ecosistema nutre a un rico sotobosque de helechos y líquenes, que se benefician de la niebla que a menudo envuelve el sendero por la mañana. Para rematar esta experiencia, la ruta cuenta con espectaculares –aunque primitivas– zonas de acampada ubicadas junto a playas y ríos. Suelen ser lugares solitarios en los que el dolor de piernas parece un precio insignificante por una serena inmersión en la naturaleza.

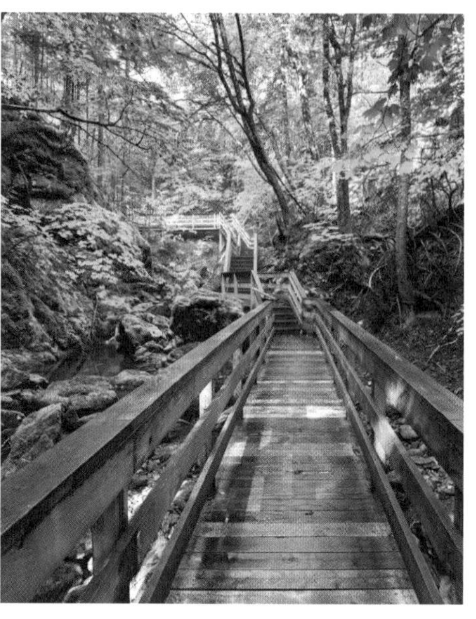

Pasarela sobre una garganta boscosa en el Fundy National Park

PERFIL DE RUTA

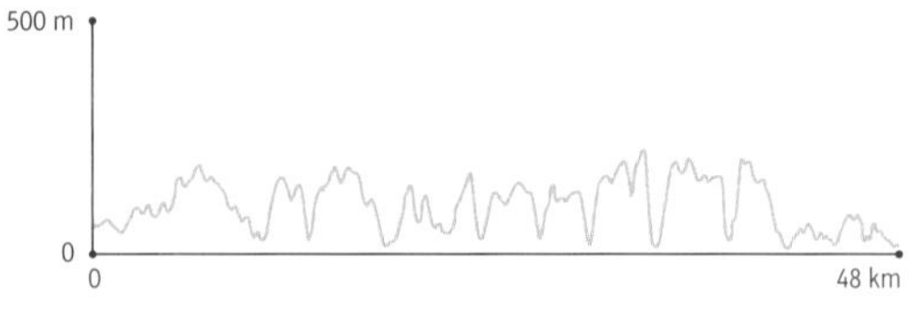

48 KM

2563 M

5 DÍAS (IDA)

Recorre el puente colgante sobre el **BIG SALMON RIVER** (Gran Río Salmón) que marca el extremo suroeste de la ruta, pero también lleva a un sendero más fácil que sube por el valle del río.

En la costa del **FUNDY NATIONAL PARK**, cuando baja la marea, puedes ver la gran variedad de criaturas que habitan el fondo marino.

Explora la cuenca protegida del **LITTLE SALMON RIVER** (Pequeño Río Salmón) que alberga varias cascadas y el Ojo de la Aguja, un extraordinario barranco que merece una visita.

Visita la **PLATAFORMA DE OBSERVACIÓN** situada en la ladera de la French Mountain y prepárate para sus habituales fuertes vientos.

CANADÁ

Transcurridos 2 km se llega a una **BIFURCACIÓN**; sigue hacia la derecha para completar la ruta circular.

Plataforma de observación

Bifurcación

Observa los animales como el alce, el oso y el coyote buscando alimento en los densos bosques que forman la **BOREAL LAND REGION** de Cape Breton.

0 km 0,5

Punto de partida

9

Skyline Trail

CAPE BRETON HIGHLANDS NATIONAL PARK, CANADÁ

Skyline Trail, la ruta más elogiada del Cape Breton Highlands National Park, atraviesa exuberantes corredores naturales de camino a un espectacular mirador costero.

9 KM

204 M

MEDIO DÍA (CIRCULAR)

Las tierras altas costeras de Nueva Escocia reciben al viajero con unas imponentes vistas que se extienden hasta el horizonte marino, de un azul resplandeciente. Oculto en semejante paisaje está el Skyline Trail, una ruta circular entre fácil y moderada que discurre por senderos marcados y, en ocasiones, por terreno rocoso a través de los bosques boreales y las verdes montañas del Cape Breton Highlands National Park. Aquí no hay dos días iguales: a veces hace viento y cae una densa niebla y otras el paisaje se llena de coloridas flores silvestres. Lo que no cambia es su principal atractivo: la plataforma de observación situada en la ladera de la French Mountain, con vistas al golfo de St Lawrence. El espectacular panorama del Atlántico compensa haber sacrificado la soledad en el transitadísimo camino.

Avista aves rapaces sobrevolando el **PUNTO DE PARTIDA**, aunque también suelen verse a lo largo de toda la ruta.

PERFIL DE RUTA

1000 m

0

0

9 km

UNA RUTA MÁS CORTA

Ida y vuelta

Para hacer una variante del Skyline Trail de ida y vuelta un poco más corta (8 km) hay que girar a la izquierda en la bifurcación y seguir el camino hasta el mirador del golfo de St Lawrence.
Esta ruta, que atraviesa un terreno más consolidado y nivelado, es una opción asequible para senderistas de todas las edades y capacidades.

Consejo
La East Coast Trail Association *(eastcoasttrail.com)* ofrece consejos útiles para afrontar la ruta.

10

East Coast Trail

DE CAPPAHAYDEN A TOPSAIL, CANADÁ

Esta impresionante ruta por el extremo oriental de Norteamérica sigue un tranquilo sendero a través de un variado paisaje costero.

336 KM
9644 M
12-16 DÍAS (IDA)

Trazando una línea en torno a la costa este de la península de Avalon, en la provincia de Terranova y Labrador, el East Coast Trail se adentra en tierras salvajes. Los primeros 25 km se abrieron en 1994; desde entonces, infatigables voluntarios –muchos de ellos habitantes de las remotas comunidades costeras de la zona– han añadido más de 300 km a la ruta.

Este espectacular itinerario costero es mucho más exigente que un paseo por la playa. El sendero es por lo general estrecho, rara vez llano o fácil, y algunos tramos están en mal estado. El alojamiento suele ser en humildes campamentos con letrinas rudimentarias: hay seis oficiales cuyas plazas se asignan por orden de llegada. En algunas zonas se puede hacer acampada libre (pidiendo permiso a los propietarios de los terrenos). Pero la recompensa por superar estos inconvenientes es disfrutar en soledad de largos tramos de naturaleza salvaje.

PERFIL DE RUTA

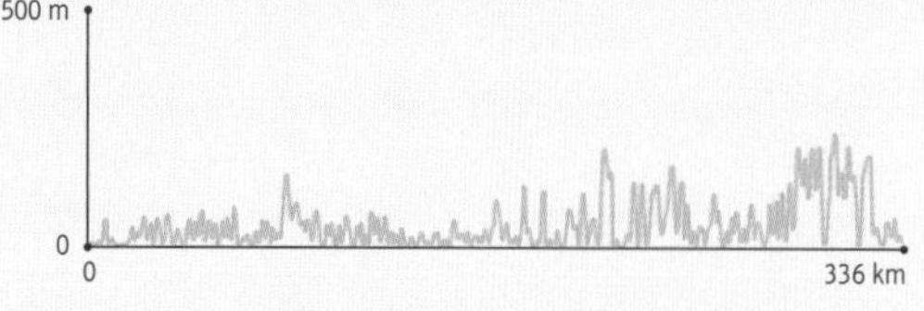

Desde el punto de partida, en Cappahayden, hasta el final, en la playa de Topsail, la ruta atraviesa una amplia variedad de paisajes: bosques boreales, páramos, pantanos, playas de arena e imponentes acantilados que se alzan sobre el Atlántico. Durante el itinerario se pueden ver rastros de civilización –un raro faro histórico y algún asentamiento abandonado–, pero en general domina la naturaleza. Las cascadas, los fiordos y formaciones rocosas como Hares Ears son los principales puntos de interés. ▶

El East Coast Trail a su paso por la Gull Island (isla de la Gaviota), en Terranova

Visita **TOPSAIL BEACH,** al final de la ruta, para ver ballenas; la temporada alta es de mediados de julio a mediados de agosto.

Recorre la **FRESHWATER BAY NATURE RESERVE,** un refugio de gaviotas tridáctilas y argénteas, araos aliblancos y gaviones atlánticos.

Explora el **CAPE SPEAR,** el punto más oriental de Norteamérica.

Admira **THE SPOUT,** una llamativa fuente natural que creó la East Coast Trail Association en 1995 al extraer una roca de tres toneladas.

Báñate en el **LOWER LA MANCHE POND,** un estanque encajado entre dos cascadas.

Observa el **BERRY HEAD ARCH,** en el Spurwink Island Path, que es tan grande que puede sostener el peso de los árboles que crecen encima.

REPONER FUERZAS

¿Un helado?

Para reponer las calorías perdidas está la Tinkers Ice Cream Shop, en Petty Harbour, especializada en gigantescos batidos recubiertos de galletas, nata montada, tarta de queso y helados. ¿Y por qué no probar los tacos de helado? Hay sabores como *fogata* y *paraíso*.

Izquierda Faro del Cape Spear, en el punto más oriental de Norteamérica

Un elemento especialmente llamativo y recurrente en toda la ruta es un árbol de hoja perenne llamado *tuckamore*. Es pequeño –no pasa de la cintura– y suele estar atrofiado, retorcido y seco debido al efecto erosivo del viento de esta costa agreste y hostil. En otros lugares es conocido como *knieholz* (madera de rodilla). También bordean el camino multitud de arbustos con bayas; en temporada es posible darse un banquete de moras de los pantanos (tan delicadas que se disuelven al instante en la lengua), fresas silvestres, arándanos y frambuesas mientras se camina.

A principios de verano los icebergs flotan a la deriva frente a la costa tras desprenderse del gélido Ártico.

La proximidad del océano es parte del encanto de la ruta. A principios de verano los icebergs flotan a la deriva frente a la costa tras desprenderse del gélido Ártico y se desplazan con las corrientes oceánicas. Durante todo el año se avistan ballenas jorobadas, así como rorcuales comunes y Minke en su migración estival. Cerca de la orilla es probable ver focas y nutrias, además de miles de aves marinas, como frailecillos y petreles. Mirando a tierra también se pueden encontrar alces, caribús, zorros o coyotes. Pero el océano es también uno de los aspectos más desafiantes de la ruta. Cuando hace mal tiempo, el caminante queda expuesto al viento y la lluvia procedentes

del mar, y las zonas bajas son vulnerables a aluviones súbitos y grandes olas.

Si el tiempo empeora siempre existe la opción de resguardarse en una de las pequeñas comunidades que jalonan el camino, como la austera Admirals Cove o la colorida St John's, conocida por sus casas de madera de vivos colores. En estos pequeños núcleos de civilización, algunos con apenas una decena de habitantes, los caminantes encuentran comida, bebida y la calurosa bienvenida de los vecinos. Para quienes se cansen de acampar hay multitud de pensiones, *bed and breakfasts* y hoteles donde poner a remojo las piernas cansadas en una bañera caliente y dormir entre sábanas almidonadas.

Pero estos momentos de confort casero son fugaces. Después de todo, el verdadero tirón de esta ruta es la belleza salvaje de la costa, y esto solo se experimenta en el camino.

Centro Cabañas junto al mar en el Sugarloaf Path, un tramo de la ruta

Derecha Vista desde Tors Cove, un pueblo de Terranova

UNA RUTA MÁS CORTA

The Spout

Si solo se dispone de un día en el East Coast Trail vale la pena hacer una excursión por la ruta circular de 23 km que conduce al bufadero conocido como The Spout. A lo largo del camino se ven imponentes acantilados, farallones, un faro histórico y cinco cascadas.

11

Ka‘ena Point Trail

KA‘ENA POINT STATE PARK, OAHU, HAWÁI, EE. UU.

Un fácil paseo a un imponente promontorio que divide las costas septentrional y de sotavento de Oahu recompensa al visitante con vistas del océano y con una naturaleza espectacular.

8 KM
40 M
MEDIO DÍA (IDA Y VUELTA)

Ka‘ena Point, uno de los últimos sistemas dunares intactos de Hawái, ocupa el punto más occidental de la isla de Oahu. Este extenso promontorio, a años luz de la ostentación urbana de Waikiki, tenía una gran importancia para los primeros hawaianos, que lo consideraban el punto de partida al más allá. Observando el mar desde el abrupto borde del cabo es fácil entender por qué el lugar es sagrado: playas de arena de color marfil que se extienden hacia el norte y el sur, el inmenso Pacífico hasta el horizonte y sus implacables olas chocando contra afiladas rocas negras.

Dos son las rutas que llevan a Ka‘ena Point: una desde la bahía de Yokohama, en la costa oeste (o de sotavento), y otra desde la playa de Mokuleia, en la costa norte. La primera es la más pintoresca, ya que se ciñe a la accidentada costa durante todo el trayecto. El sendero, que sigue un antiguo camino de tierra y la subestructura de una línea férrea, apenas tiene desnivel, pero los arbustos ofrecen alivio del sol (*ka‘ena* significa «el calor» en hawaiano).

La zona es un santuario de aves y fauna marina. El camino ofrece una perspectiva ventajosa para avistar delfines en busca de alimento cerca de las rompientes y ballenas jorobadas soltando chorros de agua mar adentro. En primavera y verano se pueden ver tortugas verdes hawaianas en las playas de arena, focas monje de Hawái tomando el sol, así como los verdes macizos de pā‘ū o hi‘iaka, con sus flores blancas y azules.

PERFIL DE RUTA

100 m
0
0
8 km

La costa rocosa de Ka‘ena Point, bañada por las aguas celestes del océano Pacífico

Observa el único indicio de civilización en **KA'ENA POINT:** un mástil de metal coronado por un faro que funciona con energía solar.

Pasa por una verja hacia la **KA'ENA POINT NATURAL AREA RESERVE**, un santuario de aves protegidas. La valla mantiene alejados a los gatos salvajes, mangostas, perros y otros depredadores.

Ka'ena Point

Verja de la Ka'ena Point Natural Area Reserve

0 km 1

OAHU

CURIOSIDADES

Lugar sagrado

El mito y la leyenda envuelven Ka'ena Point. Los primeros hawaianos creían que sus almas abandonaban aquí el mundo de los mortales y partían al más allá para unirse a las de sus ancestros. También se dice que fue aquí donde el semidiós Maui lanzó su anzuelo para enganchar la vecina isla de Kauai, arrastrarla por el océano y unirla a Oahu.

A mitad de camino a Ka'ena Point pasarás por dos **BUFADEROS** en la roca volcánica; se los oye resoplar antes de expulsar agua.

Bufaderos

Keawaula Beach

Recorre el camino que parte de una de las franjas de arena más apartadas de Oahu, la **KEAWAULA BEACH,** bordeada por la cordillera de Waianae.

La ruta termina en la punta, donde vale la pena pararse a contemplar la belleza de este venerado lugar. Incontables aves surcan el cielo: pardelas del Pacífico, piqueros patirrojos, rabijuncos comunes y la enorme *iwa* o fragata pelágica son solo algunas de las especies que pueden verse un día cualquiera. Se recomienda buscar en particular al albatros de Laysan, que anida en las hierbas de las dunas; este asombroso viajero puede volar sobre el océano durante más de una semana sin detenerse.

12

Hoh River Trail

OLYMPIC NATIONAL PARK, WASHINGTON, EE. UU.

Tras admirar las coníferas cubiertas de musgo y los mil tonos de verde del cautivador bosque húmedo del Hoh, el caminante recorre un valle tallado por un glaciar hasta la helada cresta del monte Olympus.

Desde su nacimiento en el monte Olympus, el lechoso río Hoh –alimentado por un glaciar– fluye a lo largo de 80 km hasta el océano Pacífico. Esta ruta sigue el curso del río, pero en sentido opuesto: empieza en un bosque muy húmedo donde el musgo y los helechos prosperan en cualquier superficie y luego serpentea por los prados subalpinos y el bosque centenario del valle del río Hoh, de origen glaciar.

El camino tiene una pendiente sumamente suave los primeros 20 km, tras los cuales se inicia una abrupta ascensión de 914 m a Glacier Meadows. Esta subida hace temblar las piernas en varios sentidos: hay que cruzar una profunda garganta por un puente –el High Hoh Bridge– y ascender por una escalera húmeda y resbaladiza. Pero vale la pena por contemplar, cuando se alcanza el final, un panorama de grietas teñidas de azul que caen en cascada desde el monte Olympus.

Consejo

Para protegerse de la lluvia hay que llevar impermeables, polainas, bolsas estancas, funda para la mochila y lona para la tienda.

56 KM

1976 M

3 DÍAS (IDA Y VUELTA)

PERFIL DE RUTA

2000 m

0

0 56 km

Una pausa para reposar junto al río Hoh, en el Olympic National Park

13

Wapama and Rancheria Falls Trail

YOSEMITE NATIONAL PARK, CALIFORNIA, EE. UU.

En la ruta menos transitada del parque nacional más popular de California, el visitante puede darse una tonificante caminata de un día, contemplar enormes cúpulas de granito y refrescarse con las suaves rociadas de las cascadas.

20 KM

695 M

1 DÍA (IDA Y VUELTA)

La mayoría de los senderistas coinciden en la turística mitad sur del Yosemite National Park. Para quienes prefieran huir de las multitudes, el Wapama and Rancheria Falls Trail se adentra en el valle de Hetch Hetchy, un tranquilo rincón en el noroeste del parque.

Esta es la parte menos frecuentada de Yosemite, aunque su monumental geología y sus cataratas escalonadas no tienen nada que envidiar a los lugares más famosos del parque. La cúpula de granito del Hetch Hetchy se eleva sobre el cristalino embalse formado por la presa de O'Shaughnessy; en Wapama Falls el agua cae sobre los peñascos provocando un gran estruendo y llenando el aire de una fina neblina; en Rancheria Falls el agua se precipita 300 m por un abrupto cañón. Causa perplejidad –y a la vez alegría– que la gente aún no haya caído en la cuenta.

PERFIL DE RUTA

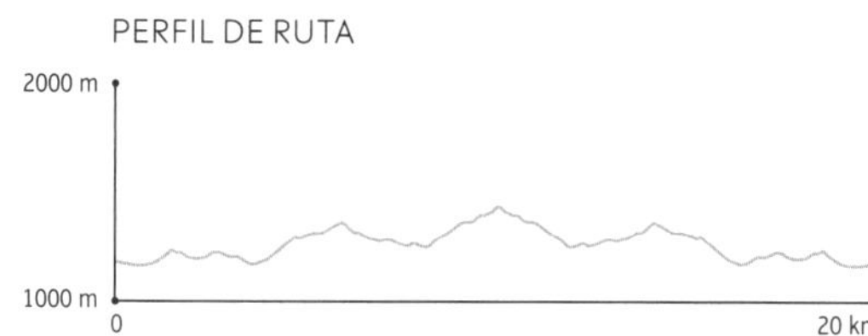

Haz un pícnic bajo la refrescante neblina de la **RANCHERIA FALLS**, bordeada por descuidados pinos.

Wapama Falls

ESTADOS UNIDOS

Embalse de Hetch Hetchy

Rancheria Falls

Admira la **WAPAMA FALLS**, la mayor cascada del norte del valle de Hetch Hetchy y fluye todo el año.

0 km 1

Presa de O'Shaughnessy

Observa la **PRESA DE O'SHAUGHNESSY** terminada en 1923, suministra la mayor parte del agua potable de San Francisco.

Caminando por las montañas de Sierra Nevada, en California

14

Pacific Crest Trail

DE CAMPO, CALIFORNIA, EE. UU., AL E. C. MANNING PROVINCIAL PARK, CANADÁ

El Pacific Crest Trail sigue un camino ininterrumpido desde la frontera con México hasta Canadá y atraviesa los paisajes de montaña más sublimes del Oeste americano.

4122 KM

117 113 M

5-6 MESES (IDA)

El Pacific Crest Trail (PCT), joya de la corona de las rutas de larga distancia de Norteamérica, une las cumbres de las cordilleras de Sierra Nevada y Cascade y atraviesa los paisajes más espectaculares de California, Oregón y Washington.

Es un viaje de superlativos y extremos. El itinerario cruza áridos desiertos y túneles, atraviesa densos bosques, bordea lagos de color zafiro y estruendosas cascadas, y recorre las crestas de conos volcánicos y gélidas agujas de granito. Un día se camina en compañía de espinosos cactus bajo el sofocante calor del desierto y pocos días después hay que abrirse paso por la nieve a 3000 m de altitud. ▶

PERFIL DE RUTA

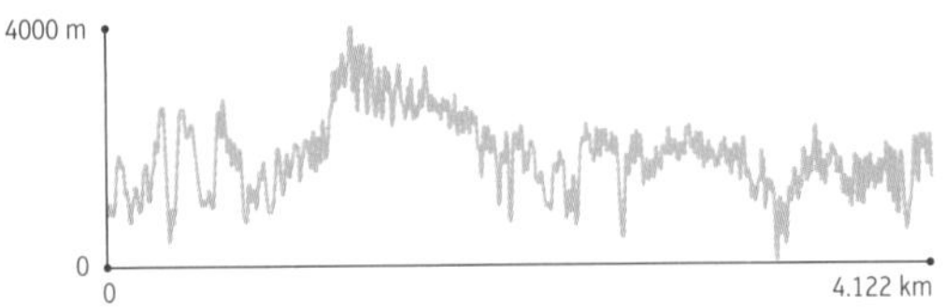

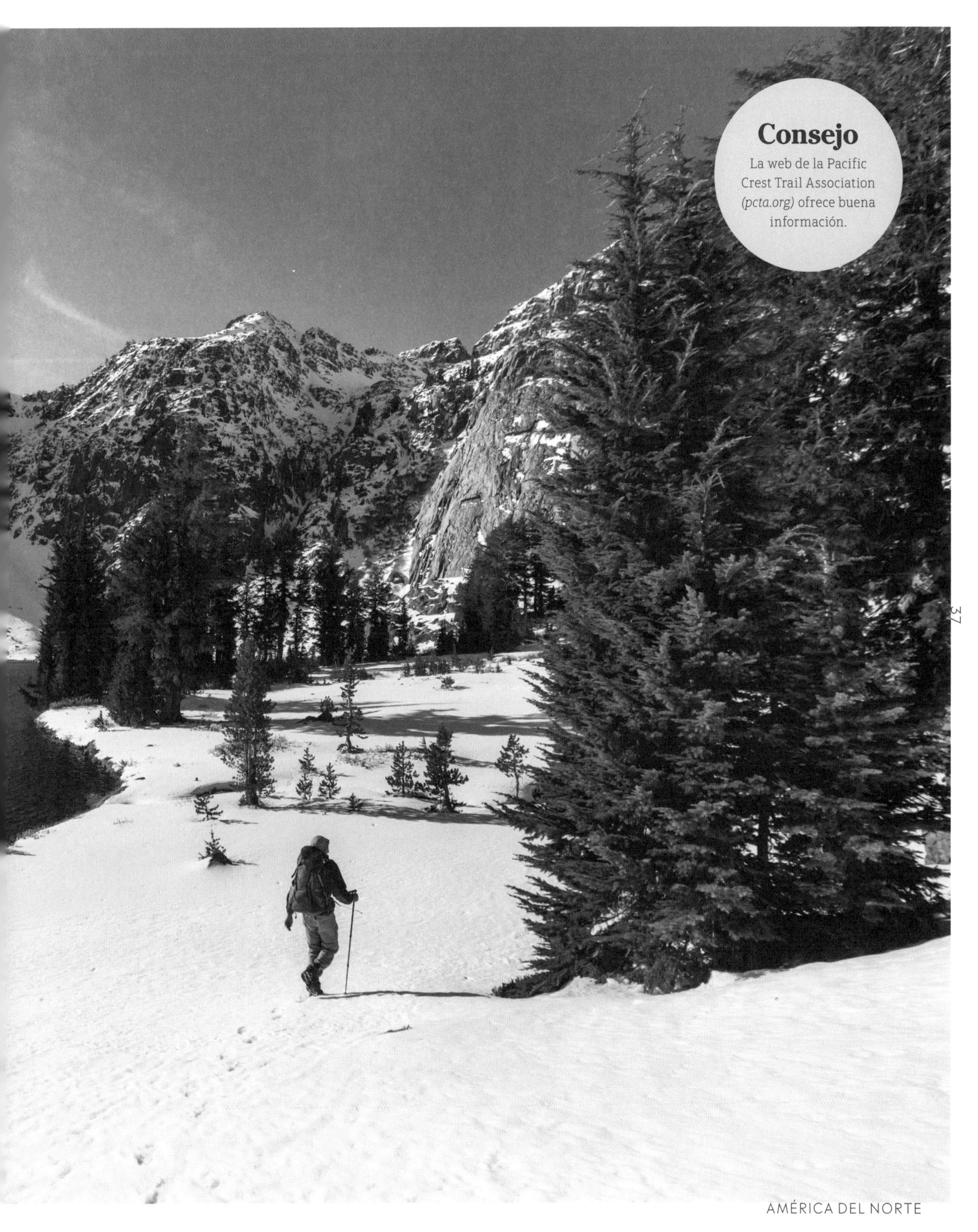

Consejo

La web de la Pacific Crest Trail Association *(pcta.org)* ofrece buena información.

CANADÁ

E. C. Manning Provincial Park
North Cascades National Park
Stehekin

Visita el encantador pueblo de **STEHEKIN**, en las North Cascades, al que solo se puede llegar en avión, en barco o a pie. Es la última localidad del PCT.

Glacier Peak Wilderness
Snoqualmie Pass
Alpine Lakes Wilderness
Mount Rainier National Park
Goat Rocks Wilderness
Mount Adams Wilderness
Panther Creek
Bridge of the Gods

Recorre el **BRIDGE OF THE GODS**, un puente en ménsula con estructura de acero sobre el río Columbia, que marca la frontera entre Oregón y Washington.

Mount Hood Wilderness
Monte Jefferson

Admira el **MONTE JEFFERSON**, cubierto por cinco grandes glaciares, alberga extensos prados subalpinos que se llenan de flores en verano.

Mount Washington Wilderness
Crater Lake

Contempla las aguas azules del **CRATER LAKE**, el lago más profundo del país, con 592 m. No tiene afluentes: sus aguas proceden solo de las precipitaciones.

Sky Lakes Wilderness

ESTADOS UNIDOS

Marble Mountain Wilderness
Burney Falls
Hat Creek Rim
Lassen Volcanic National Park

Explora el **LASSEN VOLCANIC NATIONAL PARK,** famoso por el volcán que entró en erupción en 1914. Alberga bosques de coníferas, lagos cristalinos e insólitas formaciones geotérmicas, como fumarolas de azufre y fuentes termales.

Tahoe National Forest
Yosemite National Park
Ansel Adams Wilderness
Kings Canyon National Park
Muir Pass

Sorpréndete en Muir Pass con la única obra humana sobre un paso de Sierra Nevada, el **MUIR HUT,** un refugio de granito que honra al ecologista John Muir.

Forester Pass
Monte Whitney

Puedes hacer una excursión adicional a la cumbre del **MONTE WHITNEY,** a 4421 m de altura. Su cima es el punto más alto de los estados colindantes.

Sequoia National Park
Kennedy Meadows General Store
Sierra de San Bernardino
Mount San Jacinto State Park

0 ············ km ············ 200

Campo

MÉXICO

REPONER FUERZAS

Especialidades estatales

Cada estado ofrece varias opciones para probar la comida casera. Se puede empezar por las hamburguesas del Kennedy Meadows General Store *(kennedymeadowsgeneralstore.com)*, en California, a continuación una sopa de salmón en la Cascade Locks Ale House *(cascadelocksalehouse.com)*, en Oregón, y terminar con los rollos de canela de la Stehekin Pastry Company *(stehekinpastry.com)*, en Washington.

Para completar la ruta en un año hay que empezar en abril o mayo y terminar en septiembre u octubre. Es necesario cubrir una media de 26 a 29 km al día, teniendo en cuenta los caprichos del clima y la necesidad de descanso. La forma física es crucial, pero también lo son la maña en la naturaleza y la resistencia mental. Se requieren amplios conocimientos de logística para idear planes detallados de reabastecimiento, sobre todo en lugares remotos. También hay que tener fortaleza para aguantar el hambre y la sed cuando los planes no funcionan. Pero quien no se deje intimidar con facilidad puede afrontar uno de los mayores desafíos del senderismo y, por supuesto, gozar de la incesante belleza del camino.

La mayoría de los senderistas hacen la ruta en dirección norte para aprovechar el clima más favorable y las mejores condiciones de un camino con grandes desniveles. Parten de la pequeña localidad de Campo, cerca de la frontera de California y México. Los primeros 805 km suelen frustrar su sueño o hacerlo realidad, ya que se enfrentan al intenso calor y la escasez de agua del desierto de California, y a continuación a los exigentes ascensos y descensos de algunas de las montañas más altas del sur de ese estado. Sin embargo, estos vastos espacios abiertos y el variado terreno sirven de motivación.

Quien llega al extremo sur de Sierra Nevada puede unirse al elitista club de senderistas del PCT en el Kennedy Meadows General Store y reponer fuerzas con una buena comida, una cerveza fría y una ducha caliente. Es imperativo descansar porque el siguiente tramo no tiene escapatoria: ni una sola carretera cruza Sierra Nevada en 298 km. Hay que elegir el momento oportuno: a principios de verano los caminos suelen estar aún cubiertos de nieve y los arroyos demasiado crecidos para vadearlos. En los puertos más altos la nieve no se derrite hasta finales de julio.

Desafíos aparte, los austeros paisajes alpinos y la espectacular geología glaciar de esta cordillera no tienen parangón. El PCT pasa por una docena de puertos rompepiernas, seis de ellos con altitudes superiores a los 3350 m: Donahue, Muir, Mather, Pinchot, Glen y Forester. ▶

Tramo californiano del Pacific Crest Trail, con los lagos Echo al fondo

El lugar de mayor interés es el Crater Lake, una antigua y enorme caldera que alberga un lago de agua azul brillante. Muchos senderistas optan por el alternativo Rim Trail para disfrutar de la vista.

El puerto de Muir domina un inhóspito paisaje de rocas y gélidos lagos azules; el de Donahue comunica la Ansel Adams Wilderness –que alberga algunos de los lugares más fotografiados de la cordillera, como el pico Banner y el lago Garnet– con el famoso Yosemite National Park. Más alto y arduo que los dos puertos anteriores es el de Forester, cuyo paisaje de origen glaciar suele estar cubierto de hielo y nieve; una vez hollado se habrá conquistado el punto más elevado del PCT.

El grado se modera un poco en la orilla oeste del lago Tahoe y cuando el sendero se interna en el terreno más suave de la Northern Sierra. Pero el alivio es efímero, porque llega la Cascade Range. Para acceder a esta cordillera es necesario recorrer el Hat Creek Rim, un tramo especialmente caluroso y seco. Su paisaje desértico está casi desprovisto de fuentes de agua naturales, de modo que es vital asegurarse de llevar líquido suficiente.

De todas formas, el PCT no es sino una ruta de contrastes y pronto se adentra en los frondosos bosques de abetos del norte de California. Aquí se encuentra la espectacular cascada de Burney, donde el agua freática emerge de unos manantiales y se derrama por un acantilado volcánico. A partir de este punto las millas pasan rápido entre los lagos de la Marble Mountain Wilderness y se llega a la frontera de Oregón casi sin darse cuenta.

El sur de Oregón irrumpe seco y árido, pero al menos los desniveles son mucho más suaves que en California. El tramo de la Sky Lake Wilderness ofrece vistas de los picos más altos de la Cascade Range, pero el lugar de mayor interés es el Crater Lake, una antigua y enorme caldera que alberga un lago de agua azul brillante. Muchos senderistas optan por el alternativo Rim Trail para disfrutar de la vista.

Burney Falls, una de las cascadas más bellas de California

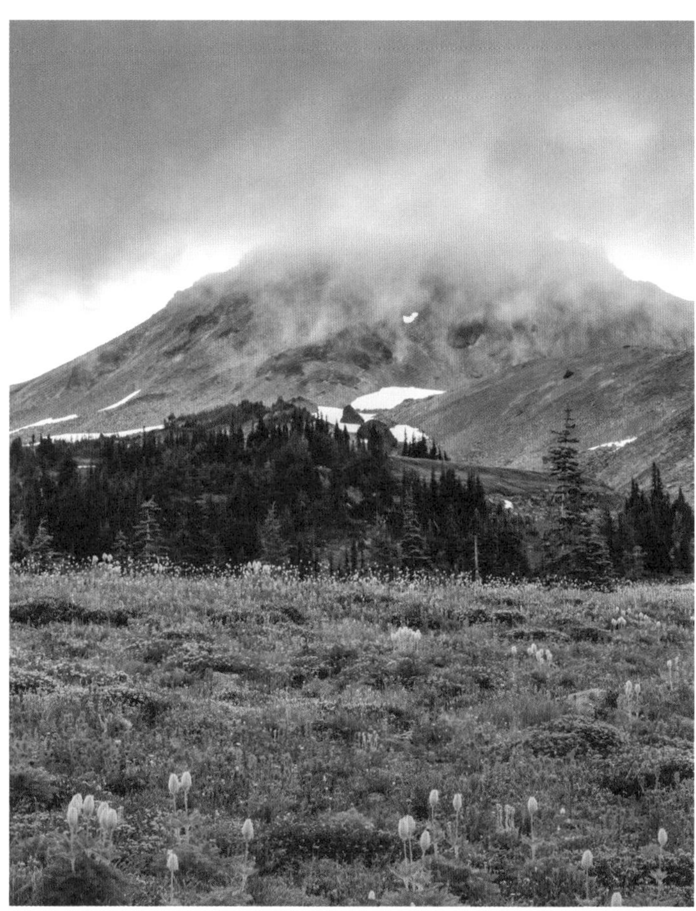

Uno de los prados de la Goat Rocks Wilderness, con una gran variedad de coloridas flores

Rumbo al norte por Oregón, uno de los mayores volcanes de Norteamérica domina el horizonte. Se trata del monte Hood (3429 m), en cuyas laderas se puede practicar esquí y *snowboard* todo el año. Para tomarse un descanso se recomienda el Timberline Lodge, de 1937, en la falda del monte. Es un lugar ideal para un *zero day:* se suman cero millas al trayecto pero se duerme en una cama cómoda y caliente.

Justo antes de llegar a la frontera con Washington hay un largo descenso hasta el Bridge of the Gods (puente de los Dioses), que cruza el río Columbia y marca el punto más bajo del PCT. Al ascender de nuevo y entrar en el Evergreen State, la victoria se siente más cercana. Los últimos 824 km son, simple y llanamente, espectaculares. Tras una breve incursión en el bosque templado de Panther Creek, cuyos enormes árboles y densos helechos causan un silencioso asombro, se llega a la Goat Rocks Wilderness, un territorio de picos escabrosos y grandes valles llenos de lagos y prados floridos. Si el clima lo permite, se puede tomar un itinerario opcional por el Old Snowy, un volcán extinto.

Y cuando se cree que lo visto no se puede superar, el camino atraviesa un paisaje congelado, salpicado de lagos alpinos y verdes laderas, y dominado por el monte Rainier, el rey de las Cascades, con 4392 m de altura. Y si esto no basta, la ruta asciende a la Alpine Lakes Wilderness, una vasta extensión de picos dentados, seguida por otra área natural más espectacular si cabe: la Glacier Peak Wilderness, que alberga coníferas gigantes, glaciares y campos de nieve.

El último tramo del PCT atraviesa el North Cascades National Park, una de las partes más húmedas de la ruta. Pero la lluvia no debe ser un inconveniente a estas alturas, ya que solo quedan 129 km para llegar al E. C. Manning Provincial Park, en la frontera con Canadá. Ahí es donde espera la gloria.

UNA RUTA MÁS CORTA

John Muir Trail

Uno de los tramos más pintorescos del PCT recorre 266 km del famoso John Muir Trail (JMT), en la californiana High Sierra. Este itinerario propone un viaje épico por la espina dorsal de la cordillera, ascendiendo puertos de alta montaña a través de un maravilloso paisaje de granito, picos esculpidos por el hielo y lagos.

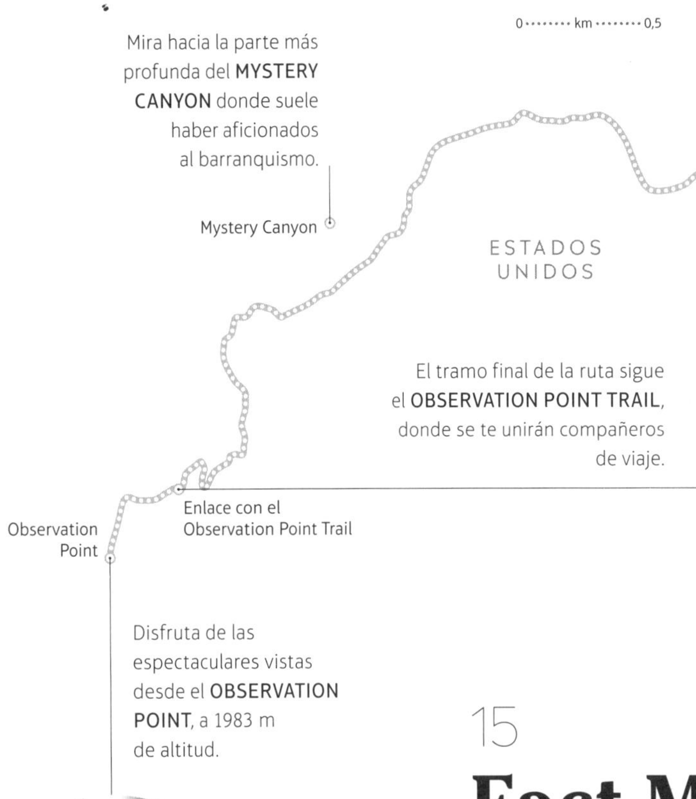

0 km 0,5

Punto de partida del East Mesa Trail

Mira hacia la parte más profunda del **MYSTERY CANYON** donde suele haber aficionados al barranquismo.

Mystery Canyon

ESTADOS UNIDOS

El tramo final de la ruta sigue el **OBSERVATION POINT TRAIL**, donde se te unirán compañeros de viaje.

Enlace con el Observation Point Trail

Observation Point

Disfruta de las espectaculares vistas desde el **OBSERVATION POINT**, a 1983 m de altitud.

Consejo

Al punto de partida solo se accede a pie o en todoterreno; se puede alquilar un vehículo con conductor.

15

East Mesa Trail to Observation Point

ZION NATIONAL PARK, UTAH, EE. UU.

Esta ruta tranquila y poco conocida a través de una meseta de color bronce culmina con un paisaje milenario del Oeste americano.

11 KM

212 M

1 DÍA (IDA Y VUELTA)

PERFIL DE RUTA

2500 m

1000 m

0

11 km

El Observation Point Trail, con sus sublimes y afilados cañones con forma de herradura, es la ruta por antonomasia del Zion National Park. La mayoría de los senderistas acceden a ella desde el duro East Rim Trail (17 km), en el cañón principal, pero esta ruta alternativa se revela mucho más tranquila y no menos bella.

Desde el punto de partida, en la meseta superior del parque, un sendero en buen estado serpentea entre pinos ponderosa dispersos. El borde del cañón y otras formaciones rocosas aparecen y se ocultan a cada paso, ofreciendo un avance de lo que espera al senderista: una de las vistas más bellas de Utah, a la que se llega enlazando el presente camino con el más transitado Observation Point Trail. A pesar del gentío, el panorama final no deja indiferente a nadie y lo más habitual es contemplar atónitos los colores de la tierra del cañón y los miles de rocas que se superponen hasta el horizonte.

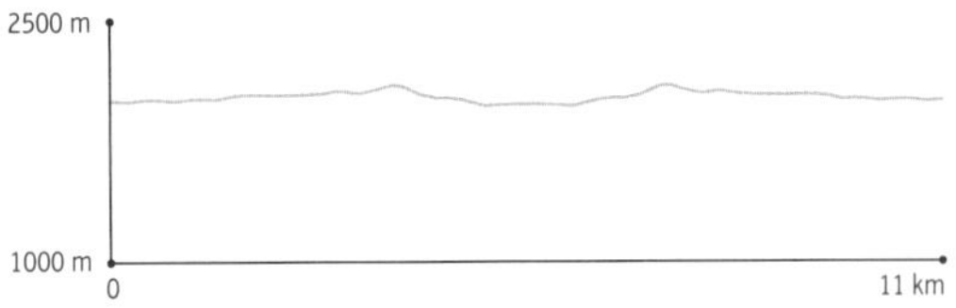

16

Fairyland Loop Trail

BRYCE CANYON NATIONAL PARK, UTAH, EE. UU.

El Fairland Loop Trail atraviesa uno de los parques nacionales más famosos de Utah, una maravilla geológica con agujas de arenisca, acantilados con espectaculares estratos y desiertos de un vivo color naranja.

13 KM
517 M
MEDIO DÍA (CIRCULAR)

Solo a pie se puede apreciar toda la belleza de las formaciones rocosas rosáceas del Bryce Canyon, empequeñecidas por el tamaño de las paredes ocres del cañón. Y no hay mejor camino para ello que el Fairyland Loop, que brinda una agotadora pero gratificante caminata por las zonas más memorables del parque.

Desde el Fairyland Point se sigue el borde del cañón hasta el lado meridional de la Boat Mesa zigzagueando entre laberintos rocosos antes de ascender por el flanco sur de este enorme afloramiento del desierto. Cada vista es más espectacular que la anterior. Los arcos naturales y las agujas de arenisca exigen detenerse con frecuencia para hacer fotos a lo largo del serpenteante camino.

El sol del atardecer en primavera y otoño dota a este paisaje de una luz cobriza, pero se puede afirmar que el Fairyland Loop Trail alcanza su esplendor en invierno: cuando las rocas de color albaricoque se cubren de nieve.

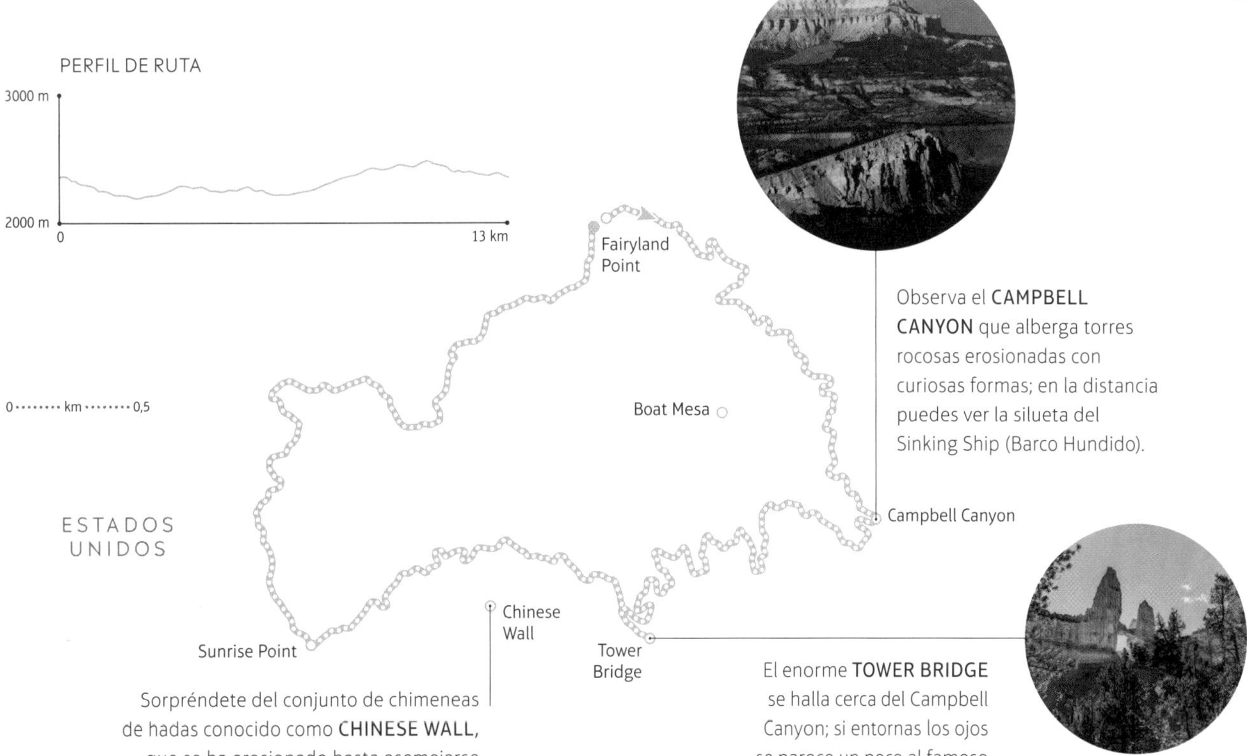

Observa el **CAMPBELL CANYON** que alberga torres rocosas erosionadas con curiosas formas; en la distancia puedes ver la silueta del Sinking Ship (Barco Hundido).

Sorpréndete del conjunto de chimeneas de hadas conocido como **CHINESE WALL**, que se ha erosionado hasta asemejarse a la Gran Muralla china.

El enorme **TOWER BRIDGE** se halla cerca del Campbell Canyon; si entornas los ojos se parece un poco al famoso puente londinense.

Observa los barrancos y los arroyos que desembocan en las serenas y especulares aguas del **LAKE SOLITUDE**.

Lago Jackson

Lago Leigh

Paintbrush Peak

Lake Solitude

Paintbrush Canyon

Punto de partida del Leigh Lake Trail

Lago Jenny

Desde el **HURRICANE PASS**, contempla las vistas panorámicas de The Three Tetons –Grand, Middle y South– y del lejano Schoolroom Glacier, que desemboca en un lago de color aguamarina.

Al pasar por **el PAINTBRUSH CANYON** mantén los ojos abiertos para ver osos grises y negros; también se encuentran pequeños mamíferos como las picas y las marmotas.

Hurricane Pass

ESTADOS UNIDOS

Alaska Basin

Mount Meek Pass

Death Canyon Shelf

Fox Creek Pass

Asómbrate con la parte más espectacular de la ruta, el **DEATH CANYON SHELF**, un tramo de 5 km que discurre sobre extensos cañones.

Marion Lake

Camina por praderas floridas hasta **MARION LAKE**, un buen lugar para acampar, comer o dar un paseo por la orilla.

Rendezvous Pass

0 km 5

Phillips Pass

Punto de partida del Phillips Pass Trail

CURIOSIDADES

El porqué de un nombre

El foco de atención constante a lo largo de la ruta es un conjunto de montañas llamado The Three Tetons (Grand, Middle y South). El nombre data de finales del siglo XIX, cuando los tramperos franceses que frecuentaban la zona llamaron a los picos Les Trois Tetons, es decir, las Tres Tetas. Los indígenas shoshones las conocían como Teewinot, que significa «Muchas cumbres».

17

Teton Crest Trail

DEL PHILLIPS PASS TRAIL AL LEIGH LAKE TRAIL, WYOMING, EE. UU.

Los amantes de la montaña que quieran recorrer una alta zona alpina hallarán la ruta perfecta en el Teton Crest Trail.

65 KM
2747 M
4-5 DÍAS (IDA)

Ubicado entre los espectaculares picos de la Teton Range, el Teton Crest Trail (TCT) ocupa un puesto de honor en las listas de los mochileros experimentados. Su agreste paisaje activa el cuerpo y la mente mientras se recorren empinados senderos a alturas superiores a los 2432 m durante casi todo el itinerario.

Hay varias formas de afrontar esta ruta, con atajos y extensiones que se adaptan a cualquier plan de viaje. La ruta completa de 56 km empieza en el punto de partida del Phillips Pass Trail y termina en el punto de partida del Leigh Lake Trail, en el Grand Teton National Park. Para ahorrar tiempo se pueden evitar los primeros 8 km –y 762 m de ascensión– empezando en el Rendezvous Pass; este trayecto ofrece vistas del fondo del valle.

A partir de aquí el senderista empieza a familiarizarse con las agujas rocosas y toparse con extensos prados y lagos de color turquesa, todo ello mientras gana altura para gozar de unas vistas tan amplias que parecen abarcar todo Wyoming. Las constantes subidas y bajadas lo llevan de una magnífica zona de acampada a la siguiente a través de una naturaleza exuberante, con fríos arroyos fluyendo por toda la cordillera. Y tendrá la oportunidad de contemplar al menos un amanecer o un atardecer inmaculado, cuando la tundra de color rubí adquiere un brillo meloso.

El verano y el otoño son las mejores épocas: las temperaturas son favorables, las plantas están en flor, los animales están más activos y los bosques están en su apogeo; estos constituyen un hábitat ideal para una interesante fauna. No se requiere material de escalada para hacer la ruta, pero no cabe duda de que es difícil y exigente, en particular a la hora de planificarla. Antes de partir hay que considerar detenidamente los horarios, reservar con antelación las plazas de acampada y anticipar retos cotidianos como la obtención de agua para no quedarse tirados inadvertidamente.

Los pies duelen, los músculos queman y es preciso destinar una considerable cantidad de esfuerzo mental en la preparación. Pero es un justo precio por la inolvidable belleza que se contempla mientras se explora la legendaria Teton Range.

PERFIL DE RUTA

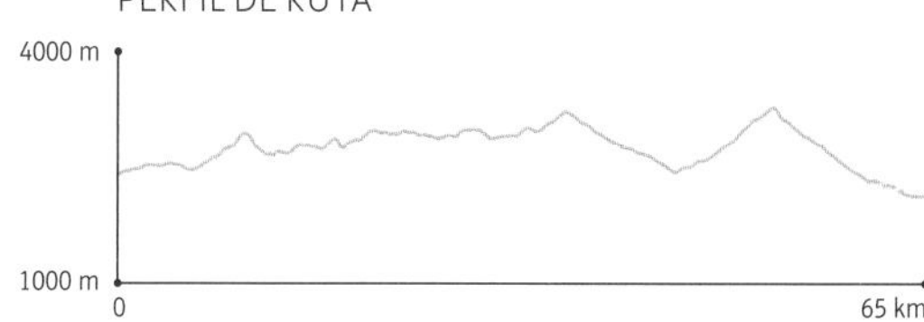

18

Rim-to-Rim

GRAND CANYON NATIONAL PARK, ARIZONA, EE. UU.

El extenuante pero asombroso Rim-to-Rim atraviesa una obra maestra de la erosión considerada una de las siete maravillas naturales del mundo.

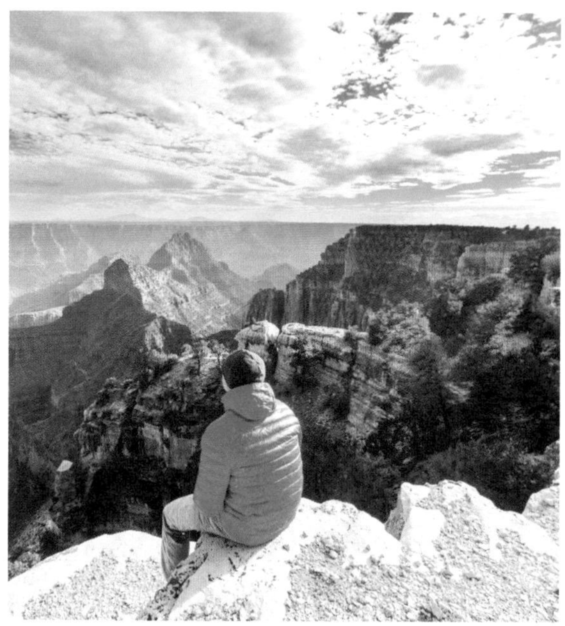

Una pausa para gozar de las amplias vistas del Gran Cañón

Los acantilados esculpidos del Gran Cañón se elevan en estratos escalonados de vivos tonos sobre el río Colorado y forman la cicatriz más impresionante del planeta. Esta ruta va de un lado del desfiladero al otro, partiendo del más alto y aislado North Rim. Al descender hacia el cañón por el North Kaibab Trail, cada curva del camino ofrece una sobrecogedora visión. La ruta pasa por todos los ecosistemas existentes entre México y Canadá: los exuberantes bosques de coníferas llenos de flores mutan en un adusto paisaje desértico de vetustas y oscuras rocas.

Tras cruzar el Colorado por el puente plateado, el sendero se convierte en el Bright Angel Trail. Las dunas que se elevan sobre el río castigan las piernas, pero a partir de este punto el cañón parece fundirse con el caminante. En medio de tal inmensidad es fácil sentirse abrumados por la intimidad de este camino, con su rumoroso riachuelo, la sombra y el canto de las aves. Conviene detenerse un momento para apreciar el oasis del Indian Garden –cultivado por la tribu havasupai desde hace siglos– antes de afrontar el zigzagueante y agotador tramo final.

37 KM

1980 M

2-3 DÍAS (IDA)

PERFIL DE RUTA

3000 m

0

0

37 km

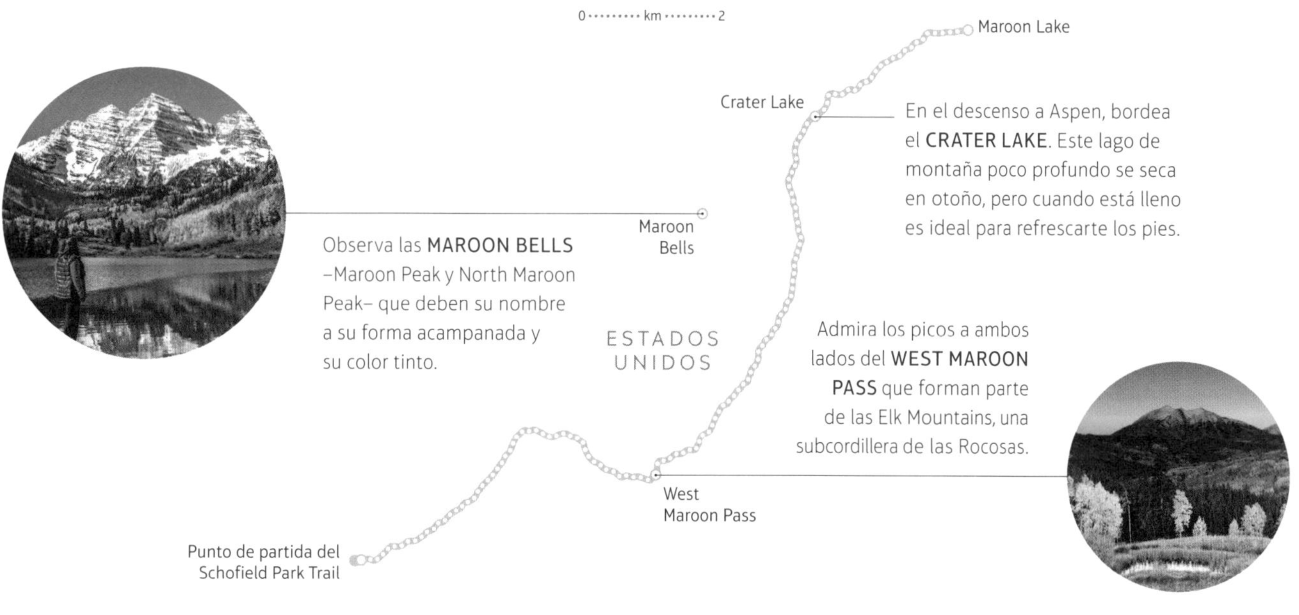

0 km 2
Maroon Lake
Crater Lake
En el descenso a Aspen, bordea el **CRATER LAKE**. Este lago de montaña poco profundo se seca en otoño, pero cuando está lleno es ideal para refrescarte los pies.
Maroon Bells
Observa las **MAROON BELLS** –Maroon Peak y North Maroon Peak– que deben su nombre a su forma acampanada y su color tinto.
ESTADOS UNIDOS
Admira los picos a ambos lados del **WEST MAROON PASS** que forman parte de las Elk Mountains, una subcordillera de las Rocosas.
West Maroon Pass
Punto de partida del Schofield Park Trail

19

West Maroon Pass Trail

CRESTED BUTTE, COLORADO, EE. UU.

¿Por qué conducir si se puede caminar? Esta bella ruta por las Elk Mountains une dos estaciones de esquí recorriendo una distancia menor que por carretera.

36 KM
1576 M
2 DÍAS (IDA Y VUELTA)

Entre Crested Butte y Aspen hay 166 km en coche, pero a pie la distancia es mucho menor. Ambas estaciones de esquí están conectadas por esta espectacular ruta bordeada de picos nevados, densas arboledas de álamos, prados de color esmeralda, cielos cubiertos de nubes y –según la época– un gran despliegue floral. En julio las coloridas flores silvestres cubren las laderas y convierten el paisaje en un cuadro impresionista. La paleta de la Madre Naturaleza incluye los rojos vivos de la castilleja, los azules y blancos de la aguileña y los violetas de la espuela de caballero.

La ruta, moderada en su mayor parte, asciende desde Crested Butte hasta el West Maroon Pass, un collado a 3810 m que ofrece vistas a 360 grados de las Elk Mountains. Un prolongado y rocoso descenso conduce a las orillas del Maroon Lake, cuya superficie refleja una vista panorámica de los picos Maroon y North Maroon. Al terminar la ruta se puede tomar un autobús al centro de Aspen, donde abundan los restaurantes y los alojamientos. Con la cabeza ya en la almohada se puede descansar con la certeza de que se volverá a disfrutar del camino de vuelta a Crested Butte al día siguiente.

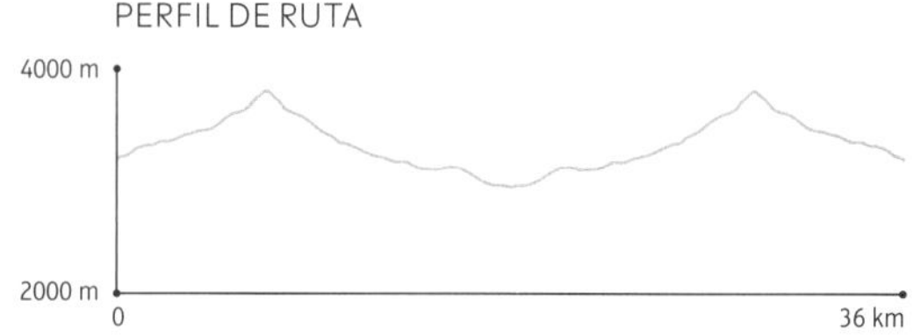

0 km 1

Explora, en la cima del **BLACK ELK PEAK,** una vieja torre de piedra que se usó como puesto de vigilancia contra incendios.

Black Elk Peak

Disfruta de las vistas desde la cumbre de la **LITTLE DEVILS TOWER** (torre de los Pequeños Diablos, 2109 m).

ESTADOS UNIDOS

Flashers View

Little Devils Tower

Cathedral Spires

Aparcamiento del lago Sylvan

Admira las **CATHEDRAL SPIRES** (Agujas de la Catedral), también conocidas como Agujas de las Colinas Negras de Dakota del Sur.

20

Black Elk Peak Trail

CONDADO DE PENNINGTON, DAKOTA DEL SUR, EE. UU.

El Black Elk Peak, fácilmente accesible por un popular camino circular, destaca tanto por su historia nativa como por su belleza natural.

12 KM

495 M

MEDIO DÍA (CIRCULAR)

Con 2207 m, el Black Elk Peak es el punto más alto de Dakota del Sur. Es un lugar sagrado para el pueblo lakota y su importancia histórica se debe a que fue aquí donde Black Elk (Alce Negro), que da nombre a la montaña, tuvo la visión que lo convirtió en un famoso curandero y líder espiritual. Hoy se sigue celebrando un peregrinaje anual para dar la bienvenida a los Wakinyan Oyate (Seres del Trueno) en el equinoccio de primavera.

El resto del año, la ascensión a la montaña es una caminata popular de medio día para senderistas de todas las edades. Hay más de una decena de variantes para hacer cumbre, pero esta agradable ruta circular por los senderos 4 y 9 es la más pintoresca. Llega a su cúspide literal y figurada en la cima de la montaña, donde no se tarda en saber por qué los lakotas llaman al pico Hiŋháŋ Káǧa, o «Fabricante de Búhos»: observando el paisaje, las formaciones rocosas circundantes guardan una asombrosa semejanza con una asamblea de búhos.

PERFIL DE RUTA

CURIOSIDADES

«Alce Negro habla»

El pico lleva el nombre del líder espiritual Alce Negro, cuya historia se relata en el libro de 1932 *Alce Negro habla*, de John G. Neihardt. A pesar de ser una obra muy leída, ha sido sometida a escrutinio por representar de forma inexacta las creencias, la cultura y las tradiciones de los lakotas, ya sea por error o por exageración intencionada, para hacer el libro más atractivo para el lector blanco.

21

Pueblo Alto Loop Trail

CHACO CULTURE NATIONAL HISTORICAL PARK, NUEVO MÉXICO, EE. UU.

Esta ruta explora el erosionado corazón de una civilización que prosperó durante siglos en un remoto cañón del desierto.

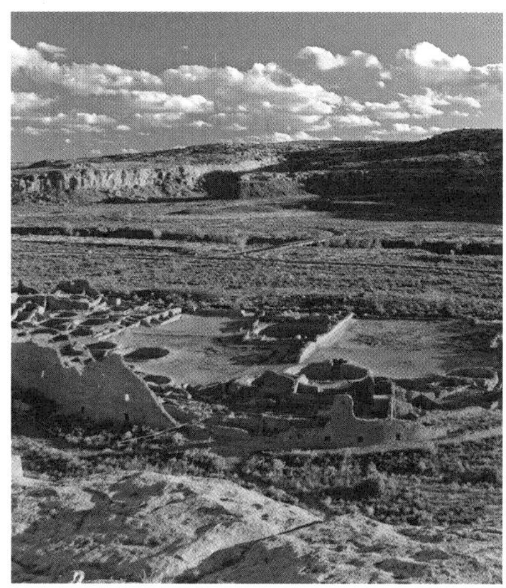

Pueblo Bonito, el mayor complejo de habitaciones del Chaco Culture National Historical Park

Sigue siendo un misterio por qué el cañón Chaco –con sus calurosos veranos, fríos inviernos y escasa lluvia– se convirtió en el núcleo cultural de los indios pueblo. Lo que sí se sabe es que, entre el 850 y el 1150, se construyeron en el lugar enormes edificios de cuatro o cinco plantas que contenían cientos de habitaciones. El Pueblo Alto Loop Trail permite conocer muchas de esas casas en una excursión que resulta tan espectacular como inquietante.

El camino asciende por una pendiente rocosa detrás de la Kin Kletso («Casa Amarilla» en navajo) hasta lo alto de una extensa meseta. Entre las vistas de esta alta cuenca desértica, un mirador se asoma a los restos de las casas situadas en el fondo del valle. El sendero sigue el borde de la meseta y muestra restos de crustáceos fosilizados, piletas excavadas en la roca y el trazado de antiguas calzadas. Aquí están las ruinas de Pueblo Alto y New Alto, con las habitaciones donde vivieron los antiguos pobladores. Conviene detenerse unos instantes para contemplar la serena extensión de cañones y riscos.

PERFIL DE RUTA

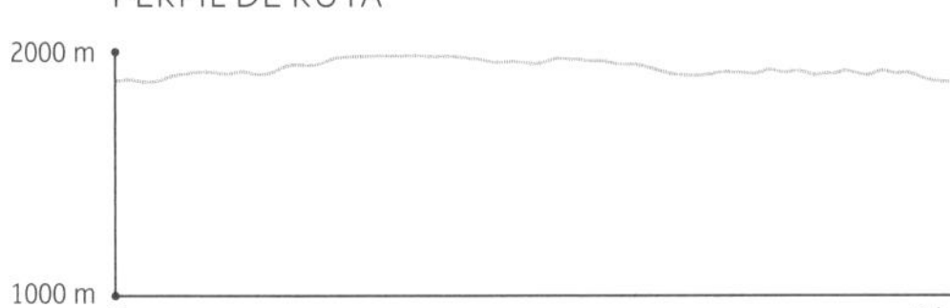

9 KM

190 M

MEDIO DÍA (CIRCULAR)

Asciende por la **JACKSON STAIRWAY**, una escalera tallada por los nativos en una roca casi vertical, que da acceso a la meseta desde el cañón.

Párate a observar la compleja mampostería de la **KIN KLETSO**, con 65 habitaciones y 5 *kivas* (cámaras subterráneas o semisubterráneas).

Visita, a través de un corto camino de herradura, **PUEBLO BONITO**, un enorme complejo con más de 600 estancias; se cree que era el centro social del cañón Chaco.

Pueblo Alto

New Alto

Jackson Stairway

ESTADOS UNIDOS

Kin Kletso

Aparcamiento

Mirador

Pueblo Bonito

0 km 0,5

22

Superior Hiking Trail

DE LA FRONTERA DE MINNESOTA Y WISCONSIN AL 270 DEGREE OVERLOOK, EE. UU.

A través de Minnesota, el Superior Hiking Trail ofrece una introducción al senderismo de larga distancia apta para principiantes junto a uno de los mayores lagos del mundo: el Superior.

483 KM
9740 M
2-4 SEMANAS (IDA)

El Superior Hiking Trail es, sin duda, una de las mejores rutas de larga distancia de Estados Unidos para senderistas principiantes. La distancia y el tiempo requerido (no más de un mes) son razonables y abundan los campamentos y los puntos de abastecimiento. La única excepción es el tramo de unos 80 km a través de Duluth, donde solo se puede caminar de día y se prohíbe la acampada nocturna.

Por esta razón hay dos tipos de rutas por el Superior Hiking Trail: la tradicional y la total. La primera recorre solo los 418 km del camino abiertos a los mochileros, con campamentos en distancias comprendidas entre 8 y 16 km; la segunda cubre todo el itinerario e implica organizar los transportes entre el camino y los alojamientos a lo largo del tramo de Duluth.

Una vez decidido el tipo de ruta más conveniente, el resto es fácil. En su mayor parte, el camino sigue las crestas de los acantilados que bordean el lago que da nombre a la ruta. El ondulado sendero alcanza una altura máxima de 557 m. El propio lago Superior es una masa de agua tan grande que da la sensación de caminar a orillas del mar. Y, al igual que el mar, el lago tiene diferentes estados de ánimo dependiendo de la época del año y el tiempo; estos se revelan día a día, a medida que se atraviesan los sucesivos

PERFIL DE RUTA

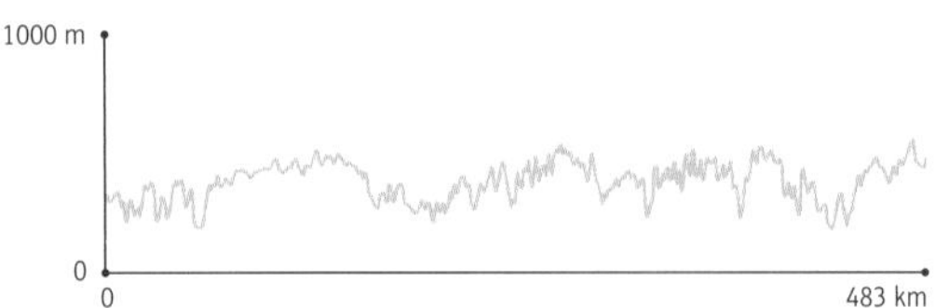

Duluth

Jay Cooke State Park

Comienza la ruta en un bosque de arces del **JAY COOKE STATE PARK**, en la remota frontera entre Minnesota y Wisconsin.

REPONER FUERZAS

Angry Trout Café

Quien pare a reabastecerse en Grand Marais debe pasarse por el Angry Trout Café *(angrytroutcafe.com)*, situado en una antigua pescadería, para probar los productos del lago Superior y sus alrededores, acompañados de un refresco de la casa.

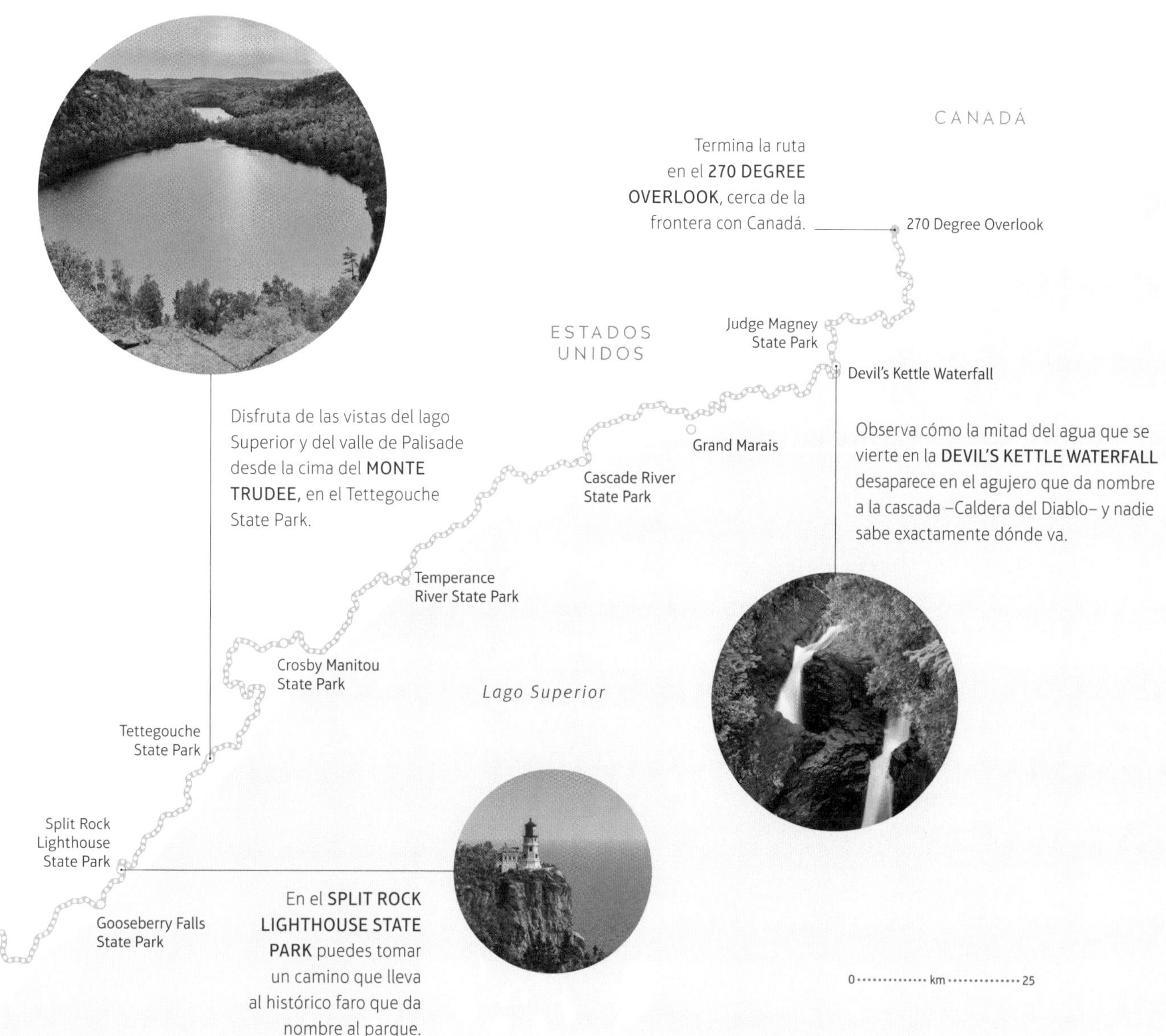

bosques de abedules, álamos temblones, pinos, abetos y cedros; cada uno dota de un olor, aspecto y ambiente propios al cambiante paisaje.

Las estaciones desempeñan un papel especial en la experiencia. La primavera trae flores y el reto de las superficies embarradas (los senderos son muy sensibles a la erosión y en ocasiones están cerrados). Los primeros calores veraniegos anuncian la llegada de los mosquitos y la aparición de los frutos en los arándanos y frambuesos que bordean el camino, que proporcionan buenos tentempiés. El otoño es quizás la mejor época del año: los senderos y los campamentos empiezan a vaciarse en septiembre, la sensación de soledad es mayor y los bosques deslumbran con los cambios de color de las hojas. Para iniciarse, el otoño es difícil de superar.

23

Spite Highway

ELLIOTT KEY HARBOR, FLORIDA, EE. UU.

Una amarga disputa llevó a la creación de esta ruta, que atraviesa el bosque tropical del cayo Elliott, en el Biscayne National Park.

11 KM

55 M

1 DÍA (IDA Y VUELTA)

En la década de 1960, un grupo de terratenientes de Florida se propuso urbanizar con fines turísticos el cayo Elliott, una isla formada sobre un arrecife de coral frente a la costa de Miami. Sin embargo, un pequeño grupo de ecologistas empezó a promover la creación de un parque nacional que protegiera la isla y sus aguas circundantes. Hacia el final de la década, la opinión pública se había inclinado a su favor. En un intento desesperado de obstaculizar el plan del parque, los terratenientes allanaron una franja de bosque de 11 km de longitud y seis carriles de anchura en medio de la isla.

No consiguieron nada: el presidente Lyndon B. Johnson firmó el proyecto de creación del Biscayne National Park el 18 de octubre de 1968 y hoy los visitantes pueden recorrer el cayo por la Spite Highway (Autopista del Rencor). La naturaleza ha reído la última: el follaje de los bordes del camino forma ahora un agradable túnel sombreado y los manglares aledaños albergan algunas especies en peligro de extinción. Es el caso de la gran mariposa cola de golondrina de Schaus, antes una especie endémica del sur de Florida pero ahora solo se encuentra en varias islas pequeñas del Biscayne National Park.

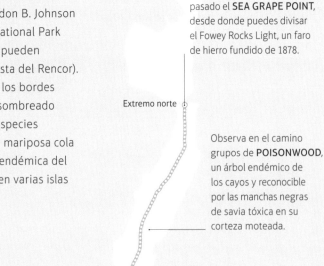

El cayo Elliott, una de las islas que forman el Biscayne National Park

PERFIL DE RUTA

100 m

0

0

11 km

El extremo norte de la ruta está pasado el **SEA GRAPE POINT**, desde donde puedes divisar el Fowey Rocks Light, un faro de hierro fundido de 1878.

Extremo norte

Observa en el camino grupos de **POISONWOOD**, un árbol endémico de los cayos y reconocible por las manchas negras de savia tóxica en su corteza moteada.

Explora el **ELLIOTT KEY HARBOR**, la principal puerta de entrada a la isla. Puedes pasar la noche en el *camping*.

Elliott Key Harbor

0 km 1

ELLIOTT KEY

Consejo

De octubre a abril hace mejor tiempo; conviene evitar los pegajosos meses estivales (de junio a agosto).

Disfruta de las vistas del lago desde el **PUENTE** de 400 m. Haz una pausa para observar a las aves acuáticas aleteando en la superficie.

Tras recorrer unos 14 km dejarás atrás el agua y entrarás en un **BOSQUE CADUCIFOLIO** ribereño.

Lago Chicot

Puente

Bosque caducifolio

Punto de partida del South Landing Trail

0 km 2

ESTADOS UNIDOS

Bosque de cipreses

Recorre las pasarelas que conducen al anegado epicentro de un **BOSQUE DE CIPRESES** de los pantanos. Se tiene la sensación de caminar sobre un paisaje primigenio.

24

Lake Chicot Loop

VILLE PLATTE, LUISIANA, EE. UU.

Esta caminata de dos días recorre pantanos llenos de vida salvaje y un frondoso bosque caducifolio dentro del mayor parque estatal de Luisiana.

El Lake Chicot Loop, una de las rutas de larga distancia de Luisiana, sumerge al visitante en un espectacular humedal rebosante de vida. Enormes tupelos y cipreses de los pantanos se elevan sobre las resplandecientes aguas. En las orillas, los caimanes y las tortugas toman el sol en troncos y las garzas azuladas esperan pacientemente a que aparezca su desayuno. A principios de primavera y otoño el cielo se llena de aves migratorias, incluidas especies tan llamativas como la espátula rosada, también conocida como flamenco cajún por su plumaje rosa.

Aunque es posible hacer el circuito en un (largo) día, es mucho más gratificante parar en uno de los alojamientos rurales del camino. Así se puede gozar de la luz rojiza que se refleja sobre el agua mientras el sol se oculta en el bosque, seguida del coro nocturno de insectos mientras el cielo se llena de estrellas.

PERFIL DE RUTA

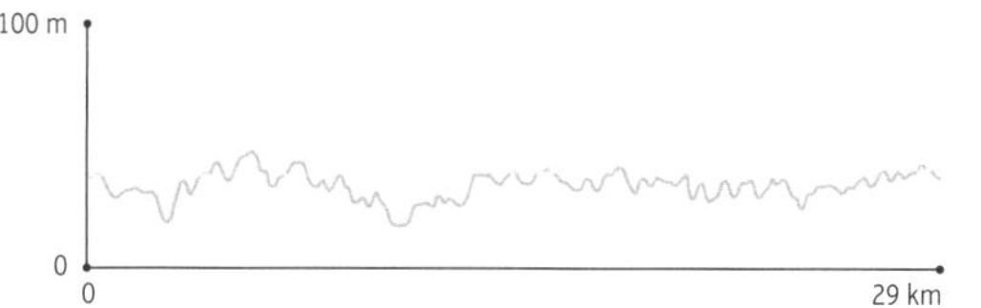

29 KM

271 M

2 DÍAS (CIRCULAR)

Consejo

Lleva un contenedor antiosos para guardar la comida fuera del alcance de los osos en algunos bosques.

Descubre la orgullosa historia de **LAKE PLACID:** la ciudad ha albergado dos Juegos de Invierno y muchas instalaciones están abiertas al público.

Lake Placid

High Peaks Wilderness

Long Lake

Es probable que veas hidroaviones yendo y viniendo del **LONG LAKE** (lago Largo), salpicado de residencias vacacionales.

Tirrell Pond

Blue Ridge Wilderness

El extremo norte de la **TIRREL POND** tiene una larga playa de arena donde puedes tomar el sol tras bañarte en sus profundas y frías aguas.

West Canada Lake Wilderness

ESTADOS UNIDOS

Piseco

Lago Piseco

Silver Lake Wilderness

West Stony Creek

Northville

Según la época del año, vadear el **WEST STONY CREEK** puede ser un reto que implica mojarte.

Gran Lago Sacandaga

REPONER FUERZAS

Lake Placid

La mayoría de los que hacen la ruta entera envían cajas de provisiones a las oficinas de correos de Piseco, Blue Mountain Lake o Long Lake, ya que las opciones para comer son limitadas. Pero en Lake Placid hay multitud de bares y restaurantes para aplacar el hambre. Se recomienda probar la barbacoa ahumada de Smoke Signals *(smokesignalsq.com);* y de entrante, pepinillos empanados y fritos.

25

Northville–Placid Trail

DE NORTHVILLE A LAKE PLACID, NUEVA YORK, EE. UU.

La ruta Northville-Placid tiene que ver tanto con el agua como con los bosques. Conecta una serie de lagos y lagunas a baja altura en el Adirondack Park de Nueva York.

222 KM
4611 M
8-10 DÍAS (IDA)

Este itinerario atraviesa algunas de las áreas más remotas del Adirondack Park. Se creó a principios del siglo XX, antes de que el automóvil se convirtiera en el principal medio de transporte en Estados Unidos. Fue el primer proyecto del Adirondack Mountain Club y los puntos de partida y llegada –Northville y Lake Placid– se eligieron porque ambas ciudades tenían estaciones de tren que permitían a los viajeros acceder a la ruta fácilmente. Por desgracia, ninguna de las estaciones sigue en uso, pero el camino perdura (con algunos cambios a lo largo de los años). Más de una vez las presas de los castores inundaron el sendero, por lo que lo desviaron.

Problemas de castores aparte, la ruta no promete paisajes extremos. Discurre en su mayor parte por tierras poco elevadas –el punto más alto está a 917 m sobre el nivel del mar–, en contraste con otras rutas de varias jornadas. El centro de atención aquí son los bosques y los lagos; el tramo de la ruta que pasa por los lagos Spruce,

Sereno paisaje lacustre del impresionante Adirondack Park de Nueva York

West Canada y Cedar reúne algunos de los paisajes naturales más recónditos y serenos del noreste del país. A quien le guste nadar tanto como caminar encontrará multitud de zonas de acampada y refugios junto a lagos inmaculados. No hay nada más refrescante que un chapuzón en unas aguas terriblemente frías tras un largo día andando.

El otoño es la mejor época del año para hacer la ruta. Los Adirondacks son un popular destino turístico y el cambio de follaje se da en todo su esplendor en septiembre y octubre. Sin embargo, sea cual sea la estación, las puestas de sol de tonos pastel acompañan a los senderistas mucho tiempo después de terminar el viaje.

PERFIL DE RUTA

Descenso del monte Katahdin, en el extremo norte del Appalachian Trail

26

Appalachian Trail

DE LA MONTAÑA SPRINGER, GEORGIA, AL MONTE KATAHDIN, MAINE, EE. UU.

El Appalachian Trail, una de las más antiguas del mundo, narra la historia de una nación y es el desafío definitivo de las rutas de larga distancia.

3529 KM
117 485 M
5-7 MESES (IDA)

Pocas rutas de larga distancia estimulan tanto la imaginación como el Appalachian Trail. Serpenteando 3529 km desde la montaña Springer, en Georgia, hasta el monte Katahdin, en Maine, y atravesando 14 estados, este recorrido traza la espina dorsal de los Apalaches.

Estos picos rezuman historia americana. Estuvieron habitados por los pueblos cheroqui, iroqués, powhatan y shawnee, que fueron desplazados a la fuerza a partir del siglo XVIII por las oleadas de colonos europeos. Las comunidades establecidas por esos inmigrantes crecieron con el carácter distintivo apalache, gracias al comercio de alimentos, las influencias musicales y las historias de fogata sobre el temible Boojum y la Bell Witch. ▸

PERFIL DE RUTA

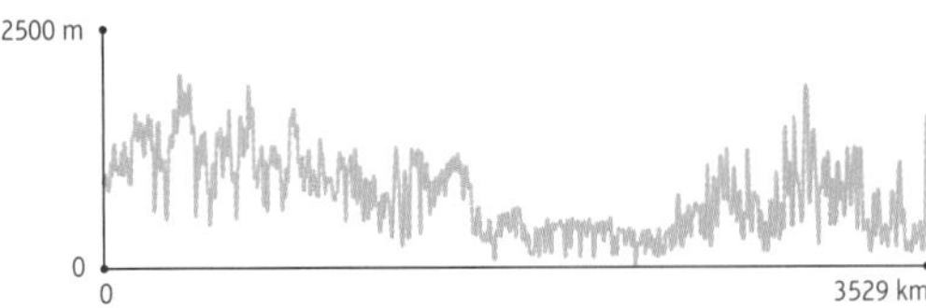

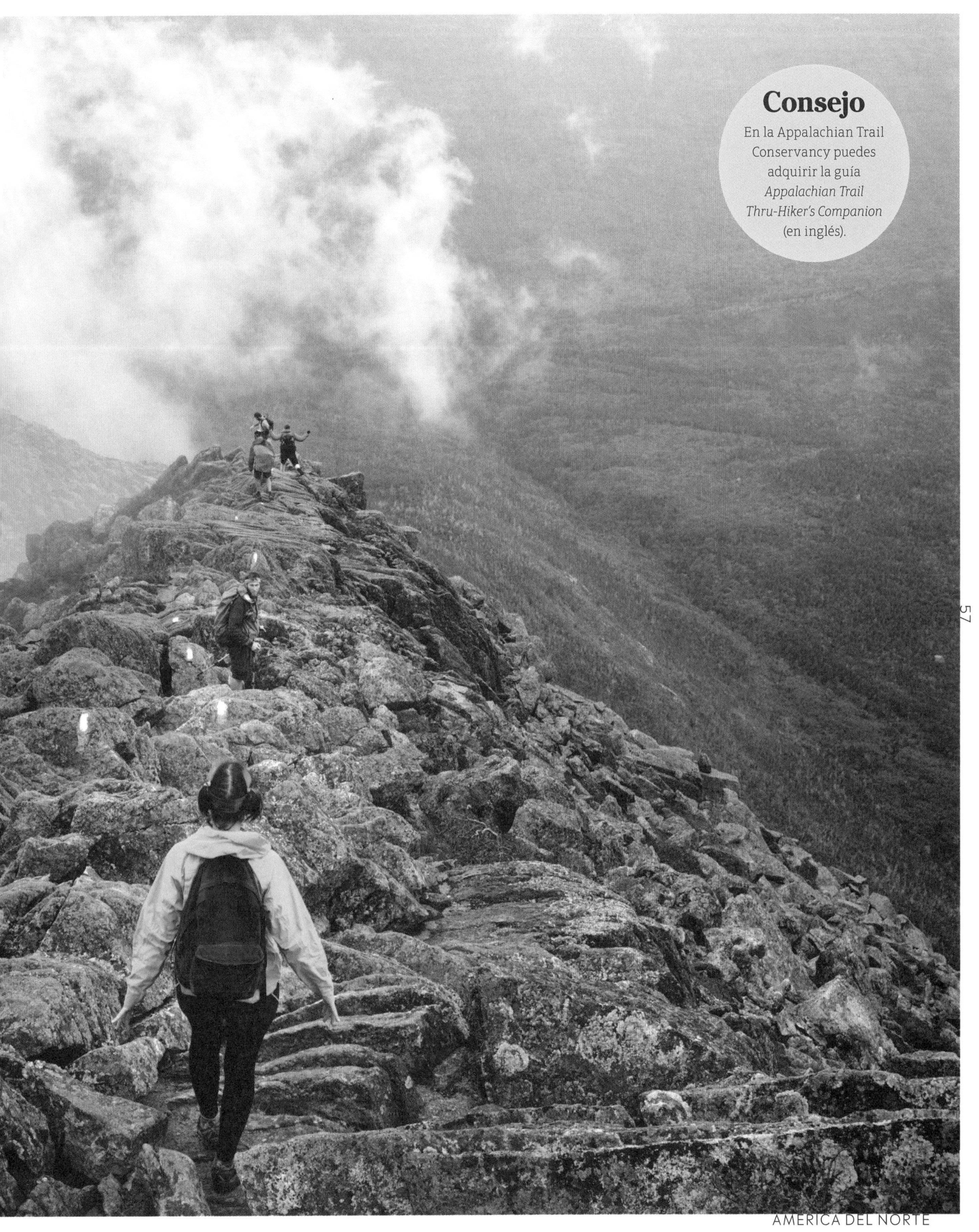

Consejo

En la Appalachian Trail Conservancy puedes adquirir la guía *Appalachian Trail Thru-Hiker's Companion* (en inglés).

Tiempo después, los abundantes recursos naturales de la zona llamaron la atención de las crecientes industrias minera y maderera, que hacia principios del siglo XX amenazaron con aniquilar esta querida franja verde. El rescate llegó de la mano del ingeniero forestal y conservacionista Benton MacKaye, que imaginó un Appalachian Trail estando en la cima del monte Stratton (Vermont) en 1921. Formada por una mezcla de senderos de los nativos y vías de caravanas de los colonos, la ruta se concibió no solo como medio de protección medioambiental, sino también como «solución al problema de la vida», proporcionando alivio del ruido incesante y el estrés de la industrialización y brindando la oportunidad de adquirir cierta perspectiva vital.

Por tanto, el Appalachian Trail llama a quien necesite aire fresco en su vida. Pero antes de atender su reclamo hay que tener en cuenta que no es fácil. Se tarda entre cinco y siete meses en completar la ruta. Requiere entrenamiento, preparación, un presupuesto de unos 2800 €, equipo de acampada de buena calidad y unas reservas inagotables de coraje. De hecho, la ruta recibe alrededor de tres millones de senderistas al año y, de los 3000 que intentan completarla, solo uno de cuatro lo consigue. El récord de rapidez lo ostenta el atleta de ultramaratón Scott Jurek, que recorrió sus más de 3000 km en solo 46 días, 8 horas y 7 minutos. Sorprendentemente para una ruta tan famosa, solo unas 21 500 personas la han terminado desde que se cartografió el tramo final, en 1936.

El itinerario se puede hacer en ambas direcciones; las dos opciones tienen ventajas e inconvenientes y la elección depende del inicio. Lo más habitual es empezar en Georgia y caminar hacia el norte. Esta opción requiere salir a finales de marzo o principios de abril para asegurarse temperaturas moderadas en los puertos de montaña de los fríos estados norteños al final, aunque esto se traduzca en caminos concurridos y campamentos abarrotados. ▶

APPALACHIAN TR. NORTH
GRAYSON HIGHLANDS
STATE PARK

Caminantes con sus mochilas en el Grayson Highlands State Park, en Virginia

Visita el **SETTLERS MUSEUM** de Virginia que relata la historia de los colonos escoceses, irlandeses y alemanes que se asentaron en el lugar a mediados del siglo XVIII.

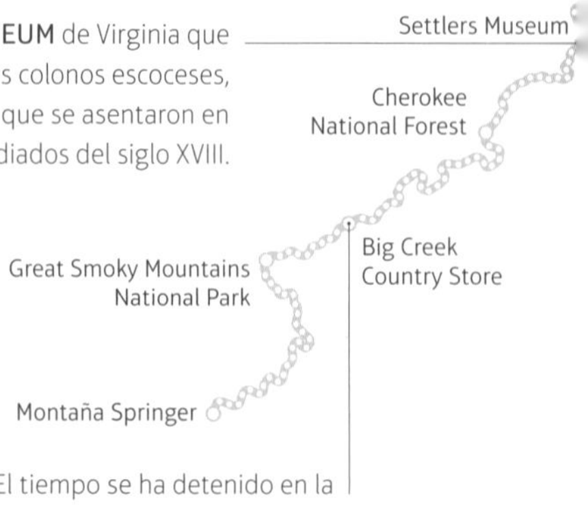

Settlers Museum

Cherokee National Forest

Big Creek Country Store

Great Smoky Mountains National Park

Montaña Springer

El tiempo se ha detenido en la década de 1920 en el **BIG CREEK COUNTRY STORE**, una tienda tradicional al norte de Waynesville.

Monte Katahdin

100-Mile Wilderness

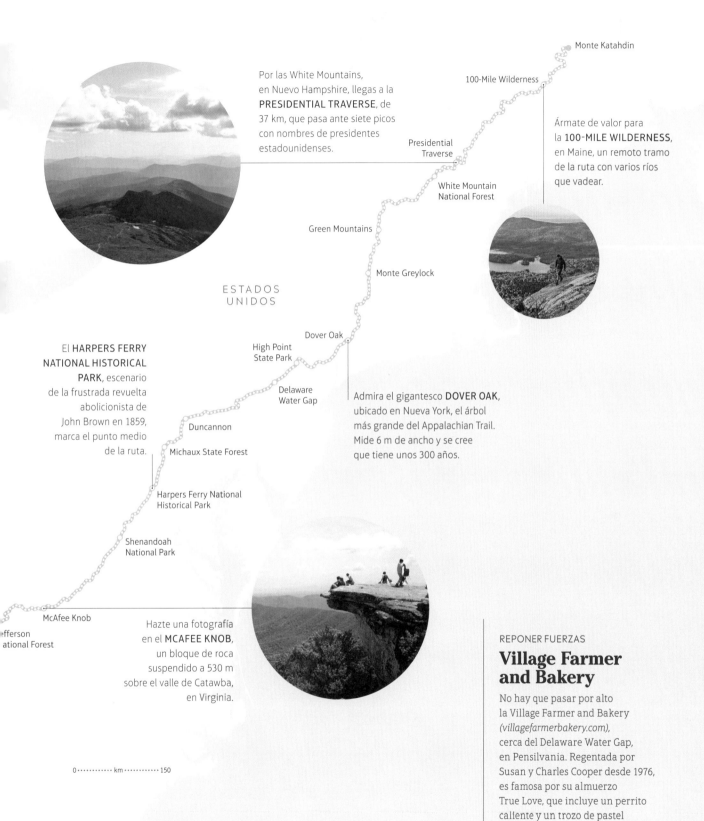

Por las White Mountains, en Nuevo Hampshire, llegas a la **PRESIDENTIAL TRAVERSE**, de 37 km, que pasa ante siete picos con nombres de presidentes estadounidenses.

Presidential Traverse

Ármate de valor para la **100-MILE WILDERNESS**, en Maine, un remoto tramo de la ruta con varios ríos que vadear.

White Mountain National Forest

Green Mountains

Monte Greylock

ESTADOS UNIDOS

Dover Oak

High Point State Park

El **HARPERS FERRY NATIONAL HISTORICAL PARK**, escenario de la frustrada revuelta abolicionista de John Brown en 1859, marca el punto medio de la ruta.

Delaware Water Gap

Admira el gigantesco **DOVER OAK**, ubicado en Nueva York, el árbol más grande del Appalachian Trail. Mide 6 m de ancho y se cree que tiene unos 300 años.

Duncannon

Michaux State Forest

Harpers Ferry National Historical Park

Shenandoah National Park

McAfee Knob

·fferson ational Forest

Hazte una fotografía en el **MCAFEE KNOB**, un bloque de roca suspendido a 530 m sobre el valle de Catawba, en Virginia.

0 ··········· km ··········· 150

REPONER FUERZAS

Village Farmer and Bakery

No hay que pasar por alto la Village Farmer and Bakery *(villagefarmerbakery.com)*, cerca del Delaware Water Gap, en Pensilvania. Regentada por Susan y Charles Cooper desde 1976, es famosa por su almuerzo True Love, que incluye un perrito caliente y un trozo de pastel casero por menos de 3 dólares.

Caminar rumbo al sur desde Maine supone encarar el terreno más complicado nada más empezar. A ello se suma el reto de llevar una mochila más pesada debido a la escasez de puntos de reabastecimiento. Esta opción permite empezar más tarde, en mayo o junio, ya que los estados sureños son más llanos y suelen gozar de mejor tiempo, pero es un itinerario apto solo para senderistas en buena forma.

Como alternativa se puede dar un cambio de timón. Esto supone empezar a mitad de ruta –por ejemplo, en Harpers Ferry, Virginia Occidental–, poner rumbo al norte y luego volver al punto de partida para completar la mitad sur. Esta opción suele ser la mejor: se empieza recorriendo un terreno manejable, la franja temporal es más amplia, las condiciones meteorológicas suelen ser mejores y, lo más importante, se reduce la aglomeración, lo cual ayuda a conservar el camino. Todas las opciones permiten obtener el certificado de «corredor de 2000 millas»; solo hay que registrarse en la Appalachian Trail Conservancy antes de salir.

Sea cual sea la opción elegida, una cosa está clara: este es un peregrinaje que cambia la vida y reduce la existencia a lo básico. Cada día el ánimo sube y baja. Los variados paisajes ofrecen muchas escenas de belleza sublime –las neblinosas Great Smoky Mountains de Carolina del Norte y Tennessee, las suaves tierras de cultivo y las colinas onduladas de Virginia, los arces de Vermont a la luz otoñal–, pero también ponen a prueba la determinación física y mental. Los tramos más duros son la rocosa Pennsylvania –también conocida como Rocksylvania–, las agrestes y ventosas montañas de Nuevo Hampshire y los obstáculos pétreos de Mahoosuc Notch, en Maine. Sin embargo, hasta el terreno más fácil puede suponer un desafío, ya que

Haciendo fotos en el Harpers Ferry National Historical Park, en Virginia Occidental

Arriba Great Smokey Mountains National Park, en Tennessee

Abajo Cumbre del monte Katahdin, en Maine

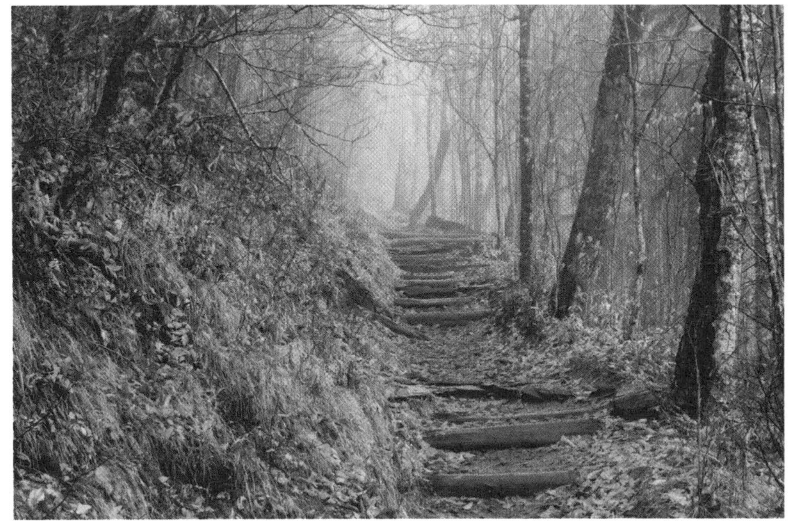

la repetitiva rutina diaria y los kilómetros que hay por delante pasan factura.

Sin duda, es la propia repetitividad de la vida en el camino –poner un pie después del otro un día tras otro, semana tras semana, mes tras mes– lo que abre la nueva perspectiva concebida por MacKaye. La ausencia de las distracciones cotidianas deja tiempo para pensar y la concentración del esfuerzo en una sola meta proporciona determinación, por no hablar de la enorme satisfacción que se siente al superar cada obstáculo e ir contando los kilómetros recorridos.

El apoyo de las personas que encontramos por el camino sirve de gran ayuda. A pesar de que el mantra del senderista de larga distancia es «Haz tu propio camino», los que se aventuran forman una comunidad especial e intercambian historias sobre la ruta en los campamentos y pueblos donde coinciden. Y es esta camaradería la que deja recuerdos que persisten mucho tiempo después de limpiar el barro de las botas y guardar la mochila en un rincón del armario.

Completar la ruta es todo un logro y puede que se tarde un tiempo en asimilar su magnitud. Pero a medida que los dolores musculares disminuyen va asentándose una profunda sensación de éxito. Después de todo, mucha gente sueña con hacer el Appalachian Trail y haber convertido en realidad ese sueño es algo muy especial.

UNA RUTA MÁS CORTA

Roan Highlands

Hacer la ruta entera no es la única opción. Quienes dispongan de pocos días pueden ir a las Roan Highlands, un tramo montañoso de 31 km en Tennessee que alberga el mayor jardín natural de rododendros del mundo. Es ideal para senderistas que quieran hacer una parte pintoresca pero ardua de la ruta.

St George's
Coney Island
Bailey's Bay
Hamilton Parish
Flatts
0 km 4
Somerset
BERMUDAS
Paget Parish
Sandys Parish
Warwick Parish
Southampton

Cruza la bahía de Bailey a través del puente peatonal de 226 m de largo, en el tramo costero que va de Coney Island a **HAMILTON PARISH.**

Al entrar en el tramo de **SANDYS PARISH** pasearás por profundas cortadas de caliza cubiertas de raíces de árbol del caucho y follaje tropical.

Serpentea en el tramo de **SOUTHAMPTON** entre densas arboledas para llegar al faro de Gibb's Hill.

27

Bermuda Railway Trail

DE ST GEORGE'S A SOMERSET, BERMUDAS

Más allá de las famosas playas de arena rosa de las Bermudas hay una maravillosa ruta costera que fue en su día una línea férrea.

37 KM
325 M
1-2 DÍAS (IDA)

Esta ruta de 37 km para senderistas y ciclistas, que se extiende desde la ciudad de St George's, al este, hasta el pueblo de Somerset, al oeste, albergó el primer y único tren de cercanías de la isla. Apodado *Old Rattle and Shake (Viejo traqueteo y temblor)*, el tren operó de 1931 a 1948. La línea férrea se cerró con la llegada del automóvil, pero su recorrido permite hoy dar un tranquilo paseo entre fragantes bosques junto a un océano Atlántico de color turquesa.

La ruta está compuesta por nueve tramos no contiguos. Algunos están conectados por puentes peatonales sobre el agua que se construyeron encima de los pilares de cemento de la antigua línea férrea; otros se han excavado directamente en el lecho de roca de la isla. La ruta se puede completar en un día de caminata, pero es más satisfactorio abordar los tramos de uno en uno, o de dos en dos, y dejar que la belleza tropical de la isla se despliegue lentamente.

PERFIL DE RUTA

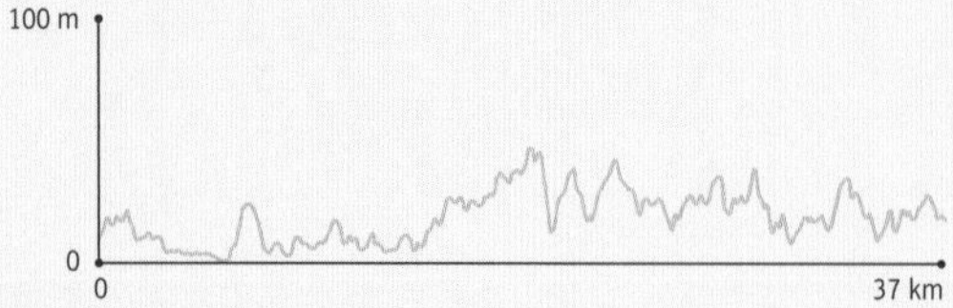

100 m
0
0
37 km

28

Blue Mountain Peak Trail

PENLYNE CASTLE, JAMAICA

Esta ruta llega al techo de Jamaica tras una extenuante caminata por el corazón de las impresionantes montañas Azules, donde se cultiva uno de los mejores cafés del Caribe.

17 KM

1206 M

1 DÍA (IDA Y VUELTA)

Hay quien haría lo que fuera por un buen café, incluso escalar una montaña. Pues esta exigente ruta por las frescas selvas del Blue and John Crow Mountains National Park lo permite. La clásica ascensión al Blue Mountain Peak, el pico más alto de Jamaica, con 2256 m, empieza en el pueblo de Penlyne Castle. Está rodeado de plantaciones de café como Whitfield Hall, que también es un alojamiento rural donde se puede probar el famoso café Blue Mountain. Ciertamente, se necesita una dosis de cafeína para esta ruta: la mayoría de los senderistas salen poco después de medianoche para llegar a la cumbre a tiempo de ver amanecer.

Laderas del Blue Mountain Peak, cubiertas de vegetación tropical

Quien haya hecho la ascensión nocturna con la lengua fuera puede tomarse su tiempo para admirar la increíble biodiversidad del parque en el descenso. Vale la pena buscar a la mayor mariposa de América, la cola de golondrina de Homero, amarilla y negra, de vuelta a Penlyne Castle para celebrarlo con una taza de café.

PERFIL DE RUTA

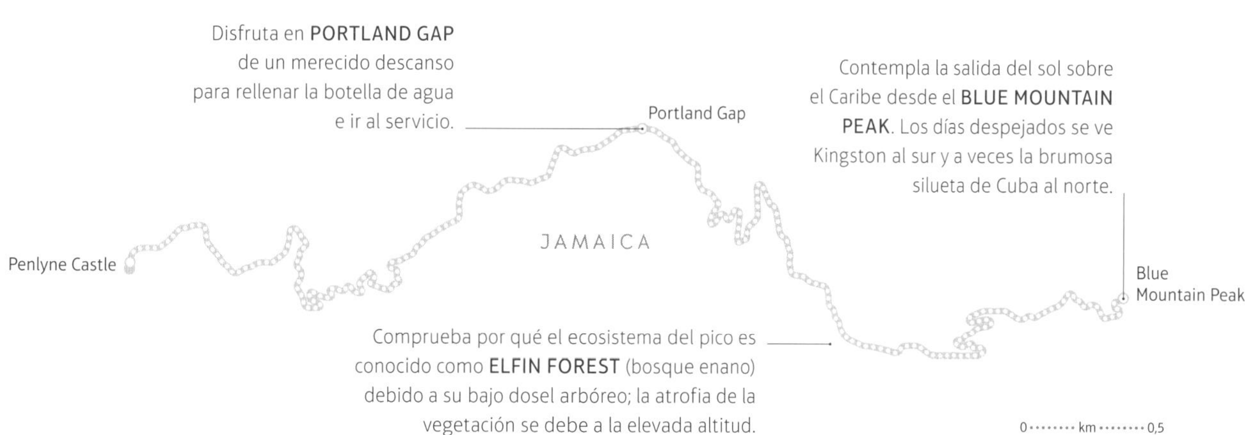

Disfruta en **PORTLAND GAP** de un merecido descanso para rellenar la botella de agua e ir al servicio.
Portland Gap
Contempla la salida del sol sobre el Caribe desde el **BLUE MOUNTAIN PEAK**. Los días despejados se ve Kingston al sur y a veces la brumosa silueta de Cuba al norte.
Penlyne Castle
JAMAICA
Blue Mountain Peak
Comprueba por qué el ecosistema del pico es conocido como **ELFIN FOREST** (bosque enano) debido a su bajo dosel arbóreo; la atrofia de la vegetación se debe a la elevada altitud.
0 km 0,5

29

Waitukubuli National Trail

DE SCOTTS HEAD AL FORT SHIRLEY, DOMINICA

El sendero de larga distancia va de un extremo de Dominica al otro a través del montañoso interior de la isla.

155 KM
7787 M
2 SEMANAS (IDA)

No debe de haber muchas rutas que recorran un país entero, a lo ancho y a lo largo. El sendero Waitukubuli de Dominica, el más largo del Caribe, hace exactamente eso: empieza en la península de Scotts Head, en el sur de la isla, pasa por las costas este y norte, y termina cerca de los cuarteles del Fort Shirley, en el oeste.

La ruta se divide en 14 segmentos, muchos de ellos rutas por derecho propio. Entre todas recorren selvas vírgenes y playas con gran oleaje, jardines botánicos y haciendas cafeteras, y el magnífico Morne Trois Pitons National Park. Este último es el único lugar declarado Patrimonio Mundial por la Unesco en el país, con formaciones volcánicas como el lago Hirviente y el valle de la Desolación. Los Tres Picos están entre la docena de montañas que se alzan en toda la isla y que incluyen casi la mitad de los volcanes activos en la región. Esto hace que el país parezca más accidentado y salvaje que la mayoría de sus vecinos caribeños. Waitukubuli es el nombre indígena de Dominica y significa «alto es su cuerpo».

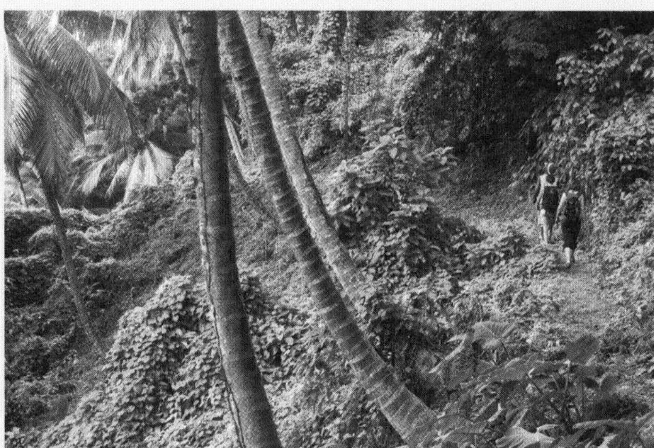

Sendero entre los pueblos de Capuchin y Pennesville, en el norte de la isla

PERFIL DE RUTA

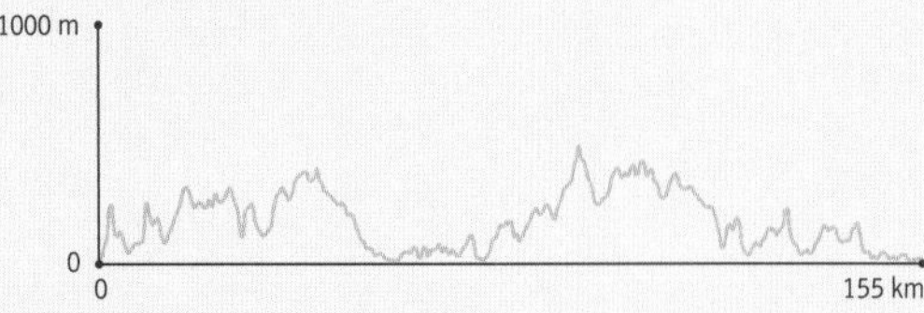

Para hacer la ruta de principio a fin se necesitan unas dos semanas. Se puede decir que los senderistas que llegan al final se han ganado los galones. El segmento 1 (de Scotts Head a la Soufriere Estate) requiere escalar con cuerda en algunas partes y abrirse camino por la selva en otras. Puede ser duro, pero es la mejor manera de conocer la isla. La ruta no solo ofrece una buena visión de conjunto de la vida agrícola en Dominica

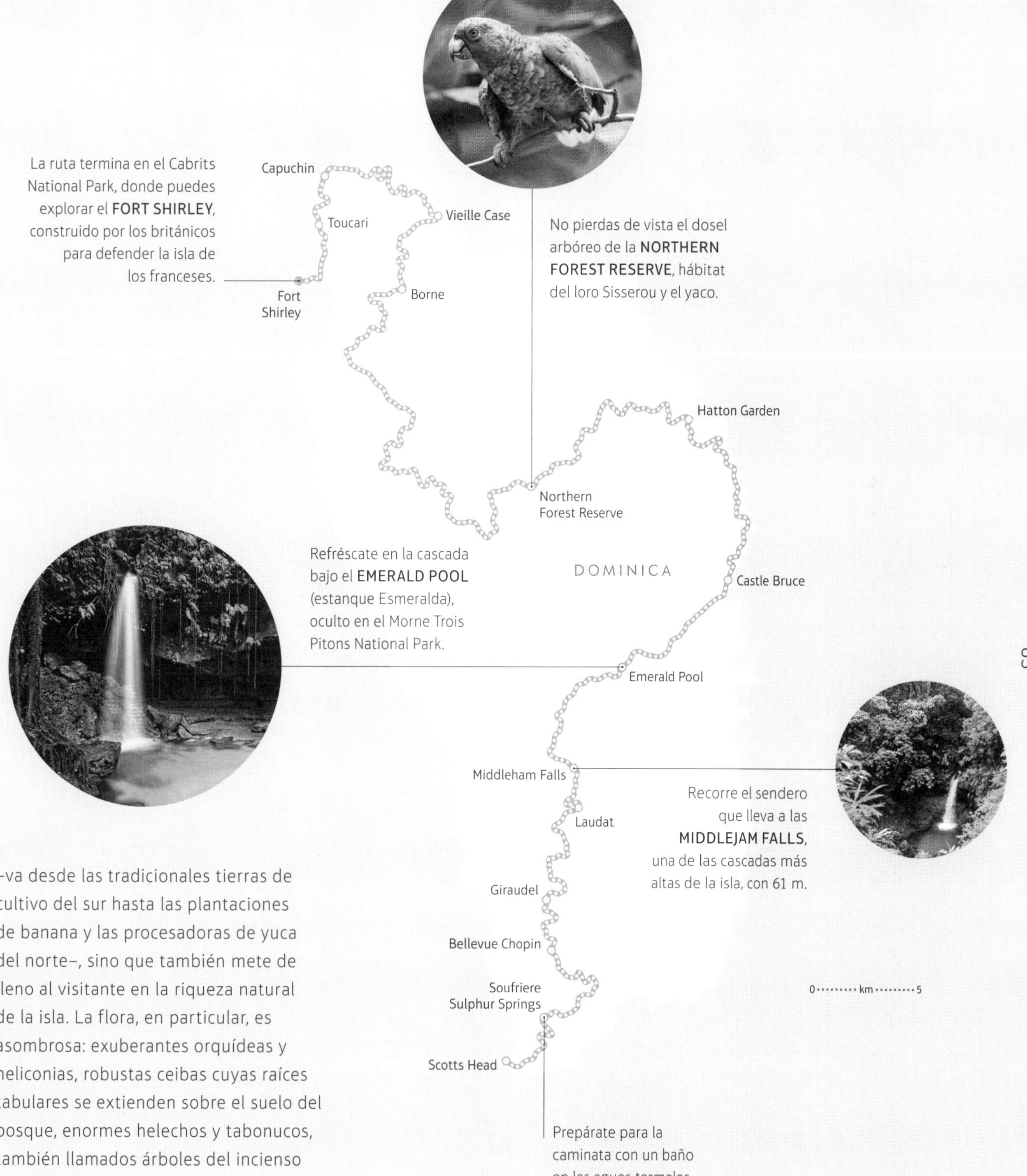

–va desde las tradicionales tierras de cultivo del sur hasta las plantaciones de banana y las procesadoras de yuca del norte–, sino que también mete de lleno al visitante en la riqueza natural de la isla. La flora, en particular, es asombrosa: exuberantes orquídeas y heliconias, robustas ceibas cuyas raíces tabulares se extienden sobre el suelo del bosque, enormes helechos y tabonucos, también llamados árboles del incienso por su aromática corteza. La variedad es increíble, aunque no es de extrañar si se tiene en cuenta que Dominica es conocida como la «isla de la Naturaleza».

La ruta termina en el Cabrits National Park, donde puedes explorar el **FORT SHIRLEY**, construido por los británicos para defender la isla de los franceses.
Capuchin
Toucari
Vieille Case
Fort Shirley
Borne
No pierdas de vista el dosel arbóreo de la **NORTHERN FOREST RESERVE**, hábitat del loro Sisserou y el yaco.
Hatton Garden
Northern Forest Reserve
Refréscate en la cascada bajo el **EMERALD POOL** (estanque Esmeralda), oculto en el Morne Trois Pitons National Park.
DOMINICA
Castle Bruce
Emerald Pool
Middleham Falls
Laudat
Recorre el sendero que lleva a las **MIDDLEJAM FALLS**, una de las cascadas más altas de la isla, con 61 m.
Giraudel
Bellevue Chopin
Soufriere Sulphur Springs
0 km 5
Scotts Head
Prepárate para la caminata con un baño en las aguas termales de las **SOUFRIERE SULPHUR SPRINGS.**

Caminando entre pantanos y praderas en el Arctic Circle Trail

30

Arctic Circle Trail

DE KANGERLUSSUAQ A SISIMIUT, GROENLANDIA

A través de los escarpados valles glaciares y la extensa tundra ártica del interior de Groenlandia, esta ruta deja atrás la civilización en un silencioso peregrinaje por tierras salvajes.

165 KM

3186 M

7-10 DÍAS (IDA)

Ubicado dentro del círculo polar ártico, el Arctic Circle Trail (ACT) es el camino señalizado más largo de Groenlandia y va desde Kangerlussuaq, en el desierto ártico, hasta Sisimiut, en la costa occidental. Aunque el 80 % de la masa terrestre está cubierta de hielo y es inaccesible, el ACT recorre una de las mayores áreas no heladas de Groenlandia y lleva al senderista lejos del mundo material, a una tierra de silencio, paz y aislamiento. La ruta no pasa cerca de ningún asentamiento, así que solo es apta para viajeros experimentados y autosuficientes; el punto intermedio se encuentra a más de 80 km del lugar habitado más cercano.

Desde Kangerlussuaq, el principal centro de transporte aéreo groenlandés, la ruta sigue primero una polvorienta pista a orillas del fiordo Kangerlussuaq, pero pronto se desvía hacia la indómita tundra ártica, que no tarda en convertirse en la norma: lagos glaciares, morrenas y altos montones de piedras adornados con cornamentas de reno. Una vez en la tundra, el aislamiento enfrenta al caminante. Solo unas 1500 personas completan el ACT cada año, capaces de sentirse a gusto con su propia compañía. El cielo es grande, el paisaje es extenso y el silencio, ensordecedor. Con suerte se ve algún reno, buey almizclero, zorro ártico o liebre. Vale la pena respirar hondo y sentir el vacío, fiel compañero del caminante durante el resto del viaje.

Aunque el camino está señalizado, orientarse puede suponer un reto, en particular los días de niebla. Los mojones y las rocas marcadas en rojo ayudan a seguir el sendero, pero se requiere atención constante. El ACT es esencialmente una ruta estival y la gran mayoría de los senderistas la completan entre junio y septiembre, cuando el tiempo es más favorable y los días más largos (incluso interminables en verano). ▸

PERFIL DE RUTA

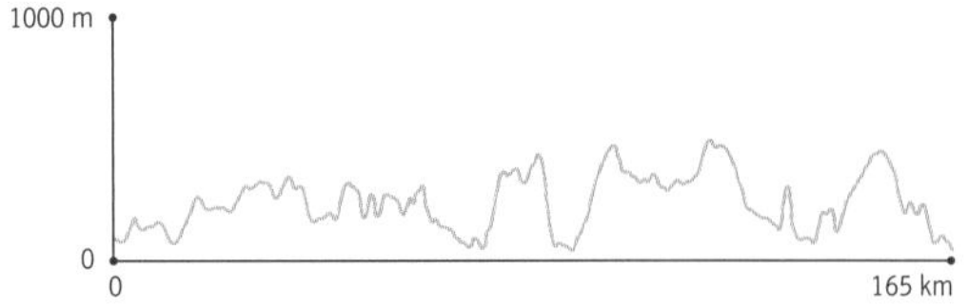

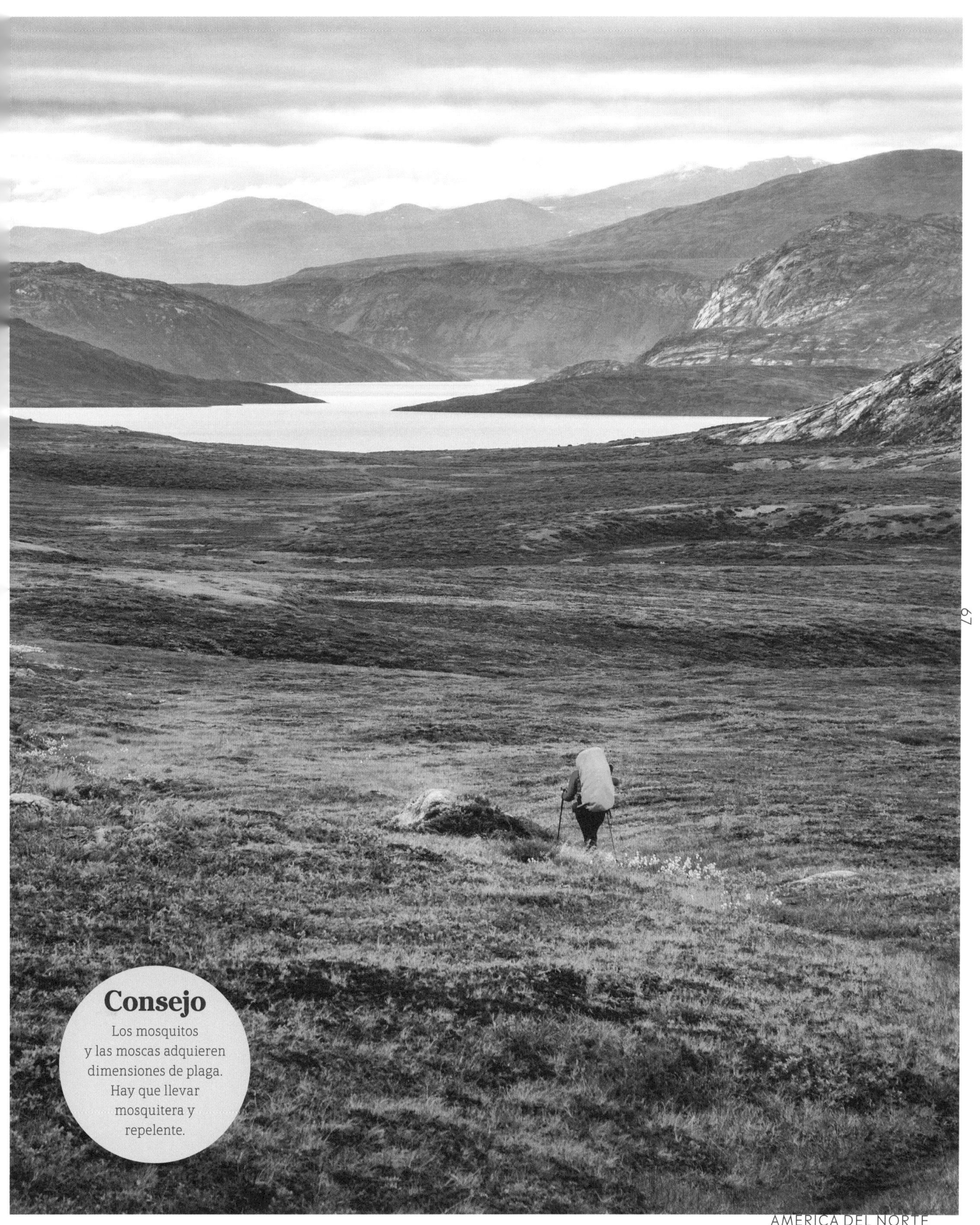

Consejo

Los mosquitos y las moscas adquieren dimensiones de plaga. Hay que llevar mosquitera y repelente.

A pesar de las infinitas montañas, las subidas empinadas son cortas y el camino tiende a seguir los contornos del terreno en vez de atravesar altos puertos o picos. Esparcidas por la ruta hay ocho cabañas básicas para alojarse de forma gratuita, aunque la mayoría de la gente acampa en la naturaleza por motivos de flexibilidad. Si no hay otra opción, las cabañas son cómodas para hacer una parada técnica o cobijarse del mal tiempo mientras se hace camino a través del solitario paisaje.

Al ganar altura gradualmente de este a oeste, el camino pasa de un valle al siguiente, ondulándose a lo largo de orillas rocosas y escalando por una accidentada cordillera azotada por el viento antes de descender a un valle resguardado donde solo el rumor de un arroyo perturba la calma. Esta parte de Groenlandia alberga cientos de lagos, así que el agua nunca queda lejos. Largos tramos de la ruta discurren a orillas de esos magníficos lagos o entre serpenteantes riachuelos, mientras que los tramos más montañosos albergan incontables lagunas de montaña. También hay que cruzar varios ríos.

A medida que la ruta se aproxima a la costa, el terreno se torna más escarpado

CON GANAS DE MÁS

Una gélida prolongación

Se puede empezar la ruta al borde del casquete polar de Groenlandia, 37 km al este de Kangerlussuaq. Esta prolongación incluye el asombroso glaciar Russell y un antiguo coto de caza inuit que es Patrimonio Mundial.

Visita la colorida y bulliciosa **SISIMIUT** que, con casi 5000 años de historia, es la segunda localidad más grande de Groenlandia, detrás de la capital, Nuuk.

GROENLANDIA

Innajuattoq Huts

Kangerluarsuk Tulleq Hut

Nerumaq Hut

Eqalugaaniarfik Hut

Ikkattooq Hut

Playa del lago Kangerluatsiarsu

Sisimiut

Canoe Centre Hut

En la cabecera del lago Innajuattoq, flanqueado por escarpadas colinas, están las **INNAJUATTOQ HUTS**, donde puedes disfrutar de algunas de las mejores vistas del recorrido.

Date un refrescante baño en la arenosa **PLAYA DEL LAGO KANGERLUATSIARSUAQ**, que con buen tiempo no desentonaría en el Mediterráneo.

0 km 10

La aurora boreal resplandece sobre el fiordo Kangerlussuaq

y espectacular debido a los picos helados que se alzan sobre el océano. Las mochilas pesan menos porque las provisiones se han agotado y los senderistas, que han sabido dosificar sus fuerzas, caminan ligeros pensando en camas mullidas y comida casera. Pero merece la pena saborear estos kilómetros finales. Sisimiut es una población pequeña, pero tras pasar tanto tiempo en la prístina y silenciosa naturaleza, las aceras llenas de peatones y el ruido del tráfico impresionan.

El Arctic Circle Trail es especial. Recorre el interior de Groenlandia, tierra de pioneros. Un lugar lleno de lagos en los márgenes del mundo conocido. Un territorio inmaculado e incorrupto, difícil de encontrar en cualquier otra parte del mundo. Su silencio es maravilloso y suele echarse de menos cuando se deja atrás.

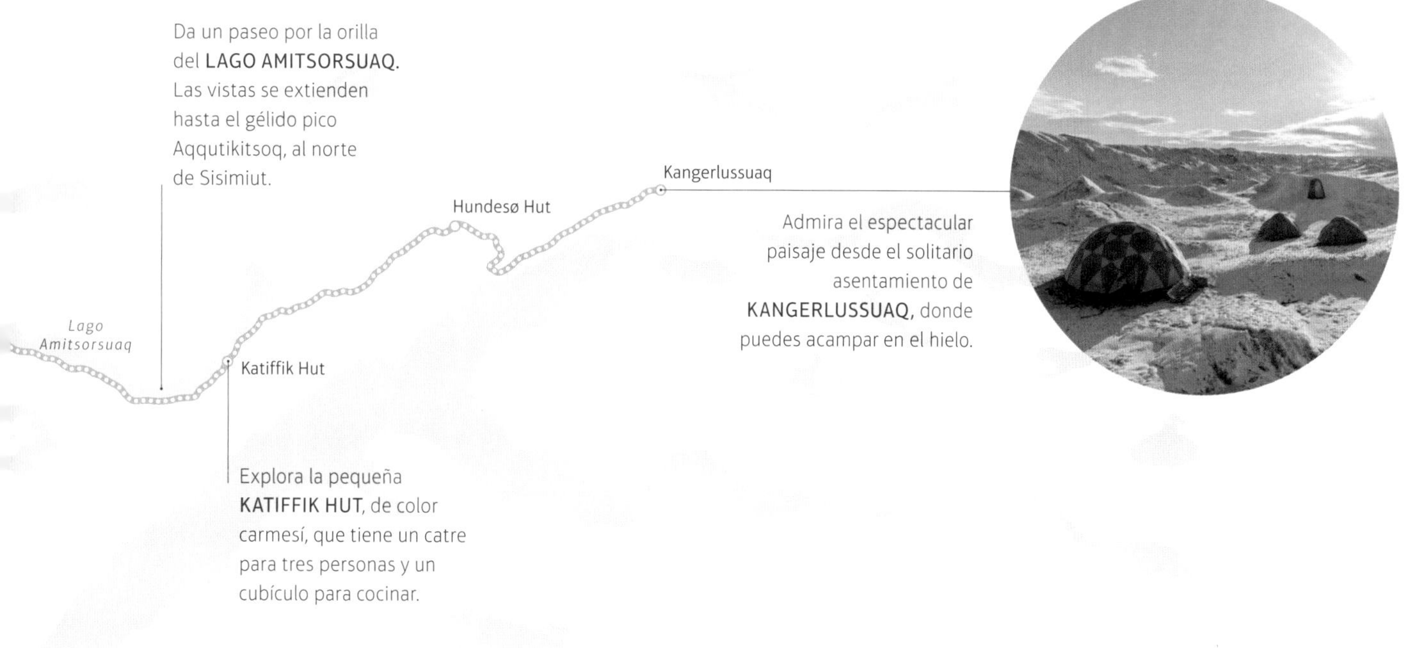

Da un paseo por la orilla del **LAGO AMITSORSUAQ.** Las vistas se extienden hasta el gélido pico Aqqutikitsoq, al norte de Sisimiut.
Lago Amitsorsuaq
Katiffik Hut
Hundesø Hut
Kangerlussuaq
Explora la pequeña **KATIFFIK HUT**, de color carmesí, que tiene un catre para tres personas y un cubículo para cocinar.
Admira el espectacular paisaje desde el solitario asentamiento de **KANGERLUSSUAQ**, donde puedes acampar en el hielo.

31

MÉXICO

32 BELICE

HONDURAS

GUATEMALA

EL SALVADOR

NICARAGUA

COSTA RICA

34 33

PANAMÁ

VENEZUELA

GUYANA

35

SURINAM

COLOMBIA

36

ECUADOR

PERÚ

37

BRASIL

38 39

BOLIVIA

40 41

PARAGUAY

43

ISLA DE PASCUA

URUGUAY

CHILE

ARGENTINA

42

44

(31) Barranca de Tararecua *(p. 72)*
(32) El Mirador *(p. 74)*
(33) Los Quetzales *(p. 75)*
(34) Parque Nacional Corcovado *(p. 76)*
(35) Valle de Cocora *(p. 77)*
(36) Circuito del Quilotoa *(p. 78)*
(37) Choquequirao *(p. 80)*
(38) Cañón del Colca *(p. 82)*
(39) Isla del Sol *(p. 83)*
(40) Trilha do Ouro *(p. 84)*
(41) Circuito Ilha Grande *(p. 88)*
(42) Laguna de los Tres *(p. 90)*
(43) Te Ara o Te Ao *(p. 91)*
(44) Circuito Dientes de Navarino *(p. 92)*

AMÉRICA CENTRAL Y DEL SUR

31

Barranca de Tararecua

DE LAS AGUAS TERMALES DE RECOWATA A PAMACHI, MÉXICO

Esta difícil y emocionante ruta sigue los pasos de los indígenas tarahumaras a través de la magnífica región de los cañones de México.

Consejo

Conviene evitar viajar entre junio y septiembre, cuando las lluvias causan peligrosas riadas en la zona.

37 KM
1355 M
5 DÍAS (IDA)

En las tierras altas del norte de México se halla uno de los sistemas de cañones más largos de la Tierra. El Gran Cañón de Arizona es más conocido, pero este fragmento de la Sierra Madre Occidental es más profundo, más verde y cuatro veces más grande que su homólogo estadounidense. La región de las Barrancas del Cobre también es el hogar de los indígenas tarahumaras, famosos por sus dotes para las carreras de fondo. Esta ruta de varios días por la barranca de Tararecua pasa por remotos asentamientos donde los tarahumaras llevan un modo de vida tradicional que apenas ha cambiado en siglos.

La primera parte de la ruta sigue el río San Ignacio, que asegura el suministro de agua hasta el tramo final del viaje (como en cualquier otra fuente natural, hay que filtrar el agua antes de beberla). El paisaje se torna impresionante a medida que el camino recorre los escarpados cañones boscosos. Pero no es un paseo: esta naturaleza impenetrable presenta constantes desafíos mientras se siguen las accidentadas riberas. En ocasiones las paredes de los cañones descienden verticales hasta las orillas y hay que saltar de roca en roca o vadear el río; otras veces hay que abrirse camino a través de una densa maleza. Afortunadamente, las cristalinas pozas que jalonan la ruta permiten refrescarse y descansar tras horas de ardua marcha bajo el sol. Y por la noche se puede acampar en cualquier

PERFIL DE RUTA

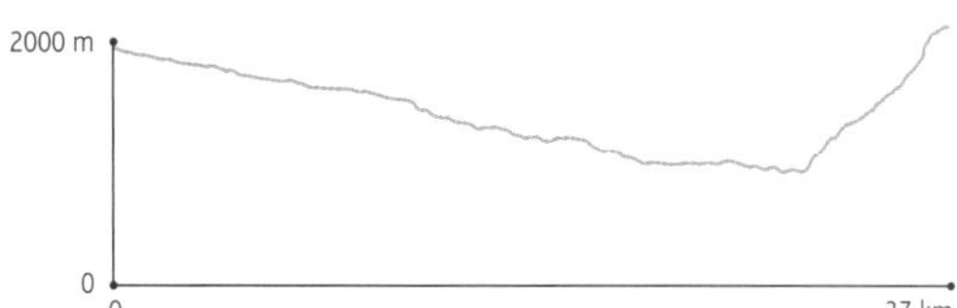

Vista de la región de las Barrancas del Cobre, en el estado norteño de Chihuahua

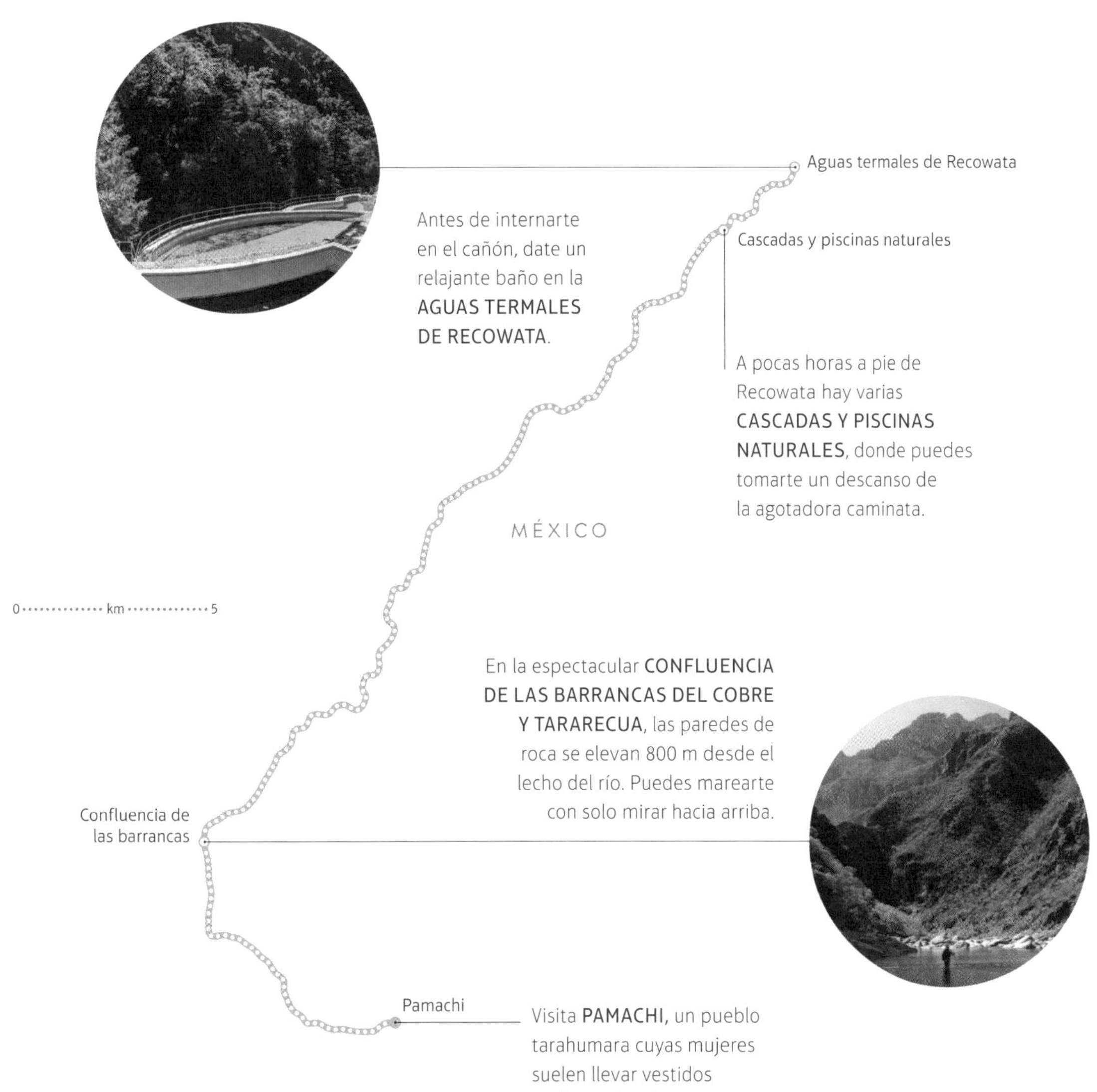

lugar llano que se encuentre a lo largo del cauce y dormirse bajo un cielo despejado lleno de estrellas.

Aguas termales de Recowata
Antes de internarte en el cañón, date un relajante baño en la **AGUAS TERMALES DE RECOWATA**.
Cascadas y piscinas naturales
A pocas horas a pie de Recowata hay varias **CASCADAS Y PISCINAS NATURALES**, donde puedes tomarte un descanso de la agotadora caminata.
MÉXICO
0 km 5
En la espectacular **CONFLUENCIA DE LAS BARRANCAS DEL COBRE Y TARARECUA**, las paredes de roca se elevan 800 m desde el lecho del río. Puedes marearte con solo mirar hacia arriba.
Confluencia de las barrancas
Pamachi
Visita **PAMACHI**, un pueblo tarahumara cuyas mujeres suelen llevar vestidos tradicionales de vivos colores.

Tras días salvando obstáculos junto al río San Ignacio, la ruta se encamina al arroyo Pamachi, cuyo cauce a veces se seca fuera de la época de lluvias. Al final, el tenue sendero se cruza con un collado rocoso que asciende hacia el exterior del cañón. La subida es dura (se requiere, como mínimo, no tener vértigo), pero cuando se alcanza la cumbre, el enorme cañón se extiende majestuoso a los pies del senderista, que goza de unas vistas reservadas para los tarahumaras y para unos pocos privilegiados más.

CURIOSIDADES

Los tarahumaras

A pesar de las incursiones de los conquistadores, el ferrocarril, las misiones, los turistas y los cárteles de la droga, los rarámuri o tarahumaras han conservado sus tradiciones y su lengua. Muchos siguen migrando cada verano a las frescas tierras altas y bajan a los cálidos cañones en invierno. Una de las piedras angulares de su cultura es el *kórima*, la tradición de ayudarse de manera desinteresada.

Observa la puesta de sol sobre la Reserva de la Biosfera Maya desde **LA DANTA**, el mayor edificio del Mirador, con 77 m de altura.

El Mirador
La Danta
Nakb
Wakná
El Tintal
GUATEMALA
La Florida
0 km 5
Carmelita

Pasa la primera noche en **EL TINTAL**, las evocadoras ruinas del segundo mayor asentamiento maya de la zona, después del Mirador.

32

El Mirador

CARMELITA, GUATEMALA

Es fácil sentirse aventurero en este recorrido por la selva hasta las ruinas mayas en el noreste de Guatemala.

96 KM
2103 M
6 DÍAS (CIRCULAR)

El hoy maravilloso yacimiento arqueológico del Mirador se construyó medio milenio antes que la famosa ciudad maya de Tikal y se cree que prosperó entre los siglos VI a. C y I d. C. A esta antigua gran ciudad solo se puede llegar tras una sudorosa caminata de seis días por un agreste camino a través de la selva. Este es parte de su atractivo.

La ruta empieza en el pueblo de Carmelita, al norte del centro turístico de Flores. Desde aquí, los guías de la Cooperativa Carmelita internan a los senderistas en la selva por senderos relativamente llanos, bordeados de árboles y atravesados por raíces. Como el material de acampada se transporta en mulas, los excursionistas pueden centrarse en la observación de los tucanes, los monos aulladores y, quizás, alguna huella de jaguar.

La ruta circular incluye los suburbios del Mirador como El Tintal, Nakbé, Wakná y La Florida. Pero estas ruinas parcialmente excavadas no alcanzan el tamaño ni el esplendor de los restos del Mirador. Sus impresionantes estructuras de piedra –en especial La Danta, una de las mayores pirámides del mundo– sobresalen por encima del dosel arbóreo de una selva que parece decidida a tragárselas de nuevo.

Disfruta de la última parada de la ruta: las fotogénicas ruinas del pueblo maya de **LA FLORIDA**, en uno de cuyos edificios puedes entrar.

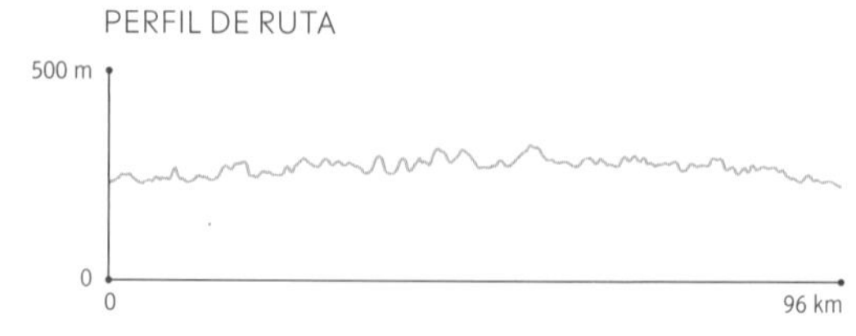

Vista de los verdes bosques nubosos del Parque Nacional Volcán Barú

33

Los Quetzales

DE ALTO CHIQUERO A BAJO GRANDE, PANAMÁ

El esquivo quetzal ronda esta ruta de montaña en la exuberante provincia de Chiquirí, en el oeste de Panamá.

Los verdes bosques nubosos del Parque Nacional Volcán Barú forman el decorado de esta espectacular ruta por la cordillera de Talamanca. El camino lleva el nombre de una de las aves más llamativas de Centroamérica. Pero aunque no se vea al quetzal, con su iridiscente plumaje verde y su espectacular cola, es más que probable toparse con otras aves maravillosas: en la zona viven unas 250 especies.

A medida que se avanza a través del denso bosque por un escarpado y ondulado sendero, el aire se llena de cantos de aves y del ocasional aullido de un mono mientras las mariposas revolotean. Es necesario cruzar varios arroyos y ríos, algunos por puentes colgantes y otros saltando de roca en roca o vadeando con el agua por las rodillas. Hacia el final de la ruta se obtienen unas magníficas vistas desde el mirador de Alto Respingo, un lugar perfecto para observar a las águilas crestudas reales sobrevolando el bosque que se acaba de recorrer.

PERFIL DE RUTA

10 KM

792 M

1 DÍA (IDA)

Sirena

Al cruzar el **RÍO CLARO** presta atención a los pequeños (e inofensivos) caimanes.

Río Claro

Playa Sirena

0 km 2

COSTA RICA

La Leona

Madrigal

En la **PUNTA SALSIPUEDES** sal de la playa y sigue un sendero por el bosque tras los acantilados.

Punta Salsipuedes

Punta La Chancha

En la estación de guardas de **LA LEONA,** que marca la entrada al Corcovado, puedes disfrutar de los guacamayos escarlata que brindan un colorido prólogo a la fauna del parque.

34

Parque Nacional Corcovado

DE LA LEONA A SIRENA, COSTA RICA

Esta ruta bordea el Pacífico desde una playa a orillas de un río y atraviesa la selva más salvaje de Centroamérica.

Bienvenidos a la selva. El exuberante, agreste y remoto Parque Nacional Corcovado se extiende por el sur de la península de Osa, en el sureste de Costa Rica. *National Geographic* lo calificó como «el lugar biológicamente más intenso de la Tierra». Las cifras son pasmosas: más de 100 tipos de mariposas, unas 375 especies de aves y al menos 8000 tipos de insectos (el repelente es imprescindible).

Algunos de ellos se dejan ver en esta ruta de 16 km entre las estaciones de guardas de La Leona, en el límite oriental del parque, y Sirena, en la costa. Hace calor y gran parte del sendero es de arena, que cansa mucho pero ofrece la oportunidad de ver a algunos de los habitantes más escurridizos de Costa Rica: el guacamayo escarlata, el mono ardilla, el tapir de Baird y, con un poco de suerte, el jaguar. Esta abundante vida salvaje se abate, se balancea y acecha en la densa selva del parque y a lo largo de sus playas de arena negra, donde las palmeras cargadas de cocos ocupan el espacio entre los márgenes del bosque y la orilla del mar.

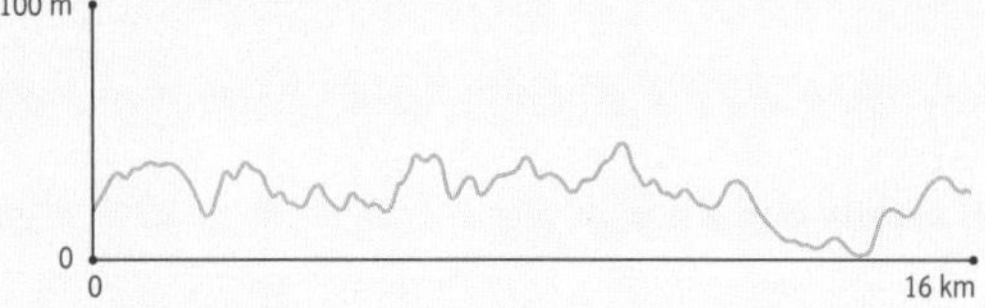

16 KM

284 M

1 DÍA (IDA)

35

Valle de Cocora

PARQUE NACIONAL NATURAL LOS NEVADOS, COLOMBIA

Bajo la atenta mirada de las altas y elegantes palmas de cera, la ruta atraviesa el valle de Cocora, un área protegida en la zona cafetera de Colombia.

Consejo
Hay que salir de Salento, el pueblo más cercano, antes de las 7.30 para explorar el valle casi en soledad.

11 KM
716 M
1 DÍA (CIRCULAR)

En el valle de Cocora, que asciende desde la parte más baja del Parque Nacional Natural Los Nevados, se entrelazan varios caminos transitados entre exuberantes praderas y densos bosques nubosos. Aunque estos son atractivos por sí mismos, son las flexibles palmas de cera las que se llevan todo el protagonismo.

Con una altura media de 45 m, esta palmera –el árbol nacional de Colombia– es la más alta del mundo. Pero no es solo su elevada altura lo que llama la atención: lucen todavía más impresionantes por su espectacular espaciado. Cientos de palmeras se elevan sobre el valle hacia el final de la ruta, ubicadas perfectamente como velas en una tarta de cumpleaños.

Si se mira al cielo se puede observar cómo una gran variedad de aves –tucanes, cóndores, águilas– anidan en las ramas de las palmeras. También es posible ver animales más grandes, como el oso de anteojos, vagando entre sus troncos. Y si no se ve fauna tampoco pasa nada: el elegante balanceo de las palmas de cera es cautivador de por sí.

PERFIL DE RUTA

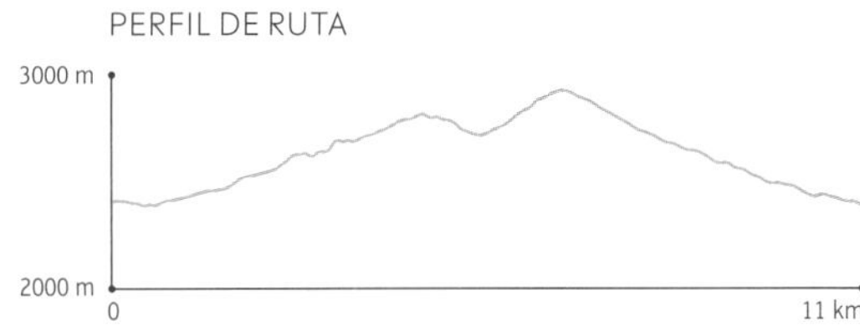

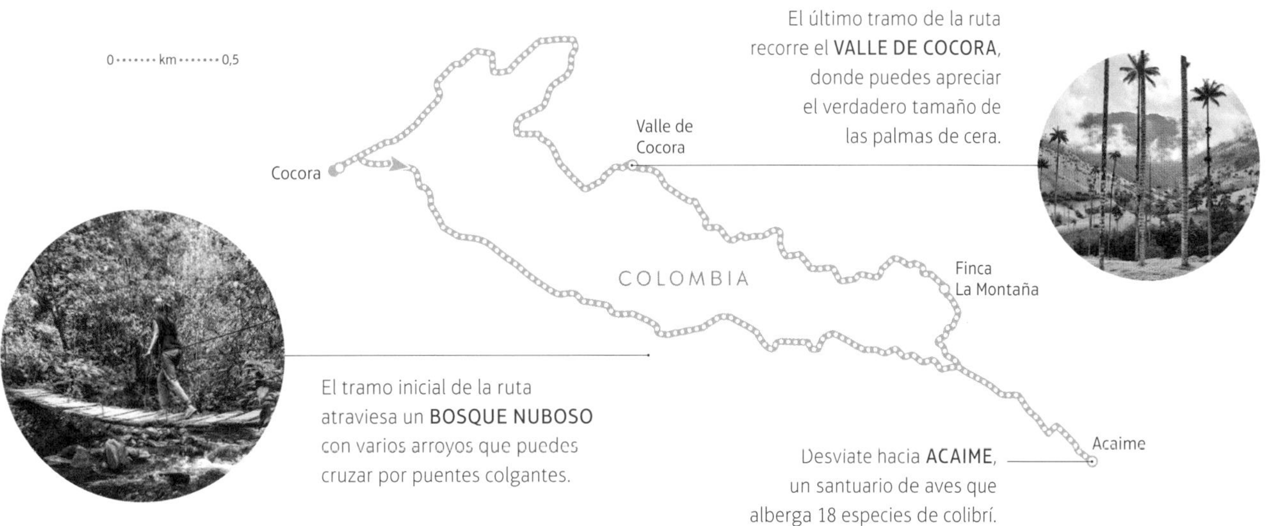

El último tramo de la ruta recorre el **VALLE DE COCORA**, donde puedes apreciar el verdadero tamaño de las palmas de cera.

El tramo inicial de la ruta atraviesa un **BOSQUE NUBOSO** con varios arroyos que puedes cruzar por puentes colgantes.

Desvíate hacia **ACAIME**, un santuario de aves que alberga 18 especies de colibrí.

36

Circuito del Quilotoa

DE SIGCHOS A LA LAGUNA DEL QUILOTOA, ECUADOR

Esta exigente pero gratificante ruta de alta montaña explora una espectacular área del centro de Ecuador. El paisaje es fascinante: lagos relucientes, pueblos tranquilos y, por supuesto, montañas elevadas.

36 KM

2370 M

3 DÍAS (IDA)

El Quilotoa se encuentra en el extremo norte de la Avenida de los Volcanes, una cadena de altos picos que forma parte de los Andes ecuatorianos. El circuito del Quilotoa combina paisaje épico, cultura y desafío físico. La ruta –que en realidad es de ida y no circular, como indica su nombre– muestra lo mejor de la región y no debe tomarse a la ligera. La mayor parte del camino es ascendente y discurre por altitudes entre 2800 y 3900 m. No hace falta decir que es esencial dedicar un tiempo a aclimatarse a la altitud antes de salir.

No obstante, con el esfuerzo físico llegan las recompensas. El punto de partida es el bello pueblo de Sigchos, desde donde se camina tres días a través de un accidentado paisaje de campos, acantilados escarpados y profundos cañones. Las aldeas aisladas permiten asomarse a la vida rural –que parece no haber cambiado con el tiempo– y admirar la artesanía local. En Isinliví, donde se pasa la primera noche, se producen bonitas tallas de madera, mientras que Chugchilán, la segunda parada, es famosa por sus artículos de lana. Estas comunidades se muestran muy hospitalarias. Sus acogedoras pensiones son perfectas para descansar al final de cada jornada (así se evita llevar el material de acampada).

Finalmente, cansado pero exultante, el senderista llega a la laguna del Quilotoa. Oculta hasta el último momento, esta masa

PERFIL DE RUTA

4000 m

1000 m

0

36 km

Consejo

Se puede tardar días en aclimatarse a la altitud. Conviene descansar, beber mucha agua y nada de alcohol.

Senderistas en el circuito del Quilotoa, en los Andes ecuatorianos

Explora la pequeña localidad de **SIGCHOS**, la capital de un cantón conocido como el Jardín Colgante de los Andes por su bella y variada flora.

Sigchos

0 km 2

Cochalo

Isinliví

Tras completar un empinado tramo, tómate un respiro en el **MIRADOR CAÑÓN DEL TOACHI**, en Chinalo, que ofrece vistas panorámicas del río Toachi.

Disfruta en el tranquilo pueblo de **ISINLIVÍ**, a 2870 m de altitud, de unas vistas espectaculares. Además, tiene una buena pensión y está cerca de las ruinas de una fortaleza inca.

Chinalo

Visita en el acogedor pueblo de **CHUGCHILÁN**, a 3200 m de altitud, una fábrica de queso artesanal.

Chugchilán

ECUADOR

UNA RUTA MÁS CORTA

Desde otro pueblo

Quien tenga el tiempo ajustado o prefiera un camino menos arduo puede empezar la ruta en Isinliví o Chugchilán. Esta alternativa acorta la caminata a uno o dos días, respectivamente.

Guayama Grande

Admira la **LAGUNA DEL QUILOTOA** que, según una leyenda local, no tiene fondo. Sin embargo, esto no es cierto: tiene una profundidad de 250 m.

Laguna del Quilotoa

Quilotoa

de agua verde turquesa ocupa el cráter, producto de una potente erupción volcánica acaecida hace 800 años; su característico color se debe a la presencia de minerales disueltos en el agua. Tras una dura caminata de tres días es probable que las piernas duelan, pero conviene hacer acopio de fuerzas para recorrer el borde del cráter, ya que ofrece algunas de las mejores vistas de Ecuador.

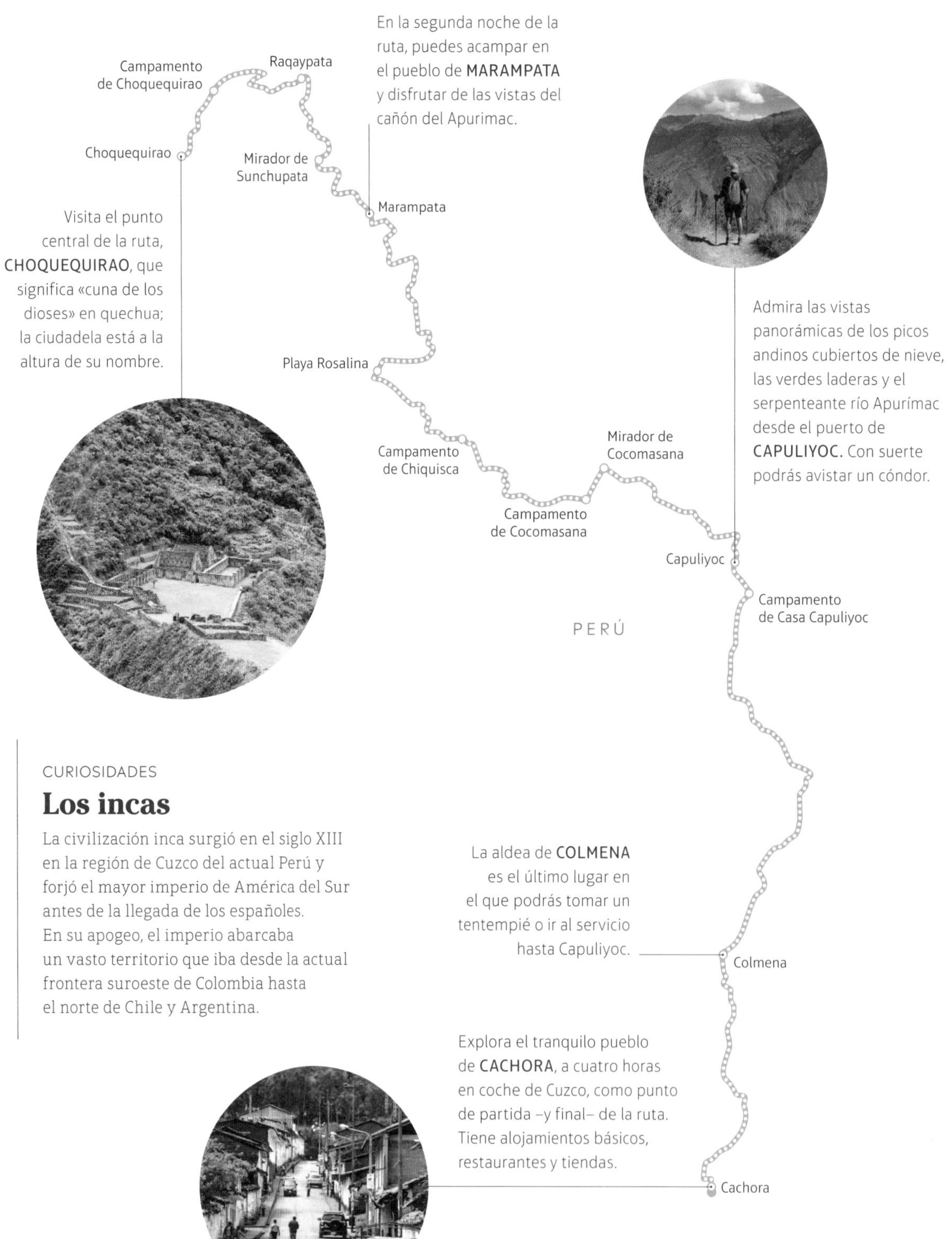

En la segunda noche de la ruta, puedes acampar en el pueblo de **MARAMPATA** y disfrutar de las vistas del cañón del Apurimac.

Visita el punto central de la ruta, **CHOQUEQUIRAO**, que significa «cuna de los dioses» en quechua; la ciudadela está a la altura de su nombre.

Admira las vistas panorámicas de los picos andinos cubiertos de nieve, las verdes laderas y el serpenteante río Apurímac desde el puerto de **CAPULIYOC.** Con suerte podrás avistar un cóndor.

CURIOSIDADES

Los incas

La civilización inca surgió en el siglo XIII en la región de Cuzco del actual Perú y forjó el mayor imperio de América del Sur antes de la llegada de los españoles. En su apogeo, el imperio abarcaba un vasto territorio que iba desde la actual frontera suroeste de Colombia hasta el norte de Chile y Argentina.

La aldea de **COLMENA** es el último lugar en el que podrás tomar un tentempié o ir al servicio hasta Capuliyoc.

Explora el tranquilo pueblo de **CACHORA**, a cuatro horas en coche de Cuzco, como punto de partida –y final– de la ruta. Tiene alojamientos básicos, restaurantes y tiendas.

Consejo

Las rutas guiadas incluyen equipo de acampada, así que no es necesario llevar material propio.

37

Choquequirao

CACHORA, PERÚ

Una alternativa para evitar las multitudes de Machu Picchu sigue un antiguo camino más tranquilo a través de los Andes peruanos hasta la impresionante –y poco visitada– ciudadela inca de Choquequirao.

62 KM

4209 M

4 DÍAS (IDA Y VUELTA)

El Camino Inca, un itinerario de cuatro días que lleva a las espectaculares ruinas de Machu Picchu, es una de las rutas más legendarias del mundo. Pero, en los últimos años, tanto el camino como el yacimiento arqueológico han padecido sobreturismo. Por suerte, el área circundante está atravesada por muchos otros senderos incas con siglos de antigüedad y alberga ruinas igual de interesantes y mucho menos concurridas.

A la cabeza se encuentra la épica ruta de Choquequirao, que lleva a una remota ciudadela que ha sido definida como la hermana de Machu Picchu. El itinerario clásico es de cuatro días ida y vuelta, pero existen variantes más cortas y largas. Aunque se puede hacer sin ayuda, es una ruta exigente a gran altitud, de modo que se aconseja contratar a un guía.

El camino parte del tranquilo pueblo de Cachora y discurre por un tramo aparentemente intacto de los Andes peruanos. Sigue senderos trazados por los incas y sus predecesores y pasa por altos puertos de montaña envueltos en nubes. Los senderistas realizan subidas y bajadas que castigan sus muslos, acampan a la intemperie y pasan por asentamientos aislados cuyos habitantes siempre están dispuestos a proporcionarles alimentos y tentempiés para recobrar las fuerzas. También hay innumerables miradores que brindan amplias vistas del río Apurímac, que serpentea a través del cañón homónimo.

Obviamente, el plato fuerte de la ruta son las ruinas de Choquequirao, esparcidas por varias laderas a unos 3050 m de altura. Con su impresionante variedad de casas, templos, plazas, baños rituales, acueductos y terrazas, el yacimiento se asemeja a Machu Picchu en su arquitectura, y no es de extrañar, ya que estuvo habitado durante un periodo similar en los siglos XV y XVI. Pero Choquequirao es más grande y mucho más tranquilo que su famoso vecino y, curiosamente, se ha excavado menos de la mitad del yacimiento, de modo que aún queda mucho por descubrir.

PERFIL DE RUTA

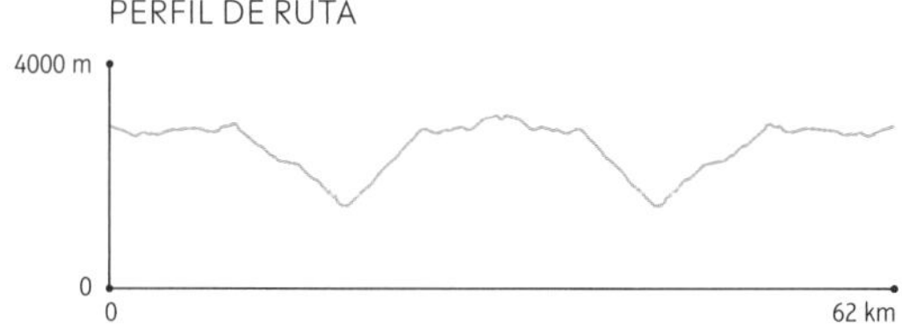

Consejo
Al terminar la ruta se puede ir a las fuentes termales de Chivay para darse un merecido baño.

Observa el **RÍO COLCA** que discurre por el cañón antes de convertirse en el río Majes; según la mitología inca, fluye directo hasta la Vía Láctea.

38

Cañón del Colca

CABANACONDE, PERÚ

Hay que mantener los ojos bien abiertos para ver a los enormes cóndores sobrevolando uno de los cañones más profundos de la Tierra.

El cañón del Colca, una larga y dentada brecha en el sur de Perú, tiene 3400 m en su punto más profundo, con lo que empequeñece a rivales como el famoso Gran Cañón. Se extiende a lo largo de 70 km rodeado de bonitos pueblos, con cultivos en terrazas, y está flanqueado por una accidentada cordillera andina en la que pastan manadas de llamas y sus primas salvajes, las vicuñas.

Esta popular ruta desciende desde Cabanaconde, en la parte alta del cañón, hasta Sangalle, un oasis en la base, donde se puede pasar la noche antes de regresar por el mismo camino al día siguiente. A pesar de los extraordinarios paisajes, el mayor atractivo de la ruta es observar al cóndor andino aprovechando las corrientes térmicas y buscando alimento incesantemente. Con hasta 3,3 m de envergadura, esta majestuosa criatura es la mayor ave rapaz del mundo.

PERFIL DE RUTA

4000 m
2000 m
0
11 km

11 KM

1059 M

2 DÍAS (IDA Y VUELTA)

Refréscate en las piscinas naturales del pueblo de **SANGALLE**, rodeado de enormes riscos.

0 km 0,5

Río Colca
Sangalle
Mirador
Mirador
Mirador
PERÚ
Cabanaconde

Disfruta, desde la elevada posición del pueblo de **CABANACONDE**, de las vistas del cañón y las montañas cercanas.

La Chincana

Santuario

Kasapata

Challapampa

Explora el **SANTUARIO**, un complejo ceremonial sobre un acantilado, que alberga la roca sagrada Titikala, de la que deriva el nombre del lago.

Recorre **KASAPATA**, el primer conjunto de ruinas significativo de la ruta, que era un *tambo* (estación de paso) para peregrinos cansados.

0 km 2

ISLA DEL SOL

Lago Titicaca

Yumani

YUMANI tiene cultivos en terrazas y una fuente *mágica* que, si bebes, podrás hablar español, quechua y aymara.

OTRA RUTA

Isla de la Luna

Al oeste de la isla del Sol, la pequeña isla de la Luna estaba estrechamente asociada con la diosa lunar incaica, Mama Killa. Un camino de 3 km recorre el perímetro de esta isla, que alberga varias ruinas antiguas.

39

Isla del Sol

DE CHALLAPAMPA A YUMANI, BOLIVIA

Esta antigua ruta de peregrinación recorre la isla del Sol, situada en medio del lago Titicaca, uno de los lugares religiosos más importantes del mundo inca.

14 KM

485 M

1 DÍA (IDA)

Ya venerada por varios pueblos andinos, la isla del Sol se convirtió en destino de peregrinación en época de los incas. Estos la consideraban el lugar de nacimiento del dios sol, Inti, padre de Manco Cápac, fundador de la dinastía inca.

Casi 500 años después de la caída del imperio salen barcos hacia la rocosa isla desde la localidad de Copacabana. Los viajeros desembarcan en la aldea de Challapampa, en la costa noreste de la isla. Desde aquí, un suave camino –la Ruta Sagrada del Sol Eterno– rodea la isla pasando ante las ruinas de templos incaicos y preincaicos, santuarios, casas y estaciones de paso; no hay que pasar por alto Titikala, la roca sagrada desde la que supuestamente brilló el sol por primera vez. La ruta acaba en Yumani, desde donde salen barcos a Copacabana.

Mientras se recorre el camino, el sol vigila y traza una curva antes de descender hacia el lago Titicaca. Sus rayos dorados son un constante recordatorio de por qué los devotos peregrinaron a la isla del Sol durante cientos de años.

PERFIL DE RUTA

5000 m

3000 m

0

14 km

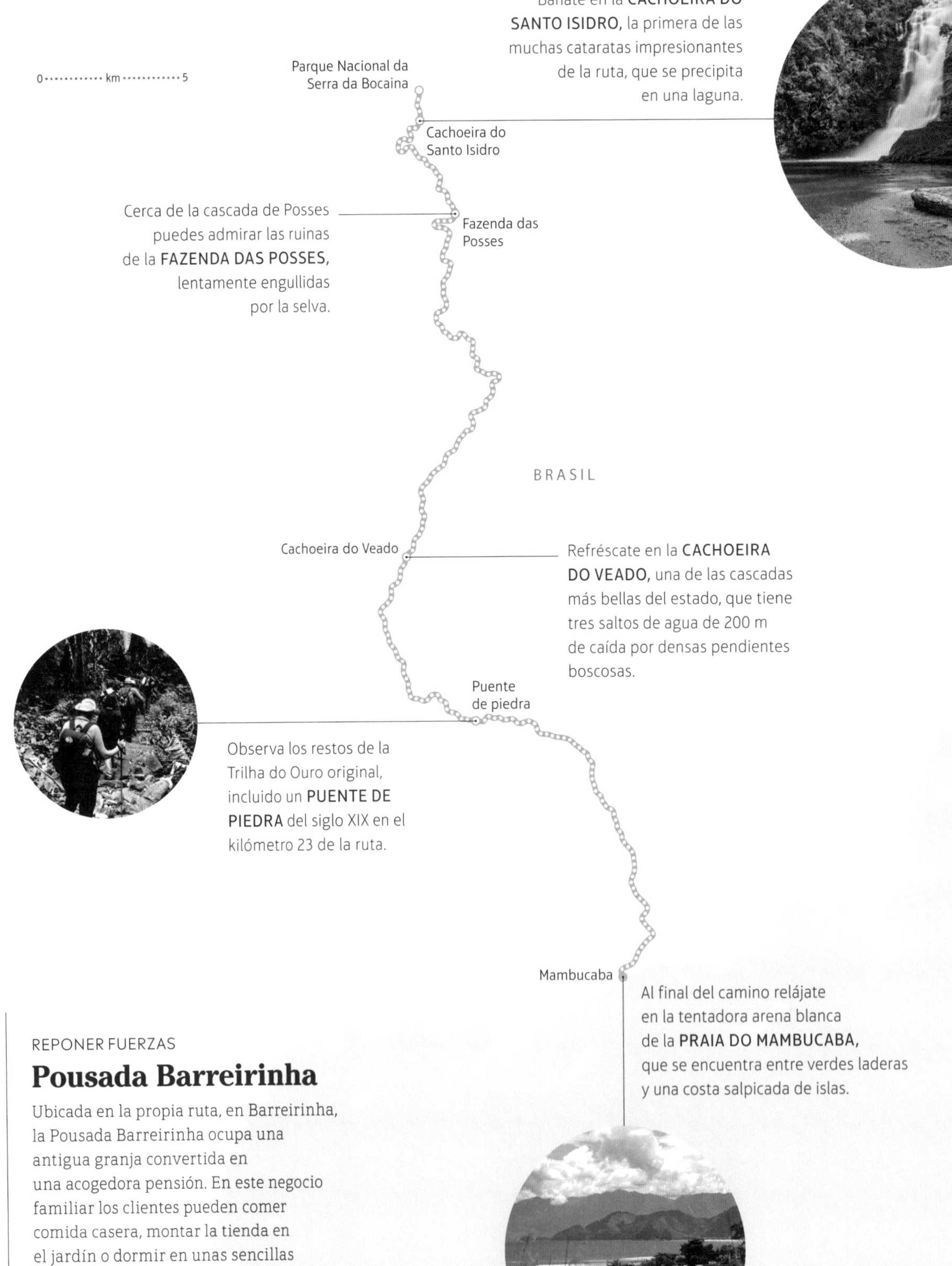

Báñate en la **CACHOEIRA DO SANTO ISIDRO,** la primera de las muchas cataratas impresionantes de la ruta, que se precipita en una laguna.

Cerca de la cascada de Posses puedes admirar las ruinas de la **FAZENDA DAS POSSES,** lentamente engullidas por la selva.

Refréscate en la **CACHOEIRA DO VEADO,** una de las cascadas más bellas del estado, que tiene tres saltos de agua de 200 m de caída por densas pendientes boscosas.

Observa los restos de la Trilha do Ouro original, incluido un **PUENTE DE PIEDRA** del siglo XIX en el kilómetro 23 de la ruta.

Al final del camino relájate en la tentadora arena blanca de la **PRAIA DO MAMBUCABA,** que se encuentra entre verdes laderas y una costa salpicada de islas.

REPONER FUERZAS

Pousada Barreirinha

Ubicada en la propia ruta, en Barreirinha, la Pousada Barreirinha ocupa una antigua granja convertida en una acogedora pensión. En este negocio familiar los clientes pueden comer comida casera, montar la tienda en el jardín o dormir en unas sencillas habitaciones con literas.

40

Trilha do Ouro

DEL PARQUE NACIONAL DA SERRA DA BOCAINA A MAMBUCABA, BRASIL

El camino centenario atraviesa las selváticas montañas del sureste de Brasil con la ruidosa compañía del mono aullador.

53 KM

836 M

3 DÍAS (IDA)

En la década de 1690, unos cazadores hallaron enormes cantidades de oro en las montañas al norte de Río de Janeiro (en el actual estado de Minas Gerais). Este hallazgo causó gran agitación y muchos europeos acudieron en masa al lugar para enriquecerse. Varios pequeños asentamientos se convirtieron en ciudades de la noche a la mañana y se trazaron nuevas carreteras para transportar el oro a los puertos, y de allí a Portugal. Quedan vestigios de esas viejas rutas, como este camino a través de las montañas costeras del norte de Paraty.

La Trilha do Ouro (Senda del Oro) conduce al excursionista desde la protegida Serra da Bocaina, a unos 1600 m de altura, hasta las afueras de una localidad costera en la Baia da Ilha Grande. Gran parte del camino discurre a través de la Mata Atlântica, una exuberante selva que alberga una increíble variedad de plantas y animales. La Mata Atlântica cubría vastas franjas de la costa oriental de Brasil, aproximadamente un millón de kilómetros cuadrados. Hoy solo se conserva el 7 %

PERFIL DE RUTA

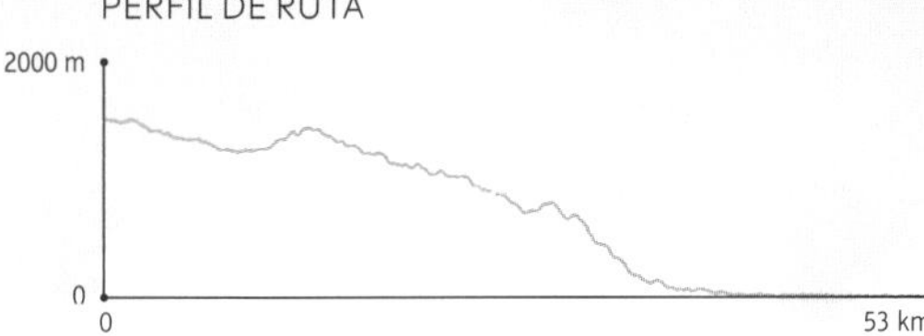

Sendero a través de la Mata Atlântica en la Trilha do Ouro

y recorrer la Trilha do Ouro es una de las mejores formas de conocer este amenazado reducto natural neotropical.

En cuanto se franquea la entrada norte del Parque Nacional da Serra da Bocaina se entra a un bosque verde lleno de vida. En una caminata de un día es probable toparse con grupos de monos araña balanceándose en los árboles, ver coloridas mariposas aleteando en las orillas de los ríos y oír el primitivo alarido del mono aullador al anochecer. Al despertarse es posible ver grandes huellas de garras en el barro cercano al campamento, indicios de grandes felinos (como los jaguares) que merodean por la noche en la densa selva. ▶

Aunque el perfil de la ruta es claramente descendente, hay duros tramos de ascenso y bajadas que castigan las rodillas. El deslizante terreno es una dificultad extra. Incluso fuera de la época lluviosa hay que luchar con raíces mojadas, resbaladizos pedruscos cubiertos de musgo e inevitables trechos de barro. La caída ocasional es casi un rito de paso en la Trilha do Ouro y quienes han completado la ruta están de acuerdo en que se requieren tres elementos esenciales: calzado fiable, bastón y ritmo pausado.

El cruce de arroyos y ríos es otra constante. En algunos puntos estrechos y de poca profundidad se puede vadear o saltar de roca en roca; en las corrientes de mayor caudal hay puentes colgantes o rústicas *pinguelas* (estrechos puentes de cuerda). Hay incluso una pequeña góndola metálica individual (no siempre disponible) que se desliza bajo un cable sobre el tramo final del río Mambucaba.

Gran parte del bosque parece inmaculado e intacto, aunque el ser humano ha dejado su huella en el paisaje. Se pasa por ruinas de viejas *fazendas* (granjas de los tiempos de la colonización europea) y casas, algunas de las cuales datan del siglo XIX. También hay granjas en funcionamiento a lo largo del camino, algunas en lugares bucólicos con lagos y pastos ondulantes cubiertos de araucarias, un árbol centenario de hoja perenne.

El último día de caminata es el más duro por el terreno escarpado y sucio. Es fácil resbalar en el pavimento original de la ruta (conocido como *pé de moleque*), formado por piedras laboriosamente colocadas por esclavos en el siglo XVIII y usado para transportar oro –y más tarde café– en mulas hasta la costa. Se cree que el empedrado se construyó sobre caminos existentes abiertos por los indígenas guayaneses mucho antes de la llegada de los portugueses.

El final de la ruta es puro regocijo. Tras multitud de ríos cruzados y cuestas ascendidas y descendidas a través de bosques y valles, se obtiene una hermosa vista de las exuberantes montañas recorridas. Al viajero le aguarda un merecido descanso a orillas de la Costa Verde, que alberga algunas de las playas más bellas de Brasil.

Derecha La Cachoeira do Veado, una de las numerosas cascadas que jalonan la ruta

Abajo El río y la playa de Mambucaba, al final de la Trilha do Ouro

CON GANAS DE MÁS

Pico do Gavião

Hacia la mitad de la ruta, un desvío bien señalizado da pie a la gratificante ascensión al Pico do Gavião. Es un camino de 4,5 km (ida y vuelta) que sube hasta la cima, a 1600 m de altura, y ofrece vistas de los picos circundantes y, al sur, de la costa salpicada de islas.

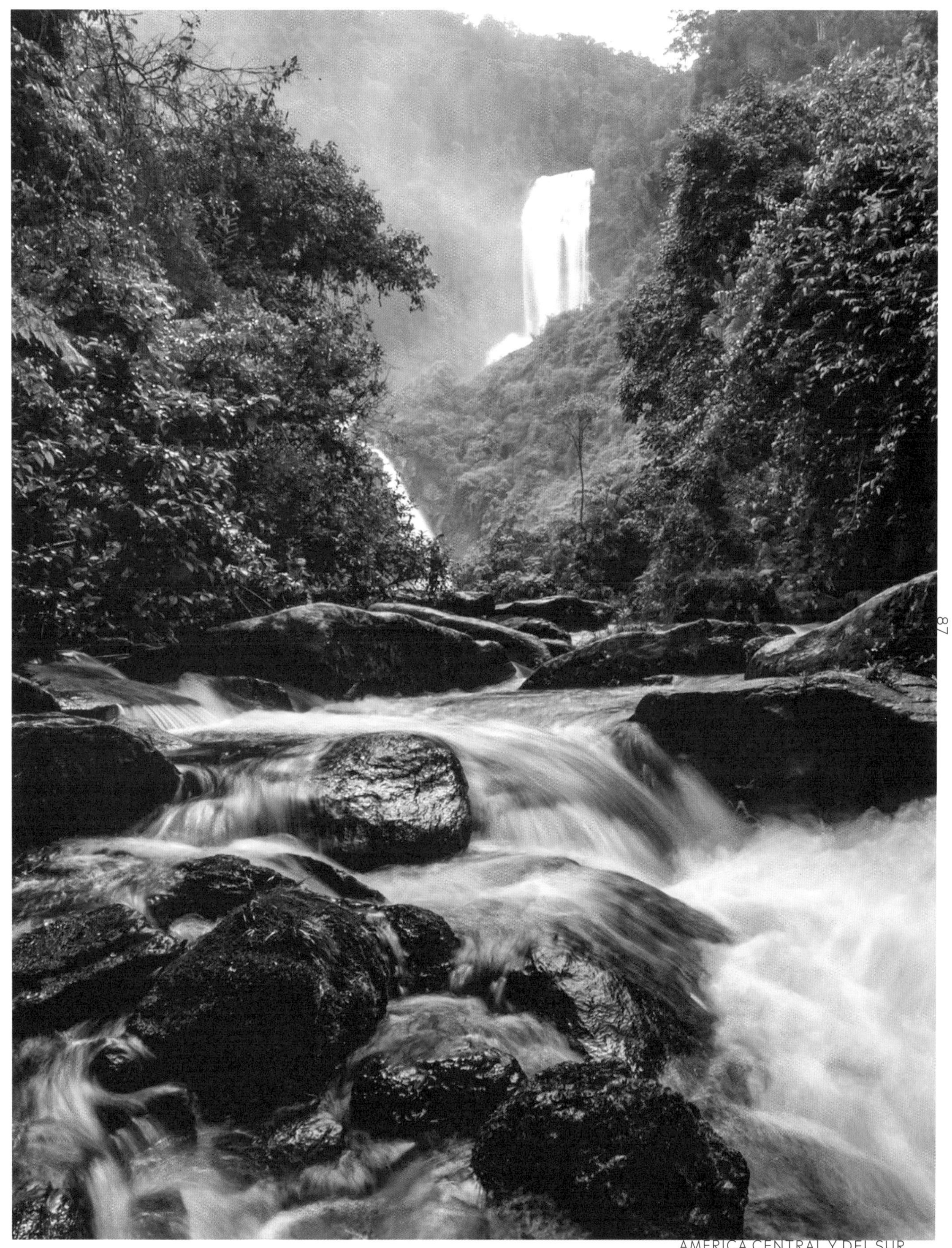

41

Circuito Ilha Grande

VILA DO ABRAÃO, BRASIL

Lejos del ajetreo de la civilización, este circuito descubre las playas intactas, la selva virgen atlántica y las tranquilas aldeas pesqueras de alrededor de Ilha Grande.

66 KM

3010 M

5 DÍAS (CIRCULAR)

Mirando Ilha Grande en un mapa se da por sentado que una isla tan cercana a la civilización ya ha sucumbido a su influencia hace mucho tiempo. Pero nada más lejos de la realidad. A pesar de estar a solo 100 km por carretera y en barco de Río de Janeiro, la isla alberga uno de los ecosistemas más ricos del mundo, con amplias franjas de selva intacta y playas vírgenes. Esta ruta no promete vistas exageradamente diferentes cada día, sino que brinda la oportunidad de descubrir a un ritmo pausado este microcosmos de riqueza natural perfectamente preservado.

La ruta empieza con un paseo de medio día que pasa por un acueducto y una cascada a poca distancia del principal puerto de la isla, Vila do Abraão. Es habitual hacer este tramo en compañía, ya que es muy popular entre los visitantes, pero pocos se aventuran más allá. Una vez quedan atrás las multitudes, los días se entretejen en un solo tapiz; los pasos del caminante unen los hilos a medida que el serpenteante sendero entra y sale de las colinas cubiertas de selva y atraviesa emparrados antes de internarse en zonas de altísimos bambúes.

PERFIL DE RUTA

500 m

0

0

66 km

No es de extrañar que esta parte del litoral brasileño se llame Costa Verde: la naturaleza aquí es verde y fecunda hasta el exceso, con relucientes lagunas y enmarañados manglares. La vida salvaje también es pródiga: el grito del mono aullador se sobrepone al reclamo del campanero –o *araponga*, como lo llaman los brasileños–, cada uno perfectamente distinguible sobre la cacofonía de la selva.

Pero hay oro entre el verdor: las 102 playas de la isla nunca quedan lejos. Justo cuando el calor y la humedad alcanzan un punto insoportable, el camino intuitivamente se topa con una playa. El agua del mar tiene un atractivo irresistible y es casi una lástima tener que volver a Vila do Abraão. Sin embargo, por si sirve de consuelo, siempre se puede regresar en barco a cualquiera de las playas de la isla.

Manglares en la Praia do Pouso, una de las más de 100 playas de Ilha Grande

Avista en la **RESERVA BIOLÓGICA ESTADUAL DA PRAIA DO SUL** a armadillos, monos aulladores y papagayos.

Admira el **ACUEDUCTO,** uno de los pocos atractivos artificiales de la isla, que se construyó en 1893 para suministrar agua al hospital.

Praia de Japariz
Praia do Bananal
Praia de Fora
Ubatuba
Acueducto
Praia Longa
Vila do Abraão
Palmas
ILHA GRANDE
Praia de Araçatiba
Reserva Biológica Estadual da Praia do Sul
Provetá
Dois Rios
Praia do Aventureiro
Parnaioca

0 km 3

Observa en la **PRAIA DO AVENTUREIRO** una palmera curiosa: su tronco crece en horizontal, casi rozando el agua, y luego forma un ángulo de 90 grados hacia el cielo.

Relájate en **PARNAIOCA,** una de las playas más impresionantes. Esta larga franja de arena amarilla compite por el título de playa más bella de Brasil.

CON GANAS DE MÁS

Pico do Papagaio

Vale la pena reservar un día al final del viaje para hacer la ruta circular de 11 km que sube al Pico do Papagaio desde Vila do Abraão. Esta dura ascensión al segundo pico más alto de la isla se complica en los últimos tramos, pero la cumbre ofrece vistas espectaculares de la isla y más allá: los días despejados se ve Río de Janeiro.

42

Laguna de los Tres

EL CHALTÉN, ARGENTINA

Esta ruta se interna en el impresionante territorio de la Patagonia a través del Parque Nacional Los Glaciares, una de las mecas del senderismo en Sudamérica.

22 KM
1047 M
1 DÍA (IDA Y VUELTA)

Espectacular imagen del monte Fitz Roy reflejado en la laguna de los Tres

Accidentadas montañas de granito cubiertas de nieve. Glaciares que crujen y desembocan en lagos con icebergs. Extensiones de estepa y densos bosques subpolares. El Parque Nacional Los Glaciares alberga algunos de los paisajes más espectaculares de la Patagonia. Y lo mejor de todo: la reserva –declarada Patrimonio Mundial por la Unesco– es fácil de explorar gracias a una red de caminos bien señalizados y campamentos en buen estado.

Esta popular ruta va desde el pueblo de El Chaltén –puerta de entrada al sector norte del parque– hasta la laguna de los Tres y regresa al pueblo. La laguna se extiende al pie del monte Fitz Roy, la pieza central de un macizo serrado y cubierto de nieve. Los indígenas tehuelches lo llaman El Chaltén («la montaña que fuma») por las nubes que se arremolinan en torno a su cumbre. Los días despejados y soleados, el Fitz Roy y sus vecinos se reflejan con nitidez en las aguas turquesas de la laguna, una imagen de una belleza sobrecogedora.

Admira la cristalina y gélida **LAGUNA DE LOS TRES** que toma su nombre de los tres picos que se elevan sobre ella.

Desde el **MIRADOR DEL RÍO DE LAS VUELTAS** puedes disfrutar de las excepcionales vistas del valle del río rodeado de montañas.

Visita **EL CHALTÉN,** un acogedor pueblo situado dentro de los límites del Parque Nacional Los Glaciares, la capital del senderismo en Argentina.

Visita **HANGA ROA,** la única población de la isla de Pascua; su moái Ahu Tautira se alza orgulloso en un pedestal cerca del puerto.

43

Te Ara o Te Ao

HANGA ROA, ISLA DE PASCUA, CHILE

El recorrido sigue los pasos de los jóvenes que participaban en un épico torneo anual de valor, arrojo y resistencia en la isla habitada más remota de la Tierra.

La isla de Pascua –Rapa Nui para sus habitantes– es conocida por sus moáis, esas inescrutables estatuas monolíticas de roca volcánica. Pero este es solo un aspecto más del rico patrimonio cultural de la isla. Este sencillo itinerario recrea la ruta que se seguía en el ritual del Hombre Pájaro, una competición anual que duró más de 150 años entre los siglos XVIII y XIX. El ganador era investido Tangata Manu (Hombre Pájaro) en un rito en la aldea ceremonial de Orongo y ostentaba el poder en la isla durante los siguientes 12 meses.

La ruta parte de la localidad de Hanga Roa, asciende al cráter del volcán Rano Kau y termina en Orongo, cuyas ruinas yacen en lo alto de un acantilado sobre el Pacífico. Desde este punto, los contendientes descendían por un acantilado de 300 m, nadaban en unas aguas infestadas de tiburones hasta el islote de Motu Nui y trataban de capturar el primer huevo de charrán sombrío de la temporada. Por suerte, lo único que deben hacer los senderistas es volver sobre sus pasos y disfrutar de las vistas.

0 km 1

Hanga Roa

Observa el **RANO KAU,** un volcán inactivo de 324 m situado en el suroeste de la isla, que le falta un buen trozo del cráter. Este hueco es el marco perfecto para el océano Pacífico.

ISLA DE PASCUA

Rano Kau

Orongo

Explora el yacimiento arqueológico de **ORONGO,** barrido por el viento, que contiene las ruinas de varios edificios ceremoniales ovalados, algunos cubiertos de petroglifos.

PERFIL DE RUTA

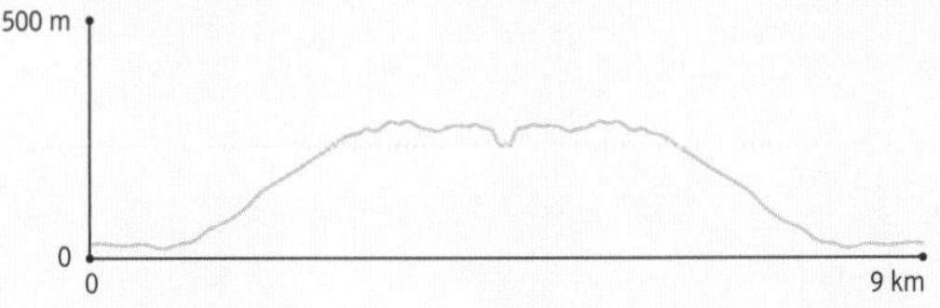

9 KM

377 M

1 DÍA (IDA Y VUELTA)

44

Circuito Dientes de Navarino

DE PUERTO WILLIAMS A LA RUTA Y-905, CHILE

Los senderistas más intrépidos viajan al extremo meridional de Sudamérica para recorrer la remota, desafiante y bella región de Tierra del Fuego.

REPONER FUERZAS

Centolla

Hay que probar la deliciosa especialidad local: la centolla patagónica. Este enorme crustáceo de caparazón espinoso puede alcanzar 1 m de envergadura. Los restaurantes de Puerto Williams la sirven en diferentes platos.

37 KM
2103 M
4-7 DÍAS (IDA)

Para viajeros en busca de territorios salvajes, pocos lugares pueden compararse con Tierra del Fuego. Este archipiélago agreste y escasamente poblado, dividido entre Chile y Argentina, ocupa el extremo meridional del continente americano. Muchos se refieren a esta región como el fin del mundo; de hecho, se encuentra a apenas 1000 km al norte de la Antártida.

En el lado chileno de Tierra del Fuego, en la isla de Navarino, se encuentra Puerto Williams, la ciudad más meridional del mundo. Está a orillas del canal Beagle –que divide la región en dos partes y toma su nombre del *HMS Beagle*, el barco donde el naturalista Charles Darwin realizó su revolucionario periplo por América del Sur– y es el punto de partida de una de las grandes rutas por el continente: el Circuito Dientes de Navarino.

Los dientes en cuestión se alzan imponentes sobre Puerto Williams y forman parte de una cadena montañosa que atraviesa la isla. Desde la ciudad, un camino entre árboles asciende a la cima del cerro Bandera, que ofrece una toma de contacto con el paisaje del circuito, una variada mezcla de tundra subpolar, páramos verdes oscuros, lagos cristalinos, bosques de altas lengas y temibles picos cubiertos de nieve. Durante los próximos cuatro a siete días –dependiendo del camino que se elija y del paso que se lleve– el senderista conocerá un paisaje que aparentemente no ha sido tocado por la mano del hombre.

PERFIL DE RUTA

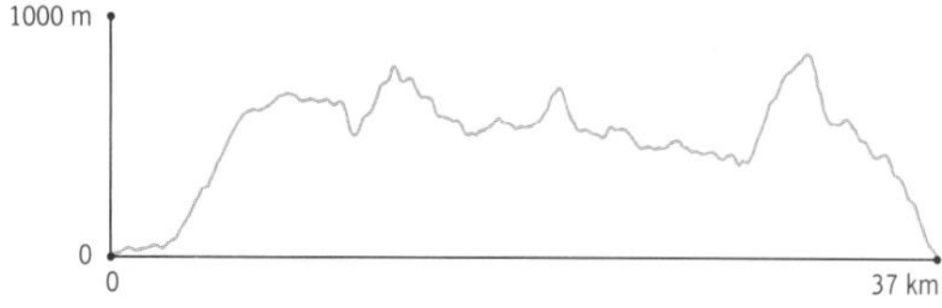

Vistas de Puerto Williams y el canal Beagle desde un mirador de la ruta

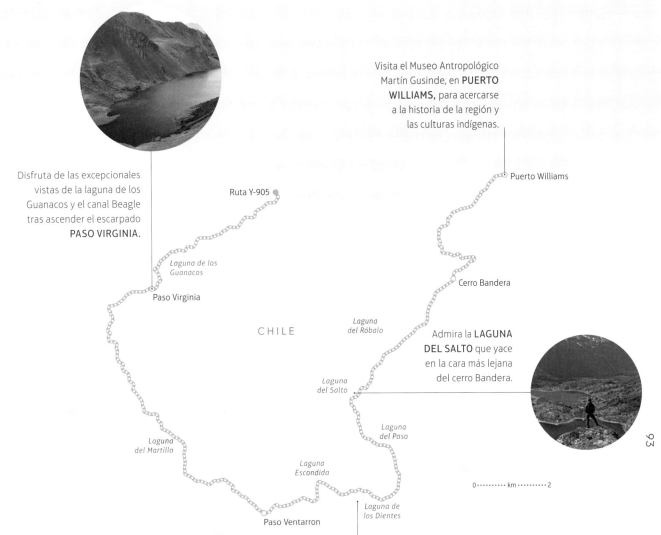

Visita el Museo Antropológico Martín Gusinde, en **PUERTO WILLIAMS,** para acercarse a la historia de la región y las culturas indígenas.

Disfruta de las excepcionales vistas de la laguna de los Guanacos y el canal Beagle tras ascender el escarpado **PASO VIRGINIA.**

Ruta Y-905

Puerto Williams

Laguna de los Guanacos

Paso Virginia

Cerro Bandera

CHILE

Laguna del Róbalo

Admira la **LAGUNA DEL SALTO** que yace en la cara más lejana del cerro Bandera.

Laguna del Salto

Laguna del Paso

Laguna del Martillo

Laguna Escondida

0 km 2

Laguna de los Dientes

Paso Ventarron

Acampa en la **LAGUNA DE LOS DIENTES,** el punto más meridional de la ruta. Los bosques cercanos han sido devastados por los castores, erróneamente introducidos en la región en la década de 1940.

Pronto queda claro que se trata de una ruta exigente que, aparte del primer tramo, no está bien señalizada. No hay servicios y el tiempo es notoriamente caprichoso: puede haber vientos furiosos, neblinas envolventes, tormentas de nieve, temperaturas muy bajas y a veces destellos de sol. Aunque es posible abordar la ruta por libre, contar con un guía local que conozca el terreno es más que recomendable.

Llegar al final del camino, a orillas del canal Beagle, provoca una inmensa satisfacción. Puede resultar difícil dejar atrás los increíbles paisajes de Navarino, pero la tentación de una buena comida, una ducha caliente y una cama confortable en Puerto Williams ayuda a amortiguar el golpe.

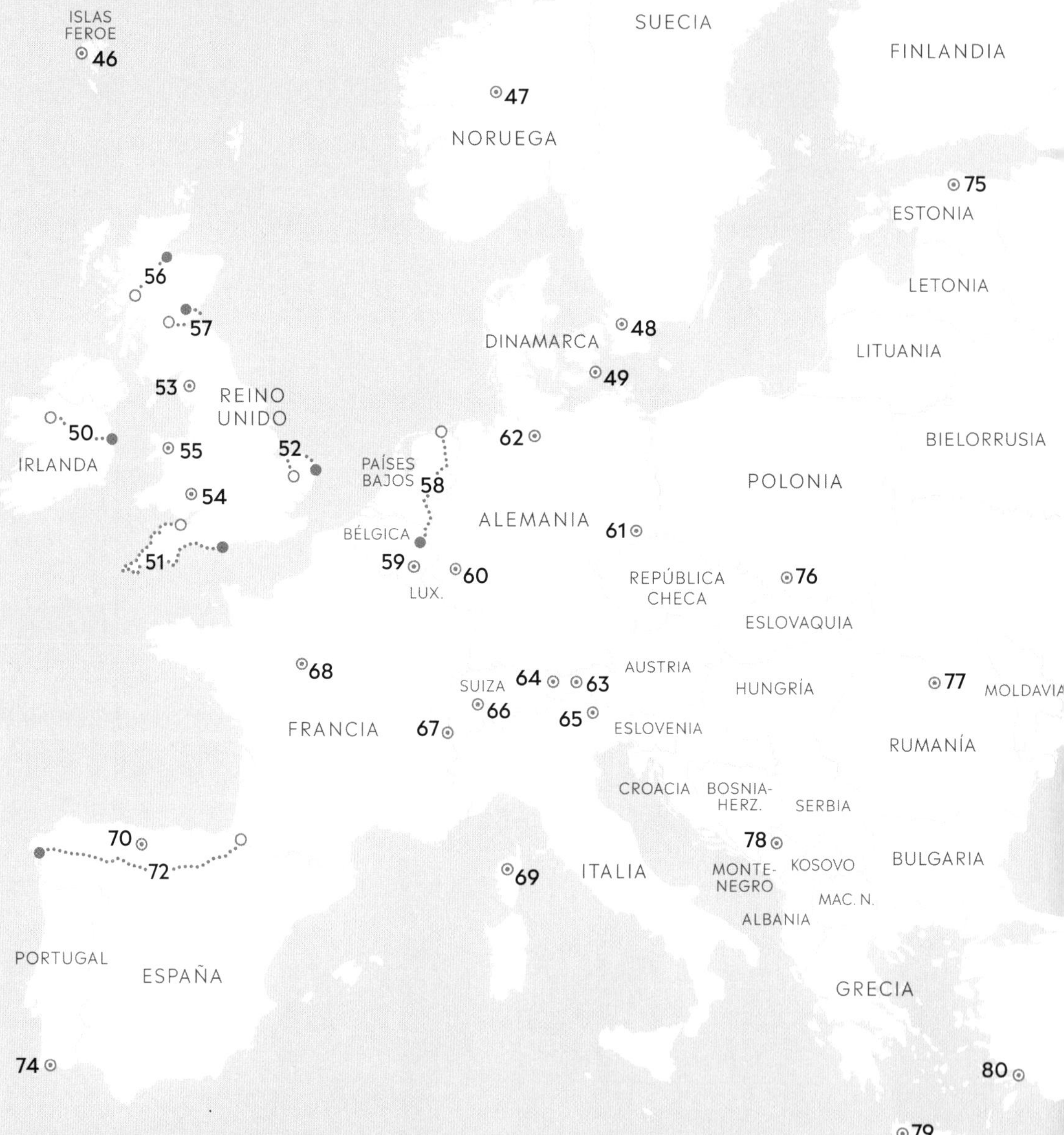
ISLANDIA
45
ISLAS FEROE
46
SUECIA
FINLANDIA
47
NORUEGA
75
ESTONIA
56
LETONIA
57
48
DINAMARCA
LITUANIA
49
53
REINO UNIDO
50
62
BIELORRUSIA
55
52
IRLANDA
PAÍSES BAJOS
58
POLONIA
54
ALEMANIA
BÉLGICA
61
51
59
60
REPÚBLICA CHECA
76
LUX.
ESLOVAQUIA
68
AUSTRIA
SUIZA
64
63
HUNGRÍA
77
MOLDAVIA
66
65
FRANCIA
67
ESLOVENIA
RUMANÍA
CROACIA
BOSNIA-HERZ.
SERBIA
70
78
72
69
ITALIA
MONTE-NEGRO
KOSOVO
BULGARIA
MAC. N.
ALBANIA
PORTUGAL
ESPAÑA
GRECIA
74
80
79
73
MADEIRA
71
ISLAS CANARIAS

EUROPA

45. Laugavegur *(p. 96)*
46. Bøur-Gásadalur *(p. 98)*
47. Besseggen *(p. 99)*
48. Skåneleden *(p. 100)*
49. Camønoen *(p. 104)*
50. National Famine Way *(p. 105)*
51. South West Coast Path *(p. 106)*
52. Peddars Way y Norfolk Coast Path *(p. 112)*
53. Cat Bells *(p. 113)*
54. Twin Valley Ley Line Trail *(p. 114)*
55. Cwm Idwal *(p. 116)*
56. Great Glen Way *(p. 117)*
57. Fife Coastal Path *(p. 118)*
58. Pieterpad *(p. 120)*
59. Escapardenne Eislek Trail *(p. 124)*
60. Moselsteig *(p. 125)*
61. Malerweg *(p. 126)*
62. Heidschnuckenweg *(p. 128)*
63. Inntåler Höhenweg *(p. 129)*
64. Adlerweg *(p. 130)*
65. Tre Cime di Lavaredo *(p. 132)*
66. Faulhornweg *(p. 133)*
67. Tour du Mont Blanc *(p. 134)*
68. Vallée de la Loire *(p. 138)*
69. GR 20 *(p. 142)*
70. Ruta del Cares *(p. 144)*
71. Sámara *(p. 145)*
72. Camino de Santiago *(p. 146)*
73. Levada das 25 Fontes *(p. 150)*
74. Percurso dos Sete Vales Suspensos *(p. 151)*
75. Viru purva taka *(p. 152)*
76. Szlak Architektury Drewnianej *(p. 153)*
77. Via Transilvanica *(p. 154)*
78. Planinica *(p. 156)*
79. Samaria *(p. 157)*
80. Karia Yolu *(p. 158)*
81. Zemo Svaneti *(p. 162)*

RUSIA

RANIA

81
GEORGIA

TURQUÍA

CHIPRE

Consejo
Cada día, antes de salir, conviene consultar las previsiones de tiempo y actividad volcánica en *safetravel.is.*

45

Laugavegur

DE LANDMANNALAUGAR A THÓRSMÖRK, ISLANDIA

La ruta de senderismo más famosa de Islandia combina la belleza de los paisajes volcánicos con la comodidad de los acogedores refugios de montaña al final de cada jornada de aventura.

52 KM
1398 M
4 DÍAS (IDA)

Para quien se pregunte por qué Islandia es conocida como la «tierra del fuego y el hielo», una caminata por la alucinante geología de la Laugavegur lo aclara todo. Esta ruta de cuatro días atraviesa tierras forjadas por el vulcanismo –campos de obsidiana, fuentes termales, barrancos con los colores del arcoíris– y ofrece vistas de algunos de los glaciares más famosos de la isla.

Cuando la majestuosidad de la naturaleza se muestra tan desnuda, es vital respetarla. La ruta solo está abierta de junio a septiembre, ya que la niebla y la nieve cubren los campos de hielo el resto del año. Caminar en esas condiciones es poco aconsejable, cuando no peligroso. Incluso en verano hay bruscos cambios de tiempo y es preciso vadear un par de ríos, de modo que no es una ruta para principiantes. Dicho esto, quien esté razonablemente en forma y dispuesto a mojarse los pies y a sacrificar algunas comodidades, puede vivir una de las grandes aventuras de su vida.

La belleza natural de este itinerario de 52 km se intensifica en extremo desde el principio con las montañas de riolita de Landmannalaugar, donde la luz crea tonos rojos, naranjas y azules. Laugavegur significa «camino de los manantiales» y la ruta hace honor a su nombre. El vapor se eleva desde las burbujeantes charcas que yacen en los cañones de lava entre Hrafntinnusker y Álftavatn. Pero quizás el paisaje más llamativo sea el de Mælifellssandur, donde un volcán de color verde intenso –y forma de gorro de duende– se alza sobre un desierto de arena negra. En esta inhóspita belleza los sencillos refugios de montaña son oasis de confort y calidez, y aportan una dosis de normalidad al extraño e inolvidable paisaje.

En el descenso hacia el final del camino, en el Thórsmörk (valle de Thor), encajado entre dos glaciares, se tiene la sensación de estar regresando a la Tierra desde otro mundo. Y no cabe duda de que Islandia es realmente tierra de dioses.

PERFIL DE RUTA

2000 m
0
0
52 km

Landmannalaugar

Asómbrate en Landmannalaugar, junto al **CAMPO DE LAVA DE LAUGAHARAN,** de las fuentes termales que dan un nota llamativa al inicio de la ruta.

Stórihver

Descansa y toma fotos en el foco geotérmico de **STÓRIHVER,** cuya tierra ocre escupe agua humeante.

Refugio de Hrafntinnusker

Jökultungur

0 km 5

Contempla en el monte **JÖKULTUNGUR** tres glaciares a la vez: Tindfjallajökull, Eyjafjallajökull y Mýrdalsjökull.

Refugio de Álftavatn

Si eres aventurero, te encantará el **BLÁFJALLAKVÍSL,** un gélido río que debe vadearse incluso en verano.

Refugio de Hvanngil

Mælifellssandur

Bláfjallakvísl

CON GANAS DE MÁS

Desvíos pintorescos

Si quedan fuerzas para unos kilómetros más se puede tomar un desvío desde Emstrur hasta el cañón de Markarfljótsgljúfur, un profundo tajo en el terreno cuyas paredes tienen intensos tonos rojos y verdes. Y más allá del final de la ruta está la cueva de Sönghellir, famosa por su inquietante acústica.

En una tierra mellada por espectaculares gargantas, **MARKARFLJÓTSGLJÚFUR** está entre las más bellas; observa cómo se alterna estratos bermellones y verdes.

ISLANDIA

Refugio de Emstrur

Markarfljótsgljúfur

Al final de la ruta, tómate un descanso y reflexiona sobre la aventura vivida en el **REFUGIO DE BÁSAR,** en el boscoso valle de Thórsmörk.

Thórsmörk

46

Bøur-Gásadalur

VÁGAR, ISLAS FEROE, DINAMARCA

Los paisajes marinos agrestes abundan en el antiguo sendero que recorría el cartero de Vágar.

4 KM
435 M
MEDIO DÍA (IDA)

Todos los viajeros están de acuerdo en que la ruta de Bøur a Gásadalur, en la isla feroesa de Vágar, es un verdadero desafío: austeras montañas a un lado, el vasto y acerado Atlántico al otro, y un inclinado sendero que lleva a un grupo de casas con tejados de turba. Sin embargo, hasta 2004, cuando un túnel conectó al fin los dos pueblos por carretera, este era el único camino para el cartero, que solía recorrerlo tres veces a la semana para entregar el correo a la decena de habitantes de Gásadalur. Esta ruta sigue sus huellas por uno de los asentamientos más aislados de las islas Feroe, cuyas casas se amontonan a escasos metros del borde del acantilado.

Justo antes de entrar en Gásadalur, toma un corto sendero hacia la fotogénica **MÚLAFOSSUR,** una cascada cuyas aguas caen por un acantilado de 150 m al mar.

PERFIL DE RUTA

1000 m
0
0
4 km

Gásadalur

Múlafossur

Risasporið

VÁGAR

Observa la marca de la roca de **RISASPORIÐ** que, según una leyenda local, es la enorme pisada de un gigante que saltó desde aquí a Mykines.

Punto de partida

Gásadalsbrekkan

0 km 0,5

CURIOSIDADES

La Piedra del Cadáver

Hasta que Gásadalur tuvo su propio cementerio, en 1873, los habitantes ascendían la montaña con sus fallecidos para enterrarlos en Bøur. La gran roca plana que se ve junto al camino cerca de Gásadalsbrekkan es conocida como la Piedra del Cadáver porque era el único lugar donde se podía depositar un ataúd para descansar.

Haz una parada en **GÁSADALSBREKKAN** para contemplar la excelente vista de la isla de Mykines, que se llena de frailecillos en verano.

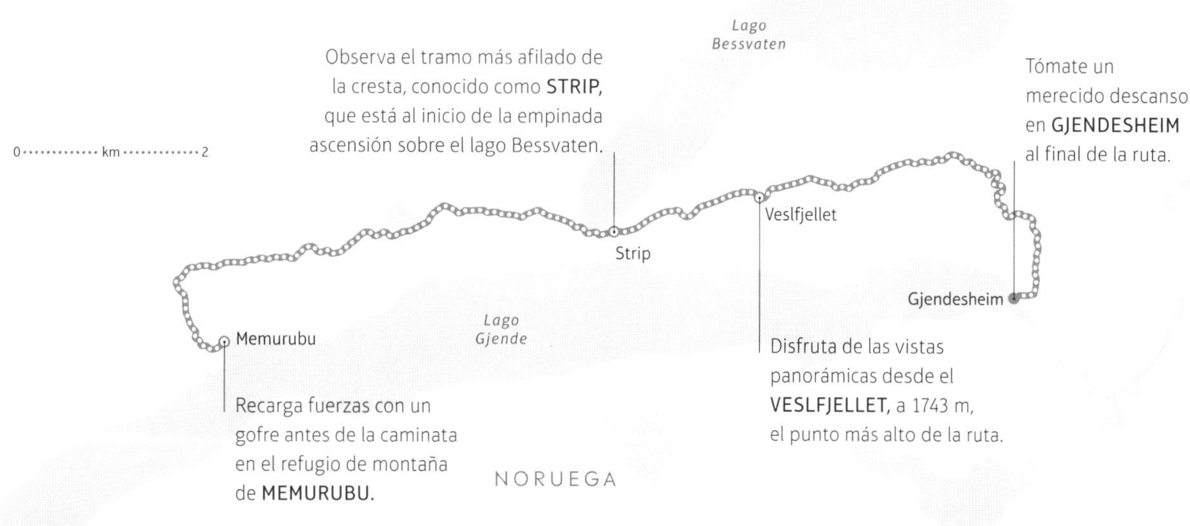

Lago
Bessvaten
Observa el tramo más afilado de la cresta, conocido como **STRIP**, que está al inicio de la empinada ascensión sobre el lago Bessvaten.
Tómate un merecido descanso en **GJENDESHEIM** al final de la ruta.
0 km 2
Veslfjellet
Strip
Gjendesheim
Memurubu
Lago
Gjende
Disfruta de las vistas panorámicas desde el **VESLFJELLET**, a 1743 m, el punto más alto de la ruta.
Recarga fuerzas con un gofre antes de la caminata en el refugio de montaña de **MEMURUBU**.
NORUEGA

47

Besseggen

DE MEMURUBU A GJENDESHEIM, NORUEGA

Hay que tener nervios de acero para caminar por este afilado risco del Parque Nacional de Jotunheimen, en Noruega.

14 KM
1102 M
1 DÍA (IDA)

El risco de Besseggen es de sobra conocido en Escandinavia: la ruta de senderismo más célebre de Noruega en el parque nacional más ilustre del país. Hay quien cree que Thor creó este serrado espinazo con su poderoso martillo. La ruta supone hacer un trayecto en barco por el lago Gjende, una larga escalada y un descenso aún más largo, pero su principal atractivo es la cresta en sí, un despeñadero que hace que le tiemblen las rodillas al más valiente montañero. El sendero es increíblemente escarpado y está expuesto a fuertes vientos –no se permite tener vértigo, pues en algunos tramos la roca desaparece–, pero las vistas están entre las mejores de Noruega: picos abruptos, glaciares ondulantes y, justo abajo, las brillantes aguas verdes del Gjende.

PERFIL DE RUTA

2000 m

0

0 — 14 km

Preparándose para abordar el tramo entre los lagos Gjende y Bessvaten

Explora la **GARGANTA DE KLÖVA HALLAR,** donde se cuenta que gigantes y humanos danzaban juntos.

Åstorp

Garganta de Klöva Hallar

Recorre el **PUNTO MÁS ALTO DE SKÅNE,** a 212 m, entre Gålarp y Magleröd.

Punto más alto de Skåne

Kopparhatten

Parque Nacional de Söderåsen

Lago Odensjön

Röstånga

Allarpsbjär

Descansa en el lago del **ÁREA RECREATIVA DE FROSTAVALLEN.**

Área recreativa de Frostavallen

SUECIA

Ciénaga de Sjömossen

0 km 8

Visita el **PARQUE NACIONAL DE SÖDERÅSEN** que alberga 400 especies de animales, como jabalíes, murciélagos, abejeros, águilas y azores.

REPONER FUERZAS

Stationen Röstånga

Aparte de en los refugios de la ruta se puede hacer noche en Röstånga, donde hay varios hoteles, restaurantes y cafés. En Stationen Röstånga *(stationshusetrostanga.se)* se sirven tapas, *smörrebröd* (canapés) y platos suculentos para senderistas hambrientos.

48

Skåneleden

DE ÅSTORP A BRÖSARP, SUECIA

Pasando de profundas gargantas y miradores volcánicos a afiladas crestas y ciénagas olvidadas, este épico recorrido por el sur de Suecia sumerge al viajero en la naturaleza y el mito.

160 KM
2249 M
14 DÍAS (IDA)

Si algo se aprende cuando se recorre a pie Skåne (Escania), la provincia más meridional de Suecia, es que siempre hay más de una ruta para elegir y ninguna es igual a la otra. Da fe de ello la ruta de larga distancia más completa del país, llamada Skånelden y formada por seis secciones distintas numeradas de la SL1 a la SL6, un rompecabezas de senderos que se entrecruzan y ofrecen perspectivas diferentes de los parques nacionales y litorales más cautivadores del país. Visto en el mapa, parece un ovillo desenrollado.

Esto significa que lo más difícil, incluso antes de hacer la mochila y atarse las botas, es decidir qué ruta seguir: caminar 370 km de este a oeste desde Sölvesborg hasta Ängelholm por la SL1, o quizás recorrer 325 km por el centro de la provincia, de norte a sur, desde Hårsjö hasta Trelleborg por la SL2.

Follaje otoñal junto a un arroyo en el Parque Nacional de Söderåsen

Para los amantes de la naturaleza y los mitos no hay mejor ruta que la SL3. Es relativamente plana, se adentra en espectaculares parques nacionales y recorre profundos barrancos. Con 160 km, es la segunda ruta más corta de la Skånelden y puede dividirse en 14 tramos manejables que van desde Åstorp, al pie de la cresta de Söderåsen, al norte de Helsingborg, hasta las colinas de Brösarp. ▸

Desde la torre de la **CIÉNAGA DE FJÄLLMOSSEN,** al sur de Brännesta, podrás observar al gallo lira común.

PERFIL DE RUTA

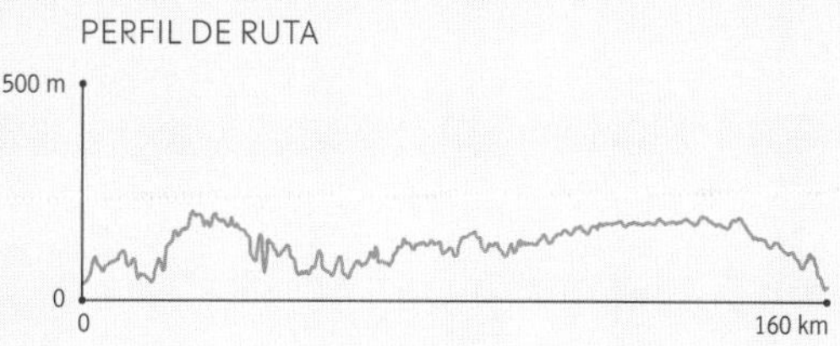

Mito y leyenda están profundamente entrelazados con el paisaje en esta parte de Suecia.

Hayedo dorado en el Parque Nacional de Söderåsen

Que Suecia es tierra de bosques caducifolios queda claro desde el principio, al avanzar rumbo al este por la ladera norte de la cresta de Söderåsen. Aquí, entre las hayas y los pedruscos cubiertos de líquenes, hay formaciones rocosas supuestamente creadas por gigantes y una cueva donde, según se dice, vivió una joven con poderes.

Mito y leyenda están profundamente entrelazados con el paisaje en esta parte de Suecia. Esto se pone de manifiesto en la mayor área protegida de Skåne, el Parque Nacional de Söderåsen. El camino atraviesa un bosque rico en fauna hasta el lago Odensjön, que lleva el nombre de Odín, dios nórdico de la sabiduría y la muerte; se dice que este lago circular no tiene fondo y que podría ser la entrada a la morada de Odín.

Es fácil creerse estas historias cuando se contemplan los escarpados cañones desde el Kopparhatten, el mirador más conocido del parque (ubicado junto al sendero): parecen haber sido hendidos por el hacha de Odín.

Pero la ficción se convierte en realidad en el punto intermedio de la ruta, al atravesar lo que fue un mar poco profundo donde nadaban los dinosaurios. La geografía y la geología de esta zona son impresionantes y se deben a la actividad volcánica que tuvo lugar aquí entre hace 200 y 80 millones de años. Los elementos más destacados son los campos de fósiles, los lagos con lechos de roca y Allarpsbjär, una loma boscosa formada por una colada de lava prehistórica donde se ven pilares de basalto y restos de fisuras. Aquí es esencial saber orientarse: el contenido de hierro en el terreno es tan elevado que las brújulas no son fiables.

Es difícil ignorar el reclamo de las hadas del bosque durante mucho tiempo y pronto se sucumbe a su hechizo en la cresta de Linderödsåsen. Droseras carnívoras tapizan el suelo cenagoso y troncos en descomposición cubiertos de musgo y hongos bordean el camino. No es de extrañar que en la zona abunden las historias de duendes y troles.

La vuelta al mundo real en el tramo final provoca cierta conmoción, aunque persisten los vestigios de la Suecia literaria en los pueblos medievales, los túmulos funerarios de la Edad del Bronce y las cabañas con entramado de madera y tejado de paja que jalonan el camino. Pero no hay nada que diga que el viaje debe finalizar en Brösarp. Al fin y al cabo, la Skånelden cuenta con cinco secciones más. ¿Cuál será la siguiente?

CON GANAS DE MÁS

Ahora la SL4

¿Con una sección de la Skånelden no basta? Desde Brösarp se puede enlazar de inmediato con la SL4, de 188 km. Esta ruta recorre el sureste de Skåne y se centra en el senderismo costero. El camino bordea un litoral con playas de colores pastel y dunas móviles.

Mañana neblinosa en las colinas de Brösarp (Reserva Natural del Verkeån)

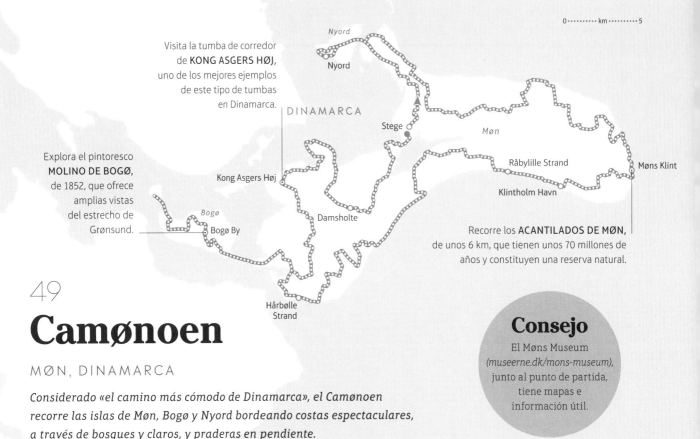

Visita la tumba de corredor de **KONG ASGERS HØJ,** uno de los mejores ejemplos de este tipo de tumbas en Dinamarca.

Explora el pintoresco **MOLINO DE BOGØ,** de 1852, que ofrece amplias vistas del estrecho de Grønsund.

Recorre los **ACANTILADOS DE MØN,** de unos 6 km, que tienen unos 70 millones de años y constituyen una reserva natural.

Nyord
DINAMARCA
Stege
Møn
Kong Asgers Høj
Råbylille Strand
Møns Klint
Klintholm Havn
Damsholte
Bogø
Bogø By
Hårbølle Strand
0 km 5

49

Camønoen

MØN, DINAMARCA

Considerado «el camino más cómodo de Dinamarca», el Camønoen recorre las islas de Møn, Bogø y Nyord bordeando costas espectaculares, a través de bosques y claros, y praderas en pendiente.

Consejo

El Møns Museum *(museerne.dk/mons-museum)*, junto al punto de partida, tiene mapas e información útil.

174 KM
1279 M
7 DÍAS (CIRCULAR)

Creado en 2016, el Camønoen es un itinerario relativamente nuevo. Pero esto no ha impedido que se haya convertido en una de las rutas de larga distancia más atractivas de Dinamarca. Dotada de un camino ancho y accesible, la ruta es relativamente cómoda: esta era la intención de sus creadores y a eso se debe su popularidad. Es accesible para sillas de ruedas y para personas de todas las edades. Cuenta con bancos a poca distancia entre sí que ofrecen la oportunidad de descansar y charlar con los demás caminantes.

Entrelazando tramos de bosques frondosos y praderas onduladas, la costa danesa se revela a medida que se va recorriendo. Cuando brilla el sol, las tranquilas aguas azules podrían confundirse con las del Caribe, aunque los acantilados calcáreos de Møn no dejan lugar a dudas. Esta ruta es ideal para quienes deseen disfrutar de una naturaleza serena a un paso moderado.

PERFIL DE RUTA

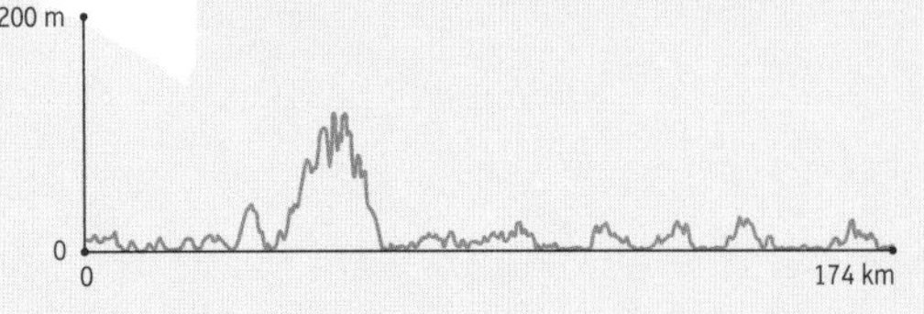

Los acantilados de caliza de Møn se alzan imponentes sobre el mar Báltico

50

National Famine Way

DE STROKESTOWN A DUBLÍN, IRLANDA

Esta ruta sigue los pasos de los desdichados emigrantes conocidos como los «Missing 1490» y rememora un capítulo amargo de la historia de Irlanda.

168 KM

823 M

6 DÍAS (IDA)

En 1847, en plena Gran Hambruna, 1490 arrendatarios irlandeses fueron desalojados de sus propiedades en Roscommon y obligados a hacer un arduo viaje a pie hasta Dublín para embarcar hacia América. El trayecto fue un calvario: los viajeros no tenían ni dinero ni comida ni cobijo. Muchos no lograron sobrevivir a la hambruna: algunos murieron durante la caminata, pero muchos más perecieron en los llamados *barcos ataúd* que zarparon desde Irlanda.

El National Famine Way desentraña la historia de aquellos 1490 ausentes. Mientras se recorre la ruta, que avanza por el campo junto al Canal Real, se puede escuchar una audioguía descargable que relata el desgarrador viaje visto con los ojos de Daniel Tighe, un niño de 12 años que sobrevivió a la terrible experiencia. Sus palabras acompañan al caminante por los puntos de referencia dispersos por el verde paisaje, que mantienen viva la historia de los emigrantes.

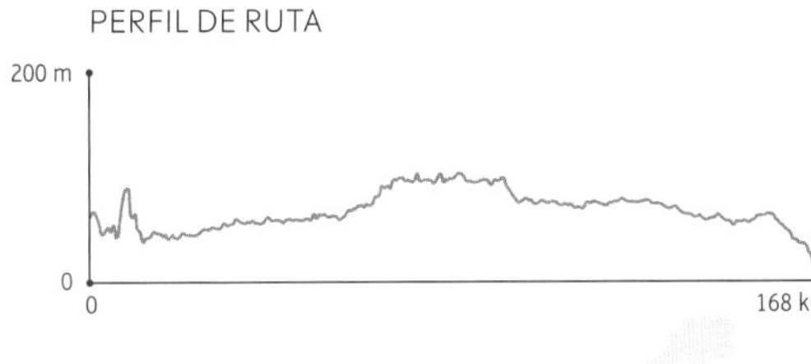

Strokestown

Termonbarry

Abbeyshrule

Coolnahay Harbour

Mullingar

IRLANDA

Enfield

Maynooth

Blanchardstown

Dublín

0 km 20

Visita la Strokestown Park House, en **STROKESTOWN**, antigua residencia del alcalde Denis Mahon, que forzó la salida de los Missing 1490. Hoy alberga el National Famine Museum.

Cerca del **PUENTE DE KILPATRICK,** en Mullingar, observa un par de zapatos de bronce; a lo largo de la ruta hay decenas de esculturas del mismo tipo, que simbolizan la esperanza y el temor de los emigrantes.

Pasa por el **MONUMENTO DE LA HAMBRUNA,** creado por el escultor irlandés Rowan Gillespie, que está en el muelle de la Aduana, al final de la ruta.

Vista de los llamativos acantilados dorados, verdes y grises del Golden Gap, en Dorset

51

South West Coast Path

DE MINEHEAD A SOUTH HAVEN POINT, INGLATERRA

El sendero nacional más largo y querido de Inglaterra abarca los paisajes costeros, los puertos pesqueros y las playas de arena dorada más impresionantes del país.

1023 KM

22 950 M

6-8 SEMANAS (IDA)

Las postales del hermoso extremo occidental de Inglaterra muestran playas de arena, casitas con tejados de paja, paseos marítimos, sol y mar. Pero si se observa de cerca se ve otro aspecto relevante: una costa que se eleva y se sumerge como el espinazo de un estegosaurio, ocultando incontables calas secretas. Estas convirtieron la región en una meca del contrabando, y poco después se crearon senderos junto a la costa desde los que los guardacostas podían ver dónde fondeaban los malhechores. Hoy esos senderos forman el camino nacional más largo de Inglaterra, que recorre más de 1000 km del litoral más espectacular del país. ▶

PERFIL DE RUTA

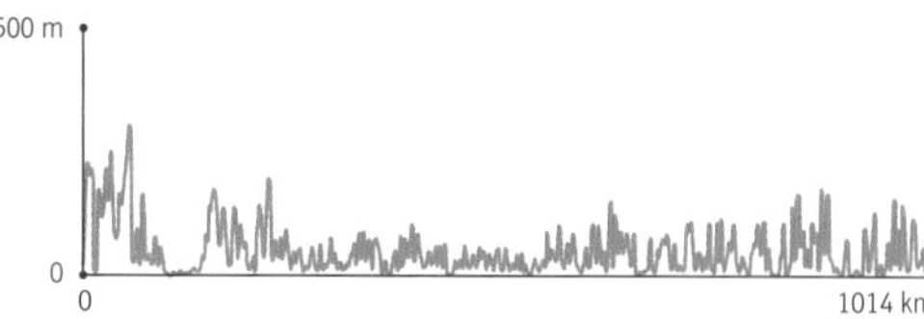

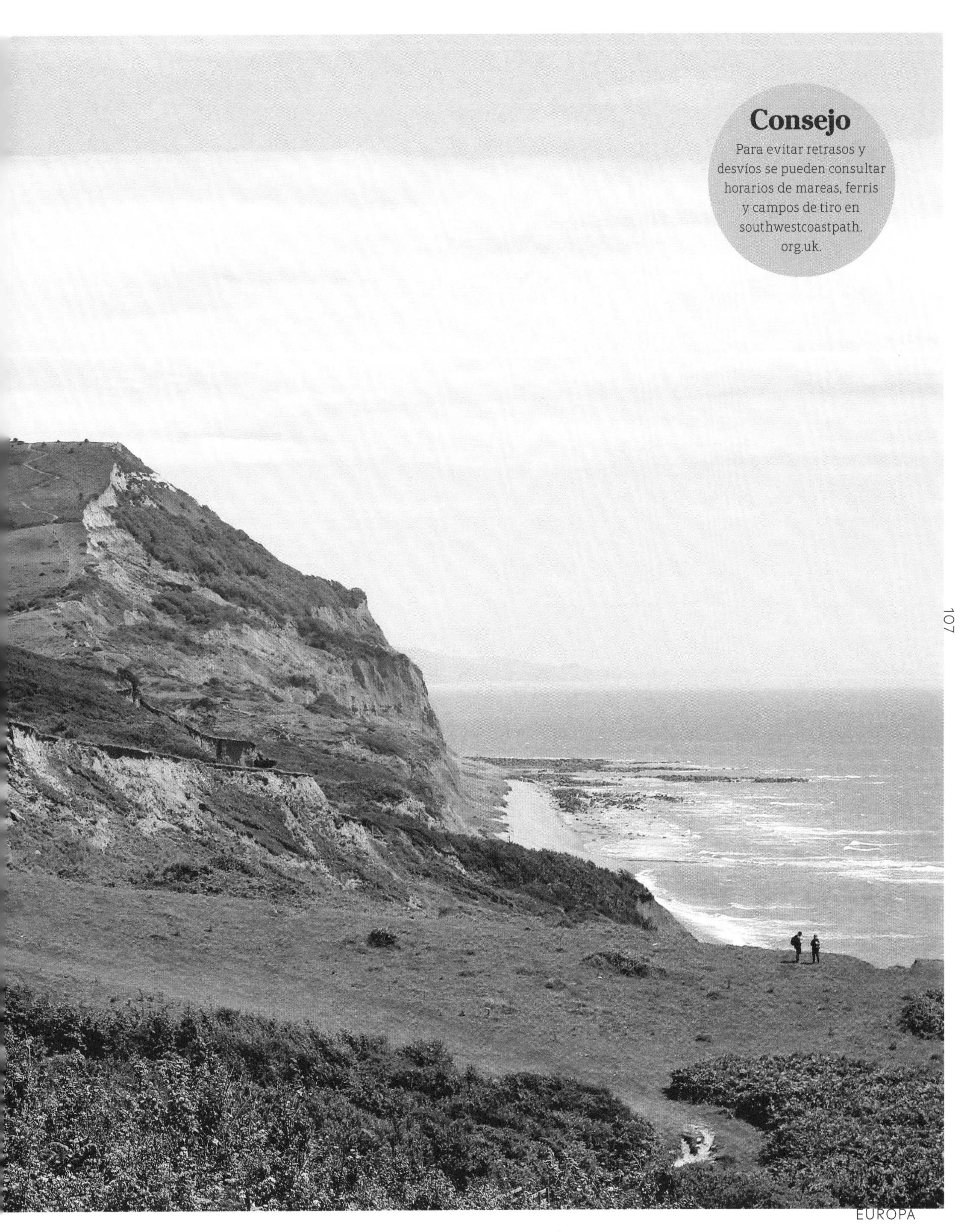

Consejo

Para evitar retrasos y desvíos se pueden consultar horarios de mareas, ferris y campos de tiro en southwestcoastpath.org.uk.

La ruta, que va de Minehead, en el oeste de Somerset, a South Haven Point, cerca de Poole, en Dorset, atraviesa las costas de Devon y Cornwall (Cornualles). Hay quienes hacen toda la ruta de una vez y tardan un mínimo de 30 días, pero lo habitual es dedicarle entre siete y ocho meses para asimilar el variado paisaje. También es fácil dividir la ruta en etapas, usando los transportes públicos entre poblaciones.

Hay comida y alojamiento para todos los gustos y presupuestos, desde chiringuitos que sirven *fish and chips* y *campings* hasta marisquerías con estrellas Michelin y hoteles exclusivos. En todo caso, un té con bollos siempre está justificado, ya que los ascensos y descensos suman unos 35 000 m, el equivalente a escalar el Everest casi cuatro veces.

La ruta se puede hacer en ambas direcciones. Los meses de julio y agosto traen los días más cálidos y soleados, cuando los tiburones peregrinos pasan cerca de las orillas y las playas se llenan de veraneantes. La primavera –cuando las flores adornan los acantilados y las temperaturas y las lluvias son moderadas– es un buen momento, aunque el otoño tiene su encanto, con los coloridos bosques caducifolios y los brezales púrpuras. En invierno los días son más cortos y el tiempo es impredecible, pero los senderos están vacíos y el cielo y el mar son más espectaculares.

Sea cual sea la época del año, cada tramo de esta ruta tiene un carácter único. Podría decirse que la primera sección, rumbo al oeste por la costa del Exmoor National Park, es la más agreste y abrupta. El camino bordea los acantilados y viaja a través del tiempo, pasando por viviendas y túmulos prehistóricos, fuertes romanos y campos abiertos medievales entre encantadores pueblos pesqueros como Porlock Weir y Lynmouth. Las subidas son frecuentes; no en vano aquí se halla el punto más alto de la ruta, el Great Hangman (318 m). ▸

REPONER FUERZAS

Ann's Pasties

La *Cornish pasty*, una empanada engañosamente simple pero sabrosa y sustanciosa, es típica de Cornualles. También es objeto de un acalorado debate: ¿quién la hace mejor? Se recomienda Ann's Pasties *(annspasties.co.uk)*, con tiendas en Lizard, Porthleven y Helston.

El camino entre St Ives y Land's End parece una montaña rusa en el que puedes disfrutar de vistas espectaculares desde **GURNARD'S HEAD** (con su tentador *pub*).

Visita el pueblo de **BOSCASTLE,** oculto en una hendidura rocosa, que alberga el fascinante Museum of Witchcraft and Magic.

Boscastle
Tinta
Newquay
Fowe
St Ives
Gurnard's Head
Falmouth
St Michael's Mount
Land's End
Kynance Cove

Espera a que baje la marea para acceder al **ST MICHAEL'S MOUNT,** un peñasco con un monasterio convertido en castillo enfrente de Marazion.

Desde Lynton camina por un vertiginoso sendero al borde de los acantilados para llegar al **VALLE DE LAS ROCAS,** donde las cabras salvajes pastan entre los riscos de la llamada Pequeña Suiza.

Atraviesa el mágico **CULBONE WOOD,** en Porlock, para descubrir la bella iglesia medieval de St Beuno.

Valle de las Rocas
Culbone Wood
Minehead
Woolacombe
Barnstaple
Clovelly
Bude

Visita **ABBOTSBURY,** probablemente el pueblo más bonito de la Costa Jurásica, que conserva recuerdos de su larga historia, como las ruinas de la abadía y la capilla de St Catherine.

INGLATERRA

Lyme Regis
Abbotsbury
South Haven Point
Swanage
Weymouth
Exmouth

0 km 25

Torquay
Plymouth
Dartmouth
Salcombe

Conoce **DARTMOUTH,** una de las localidades favoritas entre los aficionados a la vela, situada a orillas del río Dart y custodiada por dos castillos gemelos.

Desde el parque nacional, la ruta entra en un tramo bastante más fácil y poblado en el norte de Devon. Adornan este litoral rocoso varios centros turísticos, cuyas playas de arena atraen a familias y surfistas. El camino es sumamente llano en los estuarios de los ríos Taw y Torridge, pero pronto se empina al girar hacia el oeste, rumbo al Atlántico. Clovelly –el pueblo costero más fotogénico de Devon, cuyas casas se arraciman en una ladera sobre el puerto histórico– ofrece un breve respiro antes de continuar subiendo hasta Hartland Point. Si el West Country es la pierna de Inglaterra, este agreste cabo es su rodilla, el punto donde el camino vira claramente al sur en la parte más exigente de la ruta. Apenas hay tiempo para recuperar el resuello entre el final de cada largo descenso y el inicio de la empinada ascensión que le sigue. A cambio se obtienen espectaculares vistas desde los acantilados rocosos y, en la mayor parte del camino, una magnífica soledad hasta llegar al animado centro turístico de Bude.

Si el West Country es la pierna de Inglaterra, este agreste cabo es su rodilla, el punto donde el camino vira claramente al sur en la parte más exigente de la ruta.

A partir de aquí todo indica que estamos en Kernow (Cornwall): la cruz blanca sobre fondo negro de la bandera de St Piran y los topónimos que empiezan por *Porth* (bahía o puerto en cornuallés), *Pol* (lago o laguna), *Pen* (cabo) y *Tre* (casa). El camino no es menos exigente, aunque pasa por algunos de los pueblos pesqueros más bellos de la ruta, por playas de arena dorada y por el castillo de Tintagel, que quedó vinculado para siempre con el legendario rey Arturo por obra del escritor Geoffrey of Monmouth en el siglo XII, varios siglos después de su supuesto reinado (y bastante antes de la construcción del castillo).

Bordeando la costa de Cornwall, el camino conduce al colorido y artístico pueblo de St Ives y a la península de Penwith, el extremo occidental de Inglaterra. Pasado el gentío de Land's End, la ruta vuelve a virar al este por la costa sur de Cornwall. Esta zona tiene un aire sutilmente distinto pero no menos atractivo que la costa norte, más rocosa. Aquí también hay puertos pesqueros y lugares pintorescos, como la península de Lizard, el punto más meridional de Inglaterra, y Kynance Cove, la playa más bonita de la ruta.

Surfistas en la playa de Croyde, en el norte de Devon

Izquierda El Minack Theatre, situado cerca de Land's End, en Cornwall

Derecha Calle adoquinada en el pueblo pesquero de Clovelly, en el norte de Devon

Un corto trayecto en ferri lleva de Cremyll Point a Plymouth, la única ciudad de la ruta, en el sur de Devon. En este tramo de costa hay varios centros turísticos, sobre todo en la Riviera inglesa en torno a Torbay, una franja de 35 km famosa por sus calas rocosas, su flora subtropical y su clima agradable.

Pasado Exmouth vuelven los zigzagueos en la maravilla geológica conocida como Costa Jurásica, unos 150 km de escarpas y riscos de hasta 250 millones de años. Los acantilados de arenisca roja marcan la transición del este de Devon a Dorset, donde los buscadores de fósiles rastrean los guijarros. El camino inicia un trecho tan duro para las piernas como el norte de Cornwall. Queda poco para hundir los fatigados pies en la suave arena de la bahía de Studland, en South Haven Point, al final de la ruta, aunque es posible sentirse tentado de darse la vuelta y hacerla de nuevo.

UNA RUTA MÁS CORTA

El circuito de Land's End

Muchos senderistas hacen la ruta por etapas y cada uno tiene su favorita. Un gratificante tramo de tres a cuatro jornadas rodea la península de Penwith desde St Ives hasta Marazion, volviendo por el St Michael's Way. Tiene 84 km y recorre algunos de los acantilados más espectaculares de la región.

Observa las distintivas vetas de los **HUNSTANTON CLIFFS,** uno de los principales atractivos de Norfolk.

Las **CLEY MARSHES** forman la reserva natural más antigua de Norfolk y son un importante santuario de aves.

Toma un pequeño desvío para admirar las impresionantes pinturas del siglo XI de la iglesia de St Mary en **HOUGHTON ON THE HILL.**

Hunstanton Cliffs
Brancaster
Wells-next-the-Sea
Cley Marshes
Sheringham
Cromer
Castle Acre
INGLATERRA
Houghton on the Hill
Great Yarmouth
Hopton-on-Sea
Knettishall Heath Country Park
0 km 20

52

Peddars Way y Norfolk Coast Path

DEL KNETTISHALL HEATH COUNTRY PARK A HOPTON-ON-SEA, INGLATERRA

Esta tranquila ruta descubre la variada geología de Norfolk a través de profundos valles, brezales y costas barridas por el viento.

206 KM
1506 M
8 DÍAS (IDA)

Este sendero nacional combina dos rutas independientes que serpentean del pasado al presente. Algunos vestigios se pierden en el tiempo, como los pingos, unas charcas formadas en la última glaciación. Otros son más recientes, como las esculturas del Peddars Way, grabadas con *songlines* (poemas e imágenes) que evocan la geología y la historia del lugar. En el Norfolk Coast Path se pueden admirar las franjas rojas y blancas de los acantilados de Hunstanton, cada una formada por el lento paso del tiempo. Muchos de los atractivos de la ruta son, sencillamente, atemporales. Las aves pululan en las marismas, las focas retozan en las orillas y el viento azota las largas playas de arena dorada en un ciclo que se repite desde hace milenios.

PERFIL DE RUTA

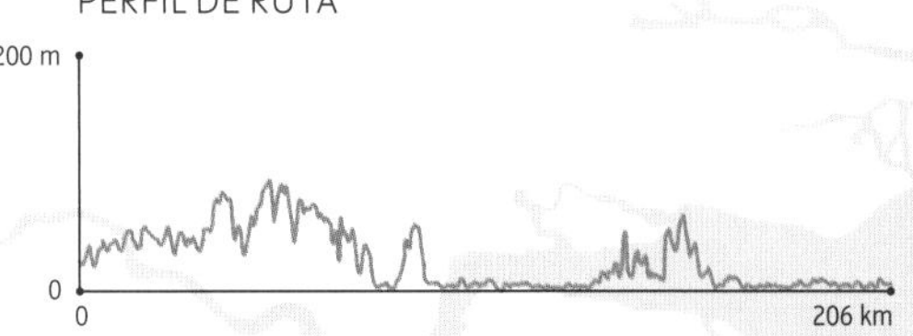

53

Cat Bells

HAWSE END, INGLATERRA

Cat Bells es la introducción perfecta al senderismo en el Distrito de los Lagos. El breve sendero recorre una bella pradera, asciende por una pequeña colina y ofrece vistas panorámicas del paisaje lacustre.

Cat Bells es una de las *fells* (colinas) más pequeñas del Distrito de los Lagos. Su modesta altura lo compensa con su espectacularidad. Se cree que su nombre es una deformación de Cat's Bield (refugio del gato montés), ya que este animal estaba muy extendido por Gran Bretaña.

Las bonitas vistas se suceden a cada paso durante la sencilla ascensión: el idílico Derwentwater yace sereno a la izquierda, mientras que las majestuosas colinas verdes y doradas se pierden en la distancia a la derecha. Cerca de la cumbre, una breve rampa da paso a un llano rocoso donde un mojón marca la cima. Aquí se despliega un panorama impresionante del verde valle de Borrowdale y del Derwentwater, con sus islotes y la localidad de Keswick en un extremo. Una suave bajada lleva a este tranquilo lago, por cuya orilla se regresa al punto de partida. La única forma de mejorar la caminata es culminarla con una pinta en un *pub* de Keswick.

6 KM

361 M

MEDIO DÍA (CIRCULAR)

PERFIL DE RUTA

500 m

0

0 6 km

Toma un barco a Keswick desde el muelle de **HAWSE END** y dedica un par de horas a conocer esta bonita localidad.

Descubre la **PLACA CONMEMORATIVA** dedicada al reformista social Thomas Arthur Leonard, que organizaba viajes para trabajadores.

Hawse End

Muelle de Hawse End

Derwent-water

Placa de Thomas Arthur Leonard

INGLATERRA

Cumbre de Cat Bells

0 ·········· km ·········· 0,5

Disfruta de las vistas de 360 grados del paisaje lacustre desde la **CUMBRE**, marcada por un ordenado montón de piedras.

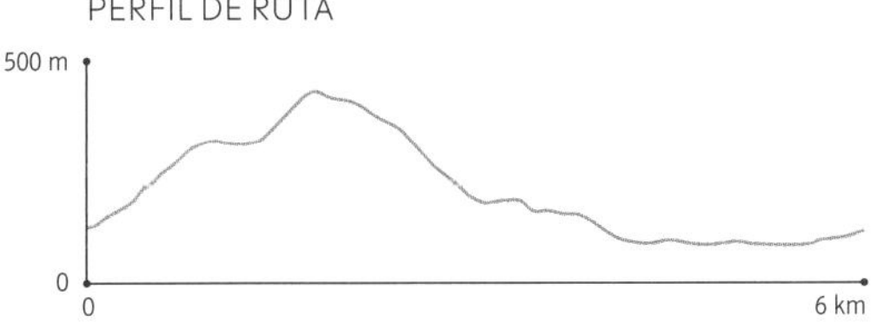

0 km 3

GALES

INGLATERRA

Merbach Hill

Arthur's Stone

Dorstone

Peterchurch

Vowchurch

Craswall Priory

Black Hill

Little Black Hill

Bacton

Dore Abbey

Longtown Castle

Ewyas Harold

Walterstone

Explora, en la última parada de la ruta, la **ARTHUR'S STONE,** una tumba neolítica cercana a Dorstone.

Visita **CRASWALL PRIORY,** un monasterio perteneciente a la orden de Grandmont, una de las más austeras de Europa.

Sube al **BLACK HILL** (cerro Negro), situado en la frontera entre Inglaterra y Gales, para disfrutar de las vistas de ambos países.

Pasea por el **LONGTOWN CASTLE,** una mota normanda de gruesos muros que tuvo un papel fundamental en la defensa de Inglaterra. Hoy está en ruinas.

Descubre la **DORE ABBEY,** uno de los grandes monasterios cistercienses medievales del país. Los pocos edificios que quedan permiten hacerse una idea de su esplendor.

CURIOSIDADES

Líneas ley

Aunque Alfred Watkins no atribuía propiedades místicas a las líneas ley, se han formulado muchas teorías sobre sus poderes sobrenaturales. Algunos creen que son fuentes de energía psíquica que influyen en otros fenómenos paranormales como los ovnis y los círculos en los cultivos.

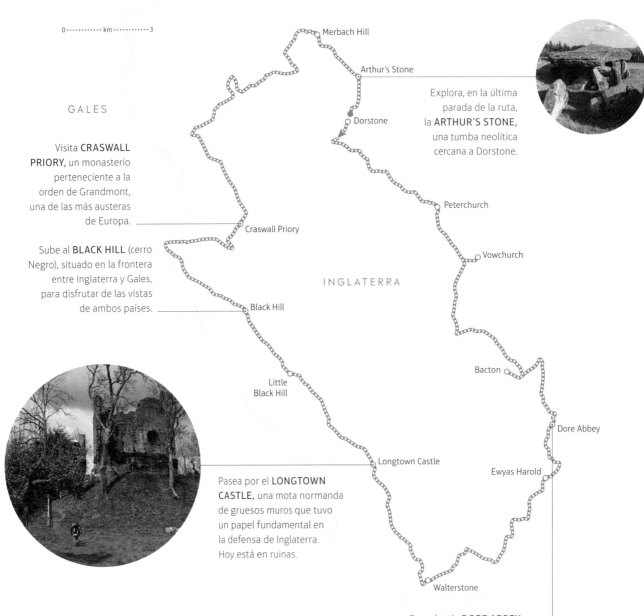

54

Twin Valley Ley Line Trail

DORSTONE, INGLATERRA

Esta intrigante ruta sigue las antiguas líneas ley por los parajes más salvajes de Herefordshire, sus lugares históricos y sus centros espirituales.

69 KM
1795 M
3 DÍAS (CIRCULAR)

En 1921, el anticuario Alfred Watkins se dio cuenta de que los lugares históricos de Herefordshire estaban conectados por líneas rectas. Watkins las llamó *ley lines* (líneas ley) y conjeturó que los pueblos neolíticos las usaban para trasladarse por Gran Bretaña, y quizás por el resto del planeta. La teoría, desacreditada por los arqueólogos, estimuló la imaginación de la gente y hubo quien atribuyó a las líneas poderes sobrenaturales.

La idea sigue fascinando hoy, como demuestra esta ruta creada en 2021 para celebrar el centenario de la epifanía de Watkins. El itinerario sigue las líneas ley a través de campos abiertos, senderos ocres y puentes de madera que cruzan arroyos. La hierba, mecida por el viento, parece señalar los abundantes lugares de interés histórico: iglesias ocultas entre colinas onduladas, la antigua Dore Abbey –en su día uno de los monasterios más importantes del país– y las sombrías ruinas del castillo de Longtown. Allá donde las líneas no están claras, las tangibles rutas trazadas por dos ríos intervienen para guiar al caminante. El Dore fluye por el bien llamado Golden Valley (valle Dorado) mientras que el Monnow se retuerce bajo la austera silueta de las Black Mountains (montañas Negras). En la ascensión a estos picos el camino se hace cada vez más exigente y solo el lento crujir de los pasos altera la paz rural. La recompensa son unas vistas aparentemente interminables de Inglaterra y Gales. Un lugar tan magnífico provoca un estallido de espiritualidad incluso en los más incrédulos. Vale la pena disfrutarlo antes de volver a Dorstone, pasando por las legendarias ruinas de Arthur's Stone.

Consejo

Hay pocos alojamientos a lo largo de la ruta, así que hay que planificar y reservar con antelación.

PERFIL DE RUTA

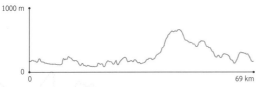

1000 m
0
0
69 km

Contemplando las vistas desde el Black Hill, uno de los picos de las Black Mountains

55

Cwm Idwal

SNOWDONIA NATIONAL PARK, GALES

El sendero de Cwm Idwal recorre un impresionante valle creado por el hielo y rodea el bello lago situado en el centro.

Los laterales del Cwm Idwal son escarpados y su lecho está lleno de restos de la gran capa de hielo que aplastó las laderas: taludes de gravedad, pedregales y morrenas que un glaciar dejó atrás en su retirada hacia los acantilados hace milenios. Rodea el lago –el Llyn Idwal– un paisaje que parece no haber cambiado en 10 000 años. Aferradas a los salientes rocosos se ven plantas más propias del Ártico y de los Alpes, como el lirio de Snowdon, la dríada de ocho pétalos y la saxífraga púrpura. Sin embargo, las protagonistas son las rocas: los Darwin's Boulders, con el nombre del famoso naturalista, que hizo trabajo de campo aquí; las Idwal Slabs, frecuentadas por los escaladores; y la Twll Du (Cocina del Diablo), llamada así por la neblina que se arremolina en torno a una hendidura y que da al paisaje una apariencia verdaderamente primigenia.

PERFIL DE RUTA

1000 m
0
0
5 km

5 KM

210 M

MEDIO DÍA (IDA Y VUELTA)

CURIOSIDADES

La leyenda de Idwal

Según el folclore galés, el Llyn Idwal lleva el nombre del hijo de un príncipe del siglo XII. El bello e inteligente Idwal murió ahogado en el lago a manos de su celoso tío. Cuenta la leyenda que las aves del lugar se entristecieron tanto que prometieron no volver a sobrevolar el lago, promesa que siguen cumpliendo hoy.

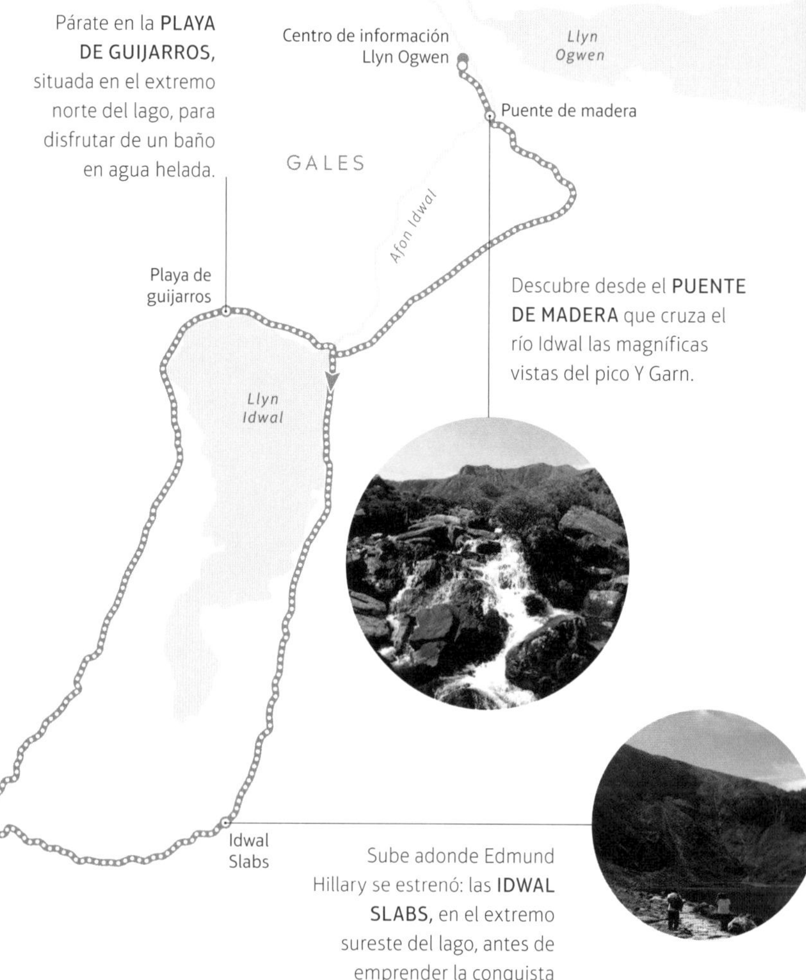

Párate en la **PLAYA DE GUIJARROS,** situada en el extremo norte del lago, para disfrutar de un baño en agua helada.

Descubre desde el **PUENTE DE MADERA** que cruza el río Idwal las magníficas vistas del pico Y Garn.

Sube adonde Edmund Hillary se estrenó: las **IDWAL SLABS,** en el extremo sureste del lago, antes de emprender la conquista del monte Everest.

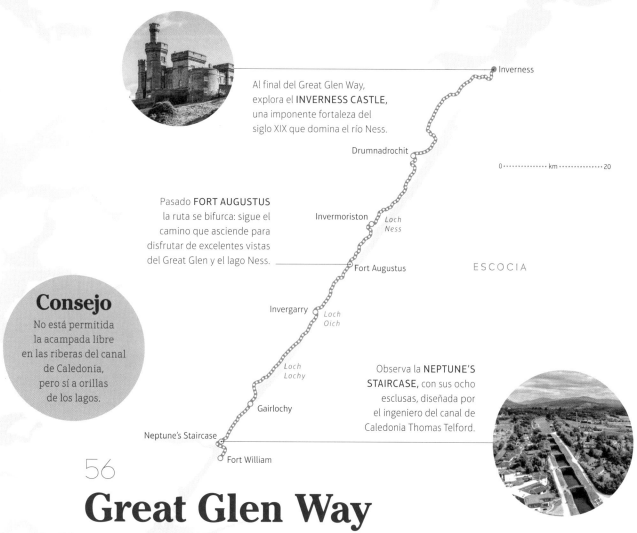

Al final del Great Glen Way, explora el **INVERNESS CASTLE,** una imponente fortaleza del siglo XIX que domina el río Ness.

Pasado **FORT AUGUSTUS** la ruta se bifurca: sigue el camino que asciende para disfrutar de excelentes vistas del Great Glen y el lago Ness.

Observa la **NEPTUNE'S STAIRCASE,** con sus ocho esclusas, diseñada por el ingeniero del canal de Caledonia Thomas Telford.

Consejo

No está permitida la acampada libre en las riberas del canal de Caledonia, pero sí a orillas de los lagos.

56

Great Glen Way

DE FORT WILLIAM A INVERNESS, ESCOCIA

Se puede ir de un lado de Escocia al otro por un famoso valle que atraviesa los paisajes más característicos de las Highlands.

121 KM
2430 M
6 DÍAS (IDA)

El Great Glen Way reúne lo mejor de las Tierras Altas escocesas en seis días. Desde Fort William, en la costa suroeste, hasta Inverness, en la noreste, recorre el *glen* (valle) más largo de Escocia en su totalidad bordeando tranquilos *lochs* (lagos), pasando de puntillas bajo imponentes montañas y atravesando bosques habitados por martas y ciervos comunes. Es una estupenda introducción al senderismo de larga distancia, con el viento dominante en cola y un itinerario fácil de seguir que combina pistas forestales, antiguas vías pecuarias y el camino de sirga del histórico canal de Caledonia, construido en el siglo XIX para evitar la peligrosa travesía por el mar del Norte. Hay que prestar atención a las águilas pescadoras y reales que sobrevuelan el camino, y a la curvada silueta del monstruo del lago Ness.

PERFIL DE RUTA

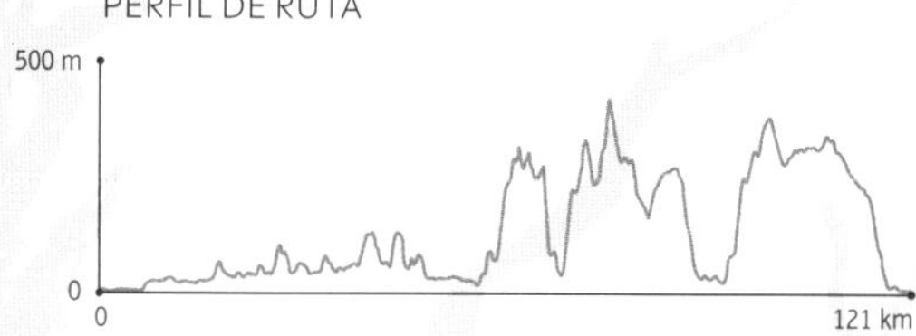

57

Fife Coastal Path

DE KINCARDINE A NEWBURGH, ESCOCIA

Siguiendo el litoral de Fife desde el Firth of Forth hasta el Firth of Tay, la ruta bien señalizada pasa por largas playas de arena, pueblos pesqueros, castillos históricos y tranquilas reservas naturales.

185 KM
2087 M
8-10 DÍAS (IDA)

La región peninsular de Fife se adentra en el salvaje mar del Norte, flanqueada por la parte superior e inferior por los grandes estuarios *(firths)* del Tay y el Forth. Este paseo por la costa es muy variado, desde paisajes rocosos hasta bulliciosas ciudades y pueblos. Orientarse es fácil gracias a las abundantes señales y el camino no tiene grandes desniveles, así que solo hay que acomodarse y disfrutar del entorno.

La ruta parte de Kincardine y avanza junto a la ribera del Firth of Forth pasando por polígonos industriales, bases navales, iglesias y castillos en ruinas y reservas naturales como la bahía de Torry. Aquí, grandes bandadas de aves zancudas pescan en lagunas artificiales construidas con cenizas de la cercana central térmica de Longannet. Pero este concurrido telón de fondo pronto da paso a una serie de rústicos pueblos pesqueros, como el popular St Monans, con un castillo sobre un acantilado y un molino de viento que se usaba para extraer sal del mar.

El terreno es cada vez más accidentado a medida que la ruta se aproxima al punto más oriental de Fife, donde la dureza y la estrechez del sendero dificultan la marcha y exigen un calzado resistente. Con la marea baja se puede caminar por la orilla rocosa y avistar manadas de delfines. Llegar con la marea alta no es un inconveniente, ya que hay rutas alternativas.

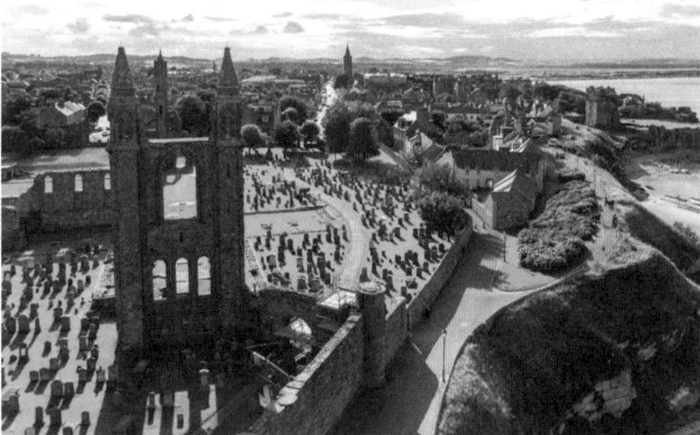

Restos de la catedral de St Andrews, construida en la Edad Media

El camino se suaviza en las preciosas playas doradas del norte y pasa ante misteriosas formaciones geológicas como la Buddo Rock, de arenisca rosa, o la Rock and Spindle, una torre de conglomerado. Aquí está la bella St Andrews, cuna del golf. El tramo final atraviesa campos y pinares, con el Tay estrechándose hacia el oeste hasta convertirse en un río. La ruta termina en la antigua ciudad de Newburgh, cuya destilería es conocida como el hogar espiritual del *whisky* escocés. Es el momento de poner los pies en alto y relajarse con una copa.

PERFIL DE RUTA

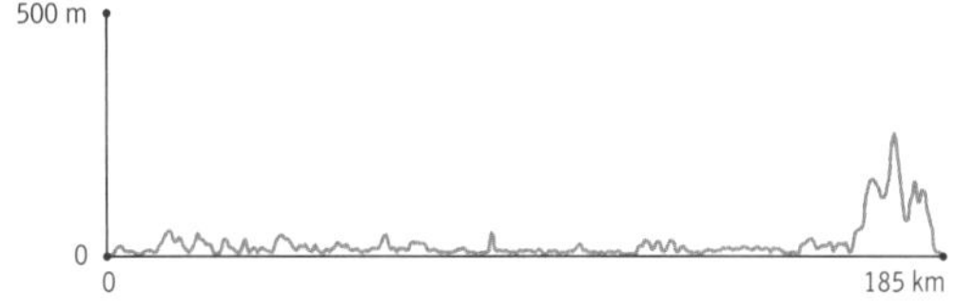

REPONER FUERZAS

Marisco sostenible

Viendo a los pescadores descargar sus capturas, tarde o temprano entran ganas de probarlas. Un buen sitio es el galardonado Anstruther Fish Bar *(anstrutherfishbar.co.uk)*, el primer restaurante de *fish and chips* del mundo con el certificado de sostenibilidad del Marine Stewardship Council.

Pasea por las dunas de la **TENTSMUIR NATIONAL NATURE RESERVE,** donde viven aves, focas y nutrias.

Tentsmuir NNR

Newburgh

St Andrews

Buddo Rock

Reserva una visita guiada a las **WEMYSS CAVES** que albergan curiosas tallas hechas hace 1500 años por los pictos, antiguos pobladores de Escocia.

ESCOCIA

St Monans

Anstruther

119

Camina por las calles adoquinadas de **CULROSS** desde la cruz del mercado hasta la abadía y visitar el palacio de color ocre, con sus ornados interiores.

Wemyss Caves

Elie Chain Walk

Kirkcaldy

Con la marea baja puedes usar las cadenas de acero y los puntos de apoyo del **ELIE CHAIN WALK,** la primera vía ferrata de Gran Bretaña.

Kincardine

Torry Bay

Culross

North Queensferry

0 ············· km ············· 10

58

Pieterpad

DE PIETERBUREN A SINT-PIETERSBERG, PAÍSES BAJOS

Esta es la ruta de larga distancia más famosa de Holanda, un peregrinaje moderno que resalta la parte menos conocida del fascinante pasado del país.

495 KM
2743 M
26 DÍAS (IDA)

El Pieterpad atraviesa los casi llanos Países Bajos desde el punto continental más septentrional del país hasta su extremo meridional, junto a Bélgica. Cabe pensar que se trata de una colección de postales típicas holandesas –canales bordeados de molinos, coloridos campos de tulipanes y queserías centenarias–, pero este itinerario de senderos sin pavimentar y carreteras olvidadas revela otra faceta del país. La ruta parte de las playas del salobre mar de Frisia y recorre la nada turística zona fronteriza con Alemania por los caminos arcillosos de Groningen hacia los suelos arenosos de Drenthe. Los senderistas pasan por las ciudades medievales de Groningen, Nijmegen y Maastricht, entre las cuales hay evocadores lugares de interés histórico.

Al contrario que muchos recorridos europeos, el Pieterpad está provisto de un trasfondo particularmente interesante y orgánico. No lo concibieron ecologistas bienintencionados ni agencias turísticas gubernamentales, sino dos amigos que vivían en puntos opuestos del país. Al parecer, a Bertje Jens, habitante de Groningen, y a su buen amigo Toos Goorhuis-Tjalsma, vecino de Tilburg, les apasionaba la idea de crear una ruta de senderismo que uniera sus ciudades. Inspirándose en una ruta de larga distancia que atravesaba la Selva Negra alemana, los dos amigos recorrieron a pie los Países Bajos de punta a punta entre 1978 y 1983, cartografiando y detallando cada etapa antes de trazar la ruta completa por todo el país. ▶

Tramo del Pieterpad por una tranquila zona campestre cercana a Oudemolen

PERFIL DE RUTA

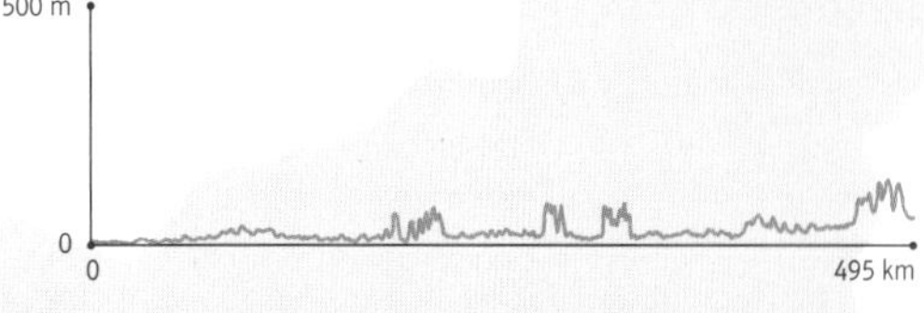

Consejo

La web del Pieterpad *(pieterpad.nl)* tiene abundantes mapas e información de la ruta.

Visita la medieval **GRONINGEN,** una de las ciudades más bellas del país, que muchos visitantes pasan por alto.
Pieterburen
Groningen
Descubre cómo vivían los pueblos neolíticos en algunos tramos de la **HUNEBED HIGHWAY,** en la poco conocida provincia de Drenthe.
Hunebed Highway
PAÍSES BAJOS
Coevorden
Ommen
Nationaal Park Sallandse Heuvelrug
Si el día está despejado sube al **ARCHEMERBERG,** un cerro de 78 m en el Nationaal Park Sallandse Heuvelrug, para ver Alemania.
Vorden
Canadese Oorlogsbegraafplaats Groesbeek
Visita cerca de **NIJMEGEN** un cementerio dedicado a los soldados canadienses caídos en la Segunda Guerra Mundial.
Gennep
ALEMANIA
Venlo
El vino holandés es mejor de lo que crees. Brinda por el final (o el inicio) de la ruta en una bodega de **LIMBURG.**
BÉLGICA
Sittard
Maastricht
Sint-Pietersberg
0 km 40

REPONER FUERZAS

Hotel De Kroon

Un buen lugar para reponer fuerzas es el Hotel De Kroon *(hoteldekroon.com),* en Gennep. Este idílico hotel y restaurante está a pie de ruta, en una histórica plaza de mercado, y tiene una encantadora terraza donde se pueden probar las cervezas elaboradas por su propia bodega.

Tramo arbolado del Pieterpad en la provincia de Drenthe

Comprensiblemente, muchos senderistas optan por abordar la ruta en etapas de 15 a 22 km, parando en las ciudades y pueblos más accesibles del itinerario. Esto puede ser práctico si se anda escaso de tiempo y solo se desea conocer lo más destacado del Pieterpad, que es bastante. Además, la ruta cuenta con una amplia variedad de alojamientos de principio a fin. Pero el camino puede recorrerse en cualquier época del año y en cualquier dirección, así que cada cual puede hacerlo a su manera. En lo que respecta a la historia, el Pieterpad es relevante incluso para los patrones del rico pasado holandés. Los amantes de la Prehistoria pueden retroceder al Neolítico en las tumbas megalíticas de Drenthe, los monumentos más antiguos del país. Estos colosales túmulos de forma arqueada construidos con grandes piedras al sur de Groningen son tan distintivos que el folclore holandés sostiene que fueron construidos por *huynen* (gigantes). Esta asociación ayuda a explicar su nombre local, *hunebeds*, y su historia arqueológica única ha dado lugar a la Hunebed Highway, algo así como una versión funeraria de la Ruta 66.

En lo que respecta a la historia, el Pieterpad es relevante incluso para los patrones del rico pasado holandés.

Pero esta ruta no solo se adentra en la noche de los tiempos. Más al sur, el camino cruza los ríos Rin y Mosa,

Arriba Barcos y casas en el canal Westerhaven de Groningen

Abajo Centro histórico de Nijmegen, la ciudad más antigua de Holanda

campos de batalla estratégicos en el frente de la Segunda Guerra Mundial. En particular, las tierras ribereñas de las afueras de Nijmegen y Groesbeek, en la frontera alemana, fueron el telón de fondo del heroísmo y el sacrificio humano de la operación Market Garden, la mayor movilización de fuerzas aerotransportadas de la historia. Los museos y monumentos de la zona relatan los asedios nazis, los lanzamientos de paracaidistas aliados y la desastrosa ofensiva. El silencio de los bosques que atraviesa el camino permite reflexionar sobre estos conmovedores relatos.

Para cuando se llegue al final de la ruta, el Pieterpad habrá revelado una faceta de los Países Bajos que no se sospechaba que existiera. Una faceta que pocos viajeros consiguen ver.

CON GANAS DE MÁS

Caminos transfronterizos

El inicio y el final del Pieterpad enlazan con otras rutas de larga distancia. En Pieterburen se puede tomar el E 9, que une el cabo de San Vicente (Portugal) con Narva-Jõesuu (Estonia). Desde Sint-Pietersberg se accede al GR 5, que recorre Bélgica, Luxemburgo y Francia.

Consejo

La web Visit Luxembourg *(visitluxembourg.com)* es un gran recurso, con análisis de cada etapa.

59

Escapardenne Eislek Trail

DE KAUTENBACH, LUXEMBURGO, A LA ROCHE-EN-ARDENNE, BÉLGICA

El clásico recorrido de larga distancia serpentea entre los lugares históricos y los sinuosos ríos de dos países.

El ritmo de vida puede ser lento en los países del Benelux, sobre todo cuando se aborda este gran itinerario, que zigzaguea desde Luxemburgo hasta las Ardenas, en Bélgica. Los turistas suelen pasar por alto este tranquilo rincón del viejo continente, pero rebosa historia y belleza natural, un hecho reconocido por la Asociación Europea de Senderismo, que ha incluido el Escapardenne Eislek Trail en su lista de mejores rutas de Europa.

La mitad luxemburguesa serpentea a través de exuberantes valles, bordea sinuosos ríos y pasa por pueblos medievales detenidos en el tiempo como Munshausen, cuyo campanario parece un sombrero de bruja, y bellas ciudades como Asselborn, que alberga un molino de agua milenario. Ya en Valonia, la región francófona de Bélgica, la ruta avanza entre bosques y pasa por escenarios de batallas históricas como Houffalize, epicentro de la batalla de las Ardenas, en la Segunda Guerra Mundial. Pero es la tranquilidad de este camino modesto lo que perdura en la memoria de quien lo recorre.

La ciudad belga de Houffalize, a orillas del río Ourthe

PERFIL DE RUTA

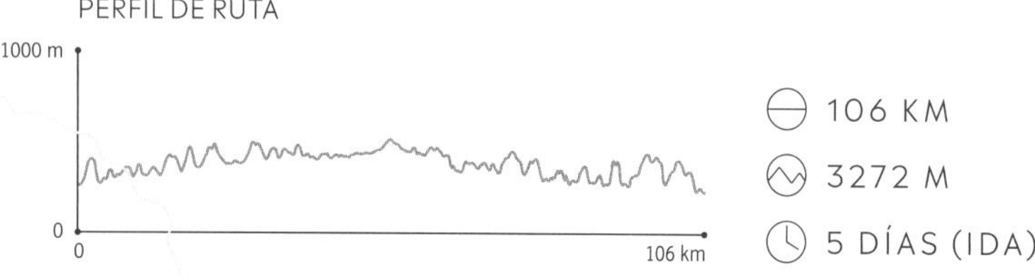

106 KM

3272 M

5 DÍAS (IDA)

CON GANAS DE MÁS

La ruta completa

La ruta descrita aquí es una sección del Moselsteig, un itinerario de 365 km dividido en 24 etapas que sigue el río Mosela desde Perl, en la frontera de Alemania, Bélgica y Luxemburgo, hasta su confluencia con el Rin, en Koblenz.

Moselsteig

DE BERNKASTEL-KUES A COCHEM, ALEMANIA

Esta ruta sigue un mágico tramo del río más serpenteante de Alemania atravesando verdes viñedos.

119 KM

4477 M

5-7 DÍAS (IDA)

A quien le gusta el senderismo y el vino le gusta el Mosela. El más sinuoso de los ríos es un placer para bebedores: la región vinícola más antigua y, probablemente, la mejor de Alemania rodea el río y lleva produciendo sabrosos caldos unos 2000 años, desde que los romanos introdujeron la viticultura. Hay un sinfín de oportunidades de catar el vino a lo largo de la ruta, que sigue los sensuales meandros del Mosela entre Bernkastel-Kues y Cochem.

Gracias a la eficiencia típicamente alemana de la infraestructura –abundan los alojamientos con carácter y las escalas de la ruta están comunicadas por autobús, tren y barco–, organizar un viaje de varios días es un sueño. Entre los viñedos hay interesantes retazos de la historia de la región, incluidos asentamientos romanos y castillos construidos en los siglos XVII y XVIII para defender el río. El camino se aparta con frecuencia de la orilla para ascender colinas con extensas vistas. Y justo cuando se empieza a sudar se encuentra una *weinstube* (vinoteca) o una *weingut* (bodega) para saciar la sed con un *riesling* local.

Sube por un denso bosque al mirador de **CALMONT**, que ofrece vistas panorámicas de los viñedos más escarpados de Europa y de un cerrado meandro del Mosela.

Mosela

Cochem

Bruttig-Fankel

Beilstein

Calmont

Neef

Senheim

ALEMANIA

Reil

Zell

0 km 5

Enkirch

Zeltingen-Rachtig

Traben-Trarbach

Mosela

Bernkastel-Kues

PERFIL DE RUTA

1000 m

0

0

119 km

Observa las casas con entramado de madera del centro medieval de **BEILSTEIN;** sobre una colina se alzan la iglesia carmelita y el castillo de Metternich.

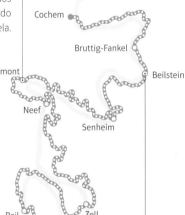

Sube desde el río y recorre la plaza medieval de **BERNKASTEL,** con sus decoradas casas con entramado de madera.

61

Malerweg

DE LIEBETHAL A PIRNA, ALEMANIA

Durante cientos de años, los artistas han querido captar en sus lienzos la belleza natural de la región alemana de la Suiza Sajona. Y recorrer el Malerweg (camino de los Pintores) hace que apetezca hacer lo mismo.

116 KM
4081 M
8 DÍAS (IDA)

Las montañas de arenisca del Elba se extienden desde la Suiza Sajona, en el este de Alemania, hasta la vecina Suiza Bohemia, en la República Checa. La región se popularizó gracias a los pintores románticos del siglo XVIII, entre ellos los alemanes Caspar David Friedrich y Ludwig Richter, que quedaron cautivados por la belleza de sus paisajes. Y no es de extrañar, pues esta región es única en Alemania: antiguas formaciones rocosas se elevan hacia el cielo, una imponente fortaleza despunta en la distancia y el río Elba parte en dos los vastos valles boscosos y las montañas. El Malerweg recorre el corazón de la Suiza Sajona y rinde homenaje a los artistas y a los paisajes que los inspiraron.

El camino se ha trazado minuciosamente basándose en la ruta que seguían aquellos artistas. Los tablones informativos que se muestran en sus ocho etapas detallan las obras que se crearon en esos mismos lugares. Se pueden ver las famosas formaciones rocosas de Bastei a través de los ojos de Caspar David Friedrich; o mirar la Kuhstall, la mayor cueva de la región, desde la perspectiva de Johann Carl August Richter; o admirar el aguafuerte en cobre del molino de Schmilka de Ludwig Richter, usado para restaurar el molino casi 200 años más tarde; o comparar la Pirna actual con la que pintó al óleo el italiano Bernardo Bellotto.

El encanto romántico de la zona sigue atrayendo visitantes al Malerweg. De hecho, es una de las rutas más populares de Alemania. El camino es, por lo general, bastante fácil, aunque algunas subidas requieren unas dosis de valor. Pero la recompensa son unas vistas inolvidables y quizás unos momentos contemplativos para sacar el bloc de dibujo.

Liebethal
Pirna
Elba

PERFIL DE RUTA

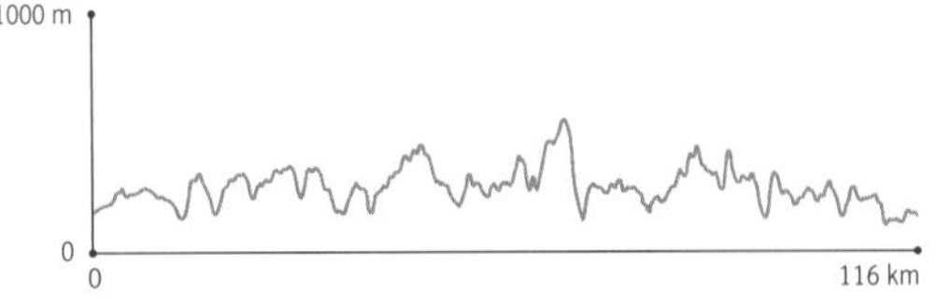

Vista del inspirador paisaje de las montañas de arenisca del Elba

OTRA RUTA

En tranvía

Se puede pasar una noche en la ciudad ribereña de Bad Schandau, a pocos kilómetros de Altendorf (al final de la tercera etapa), y retomar la ruta mediante el histórico tranvía de Kirnitzschtal, que recorre 8 km a través del idílico valle del Kirnitzsch hasta la cascada de Lichtenhain.

Observa el puente de piedra construido en 1851 para unir las altas formaciones rocosas de **BASTEI.**

La exigente ascensión al **SCHRAMMSTEINE,** una serie de rocas dentadas que alcanzan los 400 m de altura, es uno de los atractivos de la ruta. No te saltes la subida final al mirador.

Hockasteinturm
Rathewalde
Stadt Wehlen
Bastei
Waitzdorf
Rauensteinweg
ALEMANIA
Altendorf
Kuhstall
Festung Königstein
Königstein
Schrammsteine
Papstein
Elba
Reinhardtsdorf
Schmilka

Reserva un tiempo extra para visitar la **FESTUNG KÖNIGSTEIN,** cuya historia se remonta al siglo XIII. Se usó como prisión estatal hasta principios del siglo XX.

Visita **SCHMILKA,** a orillas del Elba, que tiene casas de tonos pastel, una fábrica de cerveza orgánica y un molino y una panadería bien restaurados. El ferri cruza el río para iniciar la sexta etapa.

REPÚBLICA CHECA

0 km 3

62

Heidschnuckenweg

DE FISCHBEK A CELLE, ALEMANIA

El Heidschnuckenweg (camino de la Oveja de Brezal) atraviesa paisajes suavemente ondulados con brezales, bosques y campos abiertos, con la compañía de las ovejas locales que dan nombre al sendero.

El Lüneburger Heide (Brezal de Lüneburg) es, en su mayor parte, una reserva natural sin tráfico rodado que cubre una amplia área de Baja Sajonia, en el norte de Alemania. Lo atraviesa el Heidschnuckenweg, un camino bien señalizado que va desde Fischbek, un barrio del suroeste de Hamburgo, hasta la pintoresca localidad de Celle, en Baja Sajonia, a 40 km al noreste de la capital, Hannover.

Del mantenimiento del paisaje único que atraviesa esta ruta se encargan los rebaños de Heidschnucke, la oveja de brezal gris cornuda característica del norte de Alemania. Este animal se alimenta de hierba silvestre y brotes de abedul y pino, y deja crecer el brezo. La ruta se puede recorrer durante todo el año, pero es a finales de verano cuando el brezo florece con sus tonos púrpuras; es entonces, sin duda, cuando más bonito está el Heidschnuckenweg.

PERFIL DE RUTA

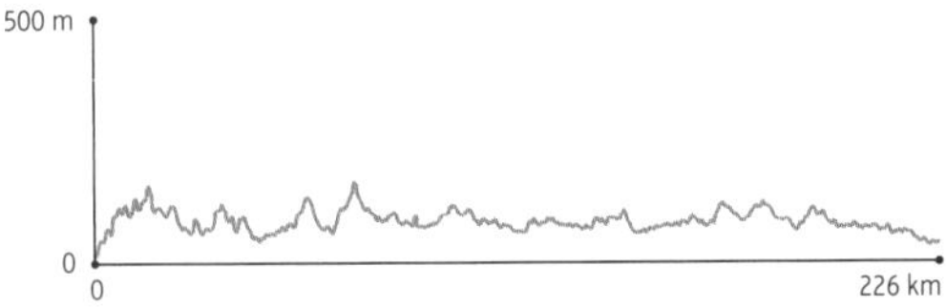

226 KM

1899 M

13 DÍAS (IDA)

Fischbek

Buchholz in der Nordheide

Wilsede

Totengrund

Bispingen

Soltau

ALEMANIA

Wietzendorf

Müden

Celle

0 km 15

Explora el **WILSEDER BERG** (169 m), cerca del pueblo de Wilsede, el punto más alto de la ruta, que ofrece vistas de los brezales y de Hamburgo los días despejados.

Haz una pausa para contemplar el **TOTENGRUND,** un valle especialmente pintoresco cuando el brezo está en flor.

Al final de la ruta, visita la localidad ribereña de **CELLE,** con cientos de casas con entramado de madera de los siglos XVI al XIX.

63

Inntåler Höhenweg

DE PATSCHERKOFEL A SCHWAZ, AUSTRIA

En este recorrido de refugio en refugio por los Alpes de Tux, en el Tirol, solo la suculenta cocina regional eclipsa los preciosos paisajes alpinos.

Consejo
En temporada alta hay que reservar alojamiento, ya que no hay alternativas en las montañas.

70 KM
3899 M
6 DÍAS (IDA)

Esta ruta de varios días por el Tirol va desde Patscherkofel a Schwaz, pasa por el valle del Inn y atraviesa los Alpes de Tux, avanzando en su mayor parte entre los 1800 y los 2800 m de altura. A lo largo de sus seis etapas incluye bosques de pinos, lagos azules, picos y crestas espectaculares e infinitos paisajes alpinos, además de los refugios de montaña, famosos por servir deliciosas especialidades tirolesas y de otros lugares de Austria, entre ellas *speckknödel* (bolas de pan con panceta en sopa), *kasspatzln* (fideos de huevo con queso) y *kaiserschmarrn* (crepes dulces troceados). Toda buena comida ha de cerrarse con un *schnapps* (aguardiente).

El sendero está bien señalizado y es ideal para senderistas principiantes y de nivel intermedio, lo cual es una buena noticia si se viene solo por la comida. La mejor época es entre junio y septiembre. Los tramos más difíciles pueden soslayarse y siempre es posible bajar al valle y acortar el camino, aunque perderse semejantes vistas y platos es un pecado.

PERFIL DE RUTA
3000 m
0
0
70 km
Schwaz
Kellerjoch Hütte
Comienza la sexta etapa tomando el desvío a la capilla ubicada en la cima del KELLERJOCH, que ofrece vistas panorámicas.
Recorre el tranquilo ZIRBENWEG (sendero del Pino Piñonero) que atraviesa un pinar centenario y a principios de verano se llena de rosas alpinas.
Explora el escarpado sendero de las Siete Cumbres de Tux que incluye sencillos tramos de escalada y el punto más alto de la ruta, el ROSENJOCH.
Weidener Hütte
Rastkogel Hütte
Zirbenweg
Estación del teleférico de Patscherkofel
Glungezer Hütte
Rosenjoch
AUSTRIA
Lizumer Hütte
0 km 5

OTRA RUTA

De Innsbruck a Ehrwald

Si se prefiere una introducción al Adlerweg un poco menos exigente se puede optar por las tres etapas desde Innsbruck hasta Ehrwald. Siguen senderos de niveles fáciles o intermedios y se empieza con ventaja, ya que se toma un teleférico desde Innsbruck hasta el camino.

0 ········ km ········ 5

AUSTRIA

Ehrwald

Lorea Hütte

Anhalter Hütte

Boden

Hanauer Hütte

Württemberger Haus

Memminger Hütte

Grossbergspitze

Kaiserjochhaus

Haas-Weg

Ansbacher Hütte

Parseierspitze

St Christoph am Arlberg

Para en la **KAISERJOCHHAUS** que tiene una maravillosa ubicación en la principal cresta del valle del Lechtal. Se construyó en 1888 y su cocina regional ostenta una excelente reputación.

El accidentado **HAAS-WEG** implica trepar por las rocas, bordear precipicios y pasar momentos tensos. Aférrate a los cables fijos y disfruta del reto.

Recorre la cresta que lleva a la cima del **GROSSBERGSPITZE**, cuyas vistas panorámicas de los picos circundantes cortan la respiración y justifican el viaje.

Admira los más de 600 picos que hay en los Alpes del Lechtal. Solo el imponente **PARSEIERSPITZE** alcanza los 3036 m.

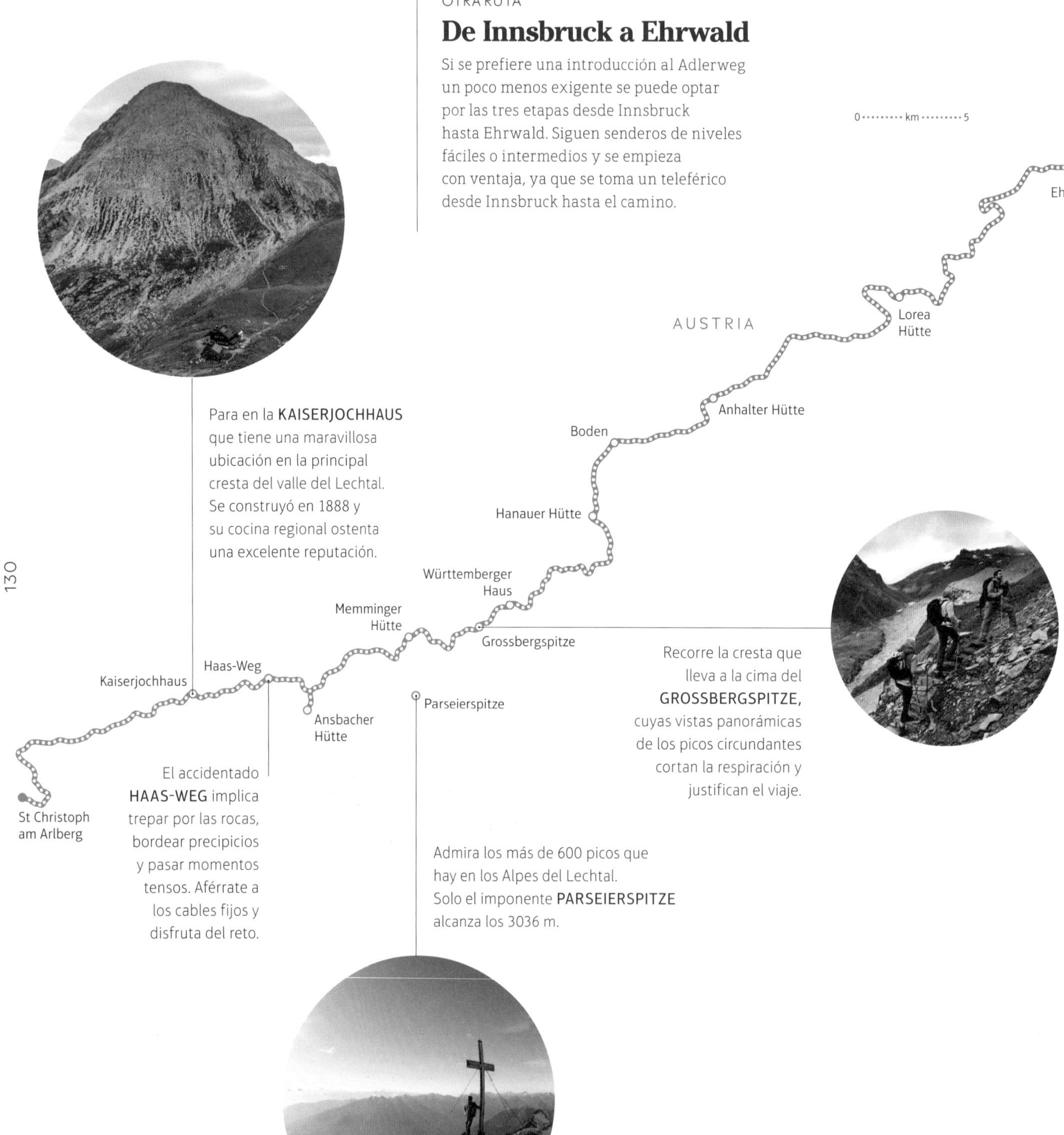

64

Adlerweg

DE EHRWALD A ST CHRISTOPH AM ARLBERG, AUSTRIA

Consejo
La temporada es corta (de julio a mediados de septiembre) por lo que reserva con tiempo.

La desafiante ruta por una sección del épico camino del Águila austriaco muestra la belleza de los Alpes del Lechtal.

104 KM
8047 M
8 DÍAS (IDA)

El Adlerweg (camino del Águila), que atraviesa todo el estado del Tirol de este a oeste, es la ruta más famosa de la región. En realidad no es uno sino dos caminos que no están directamente conectados entre sí. Ambos suman 33 etapas, 413 km de longitud y 31 000 m de desnivel positivo. Cada etapa termina en un refugio de montaña o en un pueblo donde el caminante puede quitarse las botas, degustar sustanciosos platos regionales e intercambiar historias con otros senderistas antes de volver a hacer lo mismo al día siguiente.

Se tarda alrededor de un mes en completar la ruta, pero las ocho etapas que recorren los Alpes del Lechtal, en el norte del Tirol, desde Ehrwald hasta St Christoph am Arlberg, son una buena muestra. Con un desnivel positivo de unos 8000 m, esta es una de las secciones más difíciles del Adlerweg y no debe ser abordada por senderistas sin habilidades técnicas y experiencia en altura. Muchos kilómetros discurren por caminos llanos que son fáciles de seguir, pero algunos tramos exigen caminar por estrechos senderos y crestas, trepar por pendientes rocosas y taludes de piedras sueltas y escalar por paredes montañosas agarrándose a cables de hierro. Además, es necesario caminar con paso firme y no padecer vértigo.

Rodeando un lago en los bellos alrededores de los Alpes del Lechtal

La ruta es tan bonita como difícil. En un momento dado se camina a través de un denso bosque y en otro se bordea una escarpada ladera que se precipita hacia un profundo y exuberante valle. El camino atraviesa bellos prados alpinos que se llenan de color en la época de la floración y pasa por lagos cristalinos que reflejan los paisajes circundantes. Vigilan todas estas escenas los Alpes del Lechtal, una presencia constante. Sus accidentados picos se elevan hacia el cielo y se extienden hasta donde la vista alcanza.

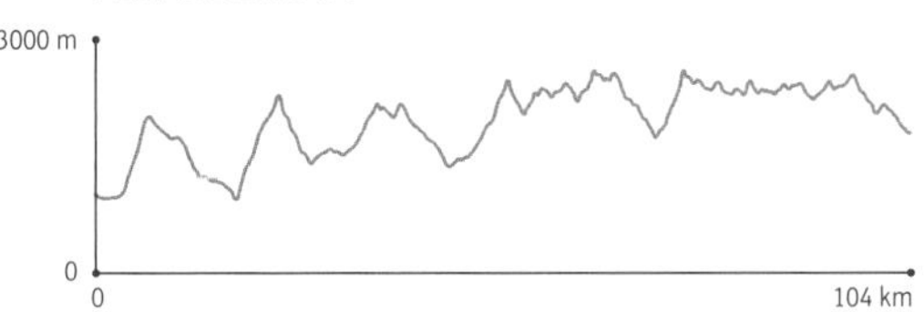

Rifugio Locatelli/ Drei Zinnen Hutte

0 km 1

En el **RIFUGIO LOCATELLI/ DREI ZINNEN HÜTTE** puedes disfrutar de un café, una gigantesca porción de *apfelstrudel* y fabulosas vistas de los tres picos.

Langalm Hütte

Forcella Lavaredo

Al aproximarse a la **FORCELLA LAVAREDO,** fíjate atentamente en la montaña de la izquierda para ver una vía abierta en la roca por soldados en la Primera Guerra Mundial.

ITALIA

Rifugio Lavaredo

Col di Mezzo

Rifugio Auronzo

Haz una foto de los tres picos reflejados en las claras aguas turquesas de las lagunas cercanas al **LANGALM HÜTTE.**

65

Tre Cime di Lavaredo

RIFUGIO AURONZO, ITALIA

Uno de los más emblemáticos de la región, este sendero rodea un trío de picos descomunales en el espectacular entorno de los Dolomitas.

10 KM

433 M

1 DÍA (CIRCULAR)

PERFIL DE RUTA

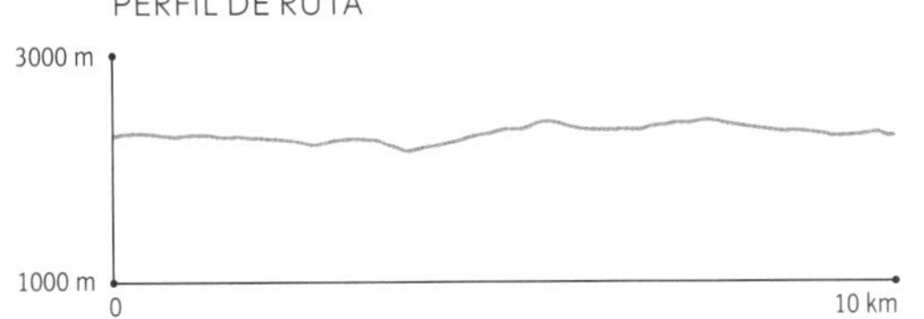

Saliendo del suelo rocoso como si fueran los dientes de una bestia mítica, los altos pináculos conocidos como las Tres Cimas de Lavaredo parecen sacados de un cuento de hadas. Estas imponentes agujas de roca dominan el paisaje y son un emblema de la región: si se piensa en los Dolomitas, probablemente lo primero que venga a la mente sean las Tre Cime di Lavaredo.

Mientras que las altas cumbres están solo al alcance de los escaladores expertos, dar un paseo por la base del macizo es sorprendentemente sencillo. Trazando un recorrido en el sentido de las agujas del reloj en torno a estos majestuosos monolitos, un camino bien mantenido aunque ondulado ofrece fabulosas vistas: prados alpinos cubiertos de flores, lagunas cristalinas con tonos turquesas, los afilados picos de los Cadini di Misura, el Paterno y, por supuesto, las famosas Tre Cime di Lavaredo. El camino está dotado de bonitos *rifugi* de madera, perfectos para disfrutar del panorama con un revitalizante *espresso.*

66

Faulhornweg

DE SCHYNIGE PLATTE A FIRST, SUIZA

Este paseo por una cresta en la espina dorsal de los Alpes suizos ofrece unas vistas incomparables de los altos picos circundantes.

16 KM
887 M
1 DÍA (IDA)

Es difícil encontrar rutas cortas que sean tan accesibles y espectaculares, como esta clásica caminata sobre Interlaken, en el corazón del Oberland bernés. El Faulhornweg –llamado así por el pico de 2681 m que marca su cota más alta y su punto intermedio– no solo es fácil de seguir, sino que evita cualquier ascenso o descenso particularmente exigente. Además, quien se canse a mitad de camino puede parar en uno de los dos refugios de montaña más atractivos de Suiza –el Männdlenen o el Faulhorn– para tomar una deliciosa y tonificante *radler* (cerveza con limón). Y no nos olvidemos del sobrecogedor paisaje, en el que destacan los lagos gemelos Brienzersee y Thunsee y un desfile de picos que incluye un trío tan singular como famoso: el Eiger (Ogro), el Mönch (Monje) y la Jungfrau (Doncella).

A estas alturas no hay que pedir disculpas por preguntar dónde está la trampa. Lo mejor de esta ruta es que no la tiene.

El serpenteante First Cliff Walk, al final del Faulhornweg

PERFIL DE RUTA

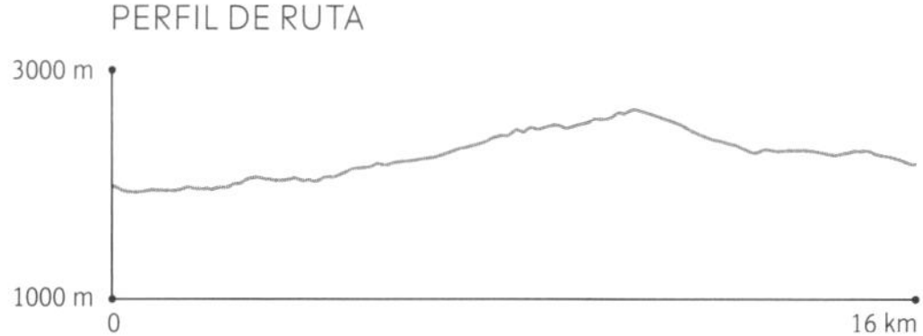

3000 m
1000 m
0
16 km

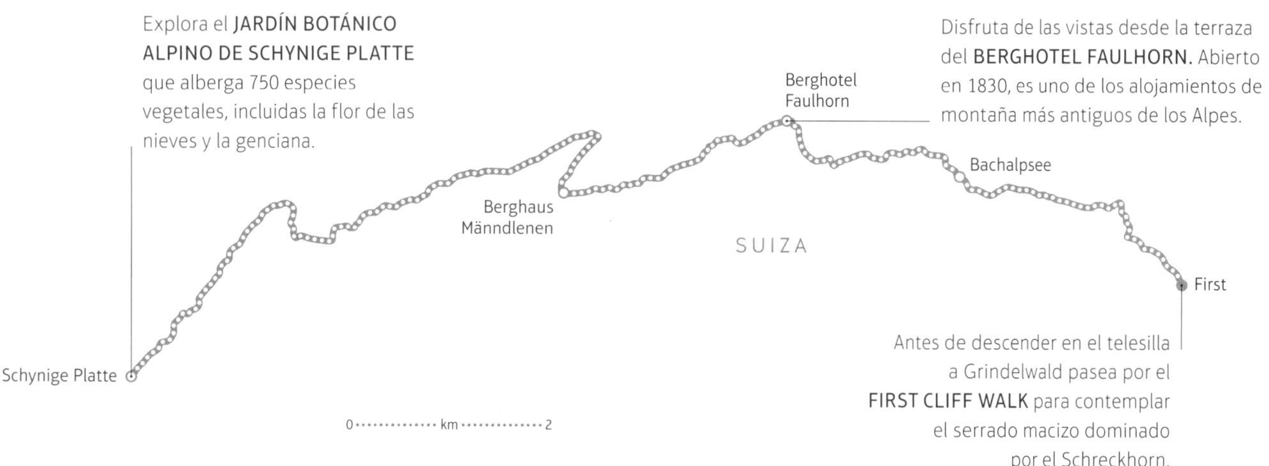

Explora el **JARDÍN BOTÁNICO ALPINO DE SCHYNIGE PLATTE** que alberga 750 especies vegetales, incluidas la flor de las nieves y la genciana.
Disfruta de las vistas desde la terraza del **BERGHOTEL FAULHORN.** Abierto en 1830, es uno de los alojamientos de montaña más antiguos de los Alpes.
Berghotel Faulhorn
Bachalpsee
Berghaus Männdlenen
SUIZA
First
Schynige Platte
Antes de descender en el telesilla a Grindelwald pasea por el **FIRST CLIFF WALK** para contemplar el serrado macizo dominado por el Schreckhorn.
0 km 2

En **CHAMPEX** puedes tomar una ruta alternativa por el vertiginoso puerto de la Fenêtre d'Arpette, para disfrutar de increíbles vistas del Glacier du Trient.

0 km 5

Observa y escucha a las marmotas, los rebecos e incluso los íbices entre las rocas y las coníferas de la **RÉSERVE NATURELLE NATIONALE DES AIGUILLES ROUGES.**

Admira las vistas más íntegras (si las nubes lo permiten) del Mont Blanc desde la terraza de **LE BRÉVENT.**

Col de Portalo

Champex

Aiguillette des Posettes

Fenêtre d'Arpette

Col du Lac Blanc

Réserve Naturelle Nationale des Aiguilles Rouges

Praz-de-Fort

SUIZA

Le Brévent

La Fouly

FRANCIA

Grand Col Ferret

Les Houches

Col de Voza

Les Contamines-Montjoie

ITALIA

Courmayeur

Val Veny

Col de la Seigne

Col de la Croix du Bonhomme

Compra pan y queso alpino en la atractiva estación de esquí de **COURMAYEUR,** la última escala urbana del itinerario contrario a las agujas del reloj.

Disfruta de las vistas panorámicas del macizo desde el sendero sobre el **VAL VENY** italiano, en la frontera francesa, entre el Col de la Seigne y el Col Chécroui.

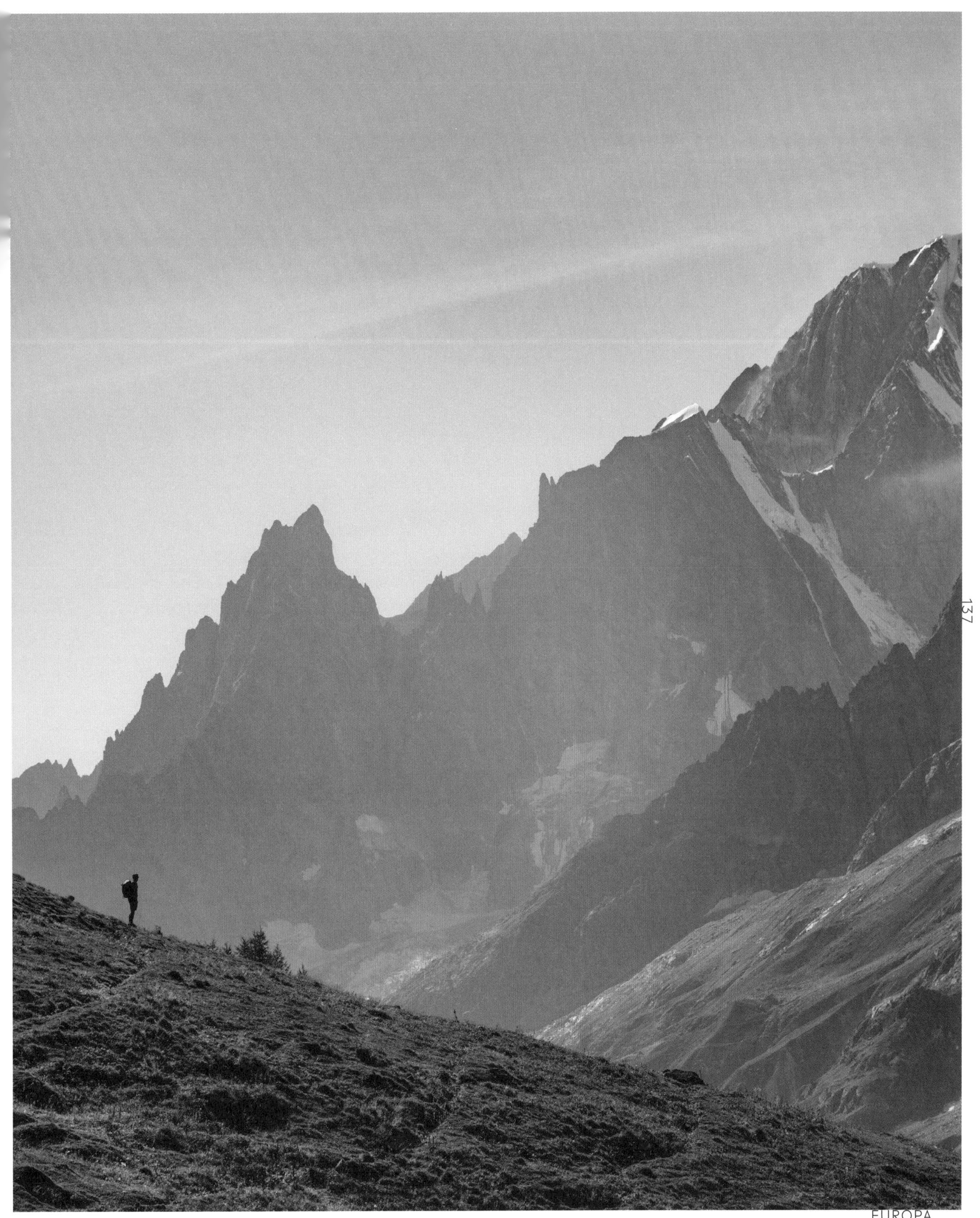

68

Vallée de la Loire

DE BLOIS A CHINON, FRANCIA

Este tramo del Grande Randonnée 3 recorre la Francia clásica y descubre un mundo de exuberantes viñedos, imponentes châteaux *y ciudades históricas, todo unido por el sinuoso río Loira.*

145 KM
1693 M
8 DÍAS (IDA)

La ruta, que cubre 145 km del Sentier de Grande Randonnée 3 (GR 3), no es más que una parte del todo. Grandes *châteaux* relucen al sol, con sus cuidados jardines como un tapiz en el que todo está justo en su sitio. Los viñedos se extienden cubriendo ondulantes laderas salpicadas de ciudades históricas demasiado bonitas para ser reales.

PERFIL DE RUTA

500 m
0
0
145 km

No es de extrañar que el apodo de Valle de los Reyes haya acompañado a la sección central del Loira a través de los siglos. Pocos lugares tienen un aire tan regio como este rincón de Francia. No hay subidas vertiginosas ni esfuerzos extenuantes: es una ruta de placeres sensoriales cuyos suaves contornos llevan al caminante por el transcurso del tiempo. Ningún sentido queda al margen de la experiencia: es posible meterse en un viñedo y degustar la nítida riqueza de un *vouvray* o escuchar el coro de aves del bosque cercano. Es un mundo en el que la naturaleza y las personas son como deben ser y la perfección resultante es una recompensa más que suficiente para cada jornada de camino. ▶

Visita el impresionante castillo y el centro histórico de **CHINON** antes de ir a uno de los viñedos cercanos a probar un *vouvray* seco.

Chinon

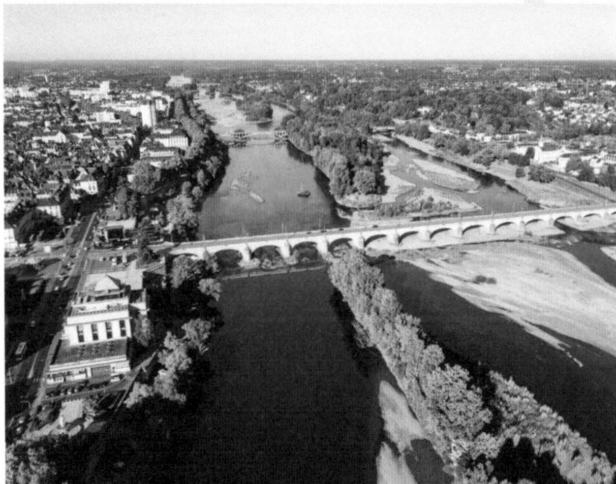

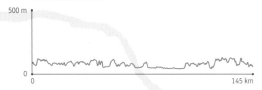

La ciudad de Tours, situada a orillas del río Loira

CURIOSIDADES

El Valle de los Reyes

Los llamativos *châteaux* del valle del Loira han tenido mucha culpa de que se haya ganado el apodo de Valle de los Reyes. De hecho, esta región tuvo el favor regio durante siglos: el Château Royal de Blois fue residencia oficial nada menos que de siete reyes y diez reinas de Francia.

Detente en la encantadora ciudad histórica de **BLOIS** para admirar su *château* renacentista, que incorpora cuatro estilos arquitectónicos y alberga dos museos.

Explora la gran finca del **CHÂTEAU DE VILLANDRY,** el sueño de cualquier horticultor por su geométrico jardín del siglo XVI perfectamente restaurado, que mezcla los estilos francés e italiano.

Visita **TOURS,** considerada la puerta de entrada al Loira, que seduce por sus casas con entramado de madera, sus calles adoquinadas y su llamativa arquitectura.

Blois

Loira

Chouzy-sur-Cisse

Onzain

Domaine de Chaumont-sur-Loire

Limeray

Amboise

Tours

Montlouis-sur-Loire

Loira

Château de Villandry

FRANCIA

Château d'Azay-le-Rideau

Visita el **DOMAINE DE CHAUMONT-SUR-LOIRE** por el majestuoso *château* de cuento de hadas, por el jardín de 32 hectáreas y por las vistas del Loira.

Admira el **CHÂTEAU D'AZAY-LE-RIDEAU,** uno de los mejores ejemplos de arquitectura renacentista francesa y una de las estrellas del Loira. Su evolución entre los siglos XVI y XIX dio como resultado una gran fortaleza.

0 km 10

Uvas madurando en un viñedo cercano al Château de Chinon

La ruta empieza en Blois, que por sí sola tiene suficientes lugares de interés como para entretener a cualquiera. Situada en un afloramiento rocoso que domina el valle, es una de las mayores ciudades del Loira y la capital del departamento de Loir-et-Cher. El punto de partida es el puente de Jacques-Gabriel, cuyos elegantes arcos se elevan sobre las tranquilas aguas que guiarán los pasos del caminante los próximos ocho días. El puente da paso al centro medieval y a otros lugares relevantes de Blois –el Château Royal y la iglesia de Saint-Nicholas–, por lo que hay que mentalizarse de que el inicio de la ruta será lento.

A medida que las empedradas calles de Blois se esfuman en la distancia son reemplazadas por pistas de grava y después por senderos de tierra que llevan al pueblo de Chouzy-sur-Cisse, con su abadía del siglo VIII, y luego a Onzain. Tras la relajante primera etapa de la ruta, el perfil más pronunciado de la segunda, rumbo a Limeray, puede parecer chocante. Pero todo es relativo: un corto tramo cuesta arriba, una pequeña bajada. No hay nada demasiado drástico en la ruta del Loira.

Como muchos otros senderos ribereños, el GR 3 sigue el Loira libremente, alejándose y acercándose al río y ofreciendo amplias vistas de su curso mientras discurre –casi imperceptiblemente– por el valle, con la luz centelleando en su superficie. Cuando el camino se aproxima al río, los tradicionales barcos de fondo plano recuerdan los tiempos en que el río era la principal ruta comercial de la región.

En los abundantes viñedos, las hojas de las vides susurran con la brisa y las uvas maduras esperan la cosecha.

CON GANAS DE MÁS

Grande Randonnée 3

Quien tenga mucho más tiempo puede abordar los 1248 kilómetros del GR 3, el sendero de larga distancia que une Mont Gerbier-de-Jonc y La Baule. Es posible completarlo en unos dos meses y dispone de múltiples variantes para conocer diferentes aspectos del valle, como las cuevas trogloditas o la flora y la fauna.

En los abundantes viñedos, las hojas de las vides susurran con la brisa y las uvas maduras esperan la cosecha. La etapa de Limeray a Amboise está a la altura de la reputación vinícola de la zona: apenas se sale de los límites de un viñedo se entra en otro. Es mejor resistir la tentación de detenerse en todos, a no ser que el plan sea tomarse las cosas con mucha calma.

A partir de aquí, el recorrido mejora. Tours –un laberinto de casas con entramado de madera y callejuelas adoquinadas– propone un viaje por la historia de Francia. Su bien conservado centro medieval es un placer para la vista. A pesar de su relevancia histórica, no es un lugar anclado en el pasado: su patrimonio cultural se mezcla sin esfuerzo con el garbo cosmopolita de la Francia moderna.

La ruta no se separa del río hasta Villandry, con su magnífico *château* y sus jardines. Para no verse superado por su vecino, el *château* de Azay-le-Rideau es igual de impresionante: se construyó en una isla y parece emerger directamente del agua.

Al terminar la ruta en Chinon, cuna del gran escritor Rabelais, el carácter del Loira y las gentes y lugares que han prosperado en torno al río a lo largo de los siglos ya se consideran viejos amigos.

Vista de la histórica Blois, una de las mayores ciudades del Loira

69

GR 20

DE CALENZANA A CONCA, CÓRCEGA, FRANCIA

La ruta GR 20, una de las más exigentes de Europa, recorre cumbres abruptas, circos cubiertos de nieve y antiguos valles fluviales en la isla más montañosa del Mediterráneo.

176 KM
11 297 M
15 DÍAS (IDA)

La isla mediterránea de Córcega forma parte de Francia, pero es un mundo aparte. Las montañas cubren dos tercios de su territorio y en muchos de los antiguos pueblos de piedra aún puede oírse la meliflua cadencia del corso, una lengua que suena más italiana que francesa.

Esta isla única alberga una de las rutas de varios días más exigentes de Europa. Discurre por el Sentier de Grande Randonnée 20 y atraviesa Córcega por su espina dorsal, una sucesión de agotadoras subidas y bajadas. Es dura: menos de la mitad de quienes la emprenden logran acabarla. Una sólida preparación, tanto física como mental, es la clave del éxito en esta montaña rusa de 19 000 m de desnivel acumulado.

A pesar del difícil terreno, las recompensas son inmensas. El viajero contempla una extraordinaria variedad de paisajes mientras asciende por crestas rocosas, desciende por valles profundos y atraviesa bosques de pinos, páramos cenagosos y lagos neblinosos. El tiempo es igual de variado: en un mismo día de verano puede hacer un calor asfixiante, caer una densa niebla, llover e incluso granizar. Esto se debe a los inusuales microclimas corsos.

Lo más habitual es empezar la ruta en Calenzana y caminar rumbo al sur. De esta manera se cubren los tramos más duros al principio y se disfruta de un final más suave en los montes bajos que rodean Conca. Los primeros días se cruzan ríos turbulentos por puentes colgantes, se pasa bajo caudalosas cascadas y se ascienden alturas vertiginosas, entre dentados picos y escarpados valles que se extienden

PERFIL DE RUTA

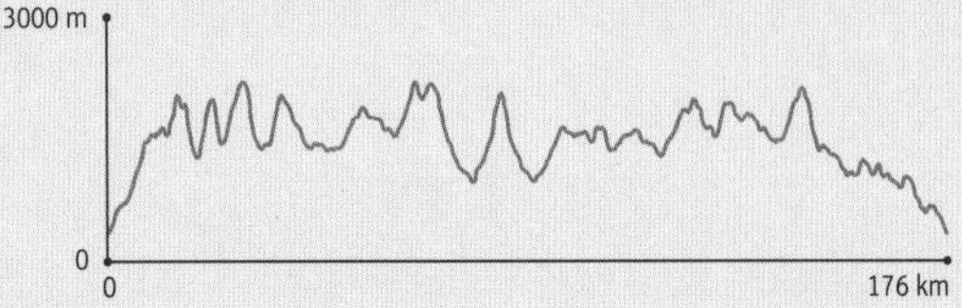

Senderistas en el GR 20, frente a las formaciones de granito de las Aiguilles de Bavella

UNA RUTA MÁS CORTA

Final en Vizzavona

Si solo se dispone de una semana se puede terminar la ruta en la pequeña localidad de Vizzavona, que marca el punto intermedio del GR 20. Desde aquí se puede ir en tren o autobús a Ajaccio o Bastia.

Recorre el emblemático **PUENTE COLGANTE DEL SPASIMATA**, que cruza el río homónimo.

El camino principal bordea el **MONTE CINTO**, pero puedes tomar un desvío que asciende al pico más alto de Córcega para disfrutar de unas vistas increíbles.

Observa el cristalino **LAC DE NINO**, ubicado en la meseta de Camputile, que está bordeado por prados donde a veces pastan caballos salvajes.

De camino a la aldea montañesa de Bavella pasarás junto a las **AIGUILLES DE BAVELLA**, unas altas agujas de roca roja.

en todas direcciones. Los posteriores descensos no son menos espectaculares y pasan por áreas de densa *macchia* (monte bajo mediterráneo) y cristalinos lagos glaciares en cuyas praderas pastan caballos salvajes. Las ovejas y las cabras –y los refugios de pastores– también forman parte del paisaje, así como las águilas reales y otras rapaces que sobrevuelan el camino.

En el descenso final a Conca ya no quedan dudas sobre cómo el GR 20 adquirió el nombre corso de Fra li Monti (Entre los Montes). Conca está cerca de las magníficas playas del sureste de la isla, un merecido premio por haber culminado con éxito una de las rutas más duras de Europa.

Para advertir la espectacularidad de la garganta del Cares párate en el **PUENTE DE LOS REBECOS.**

Visita la **ERMITA DE CORONA,** donde se dice que don Pelayo fue coronado como primer rey de Asturias en el año 718.

Disfruta de las espectaculares vistas de los altos Picos de Europa y del valle de Valdeón desde el **MIRADOR DEL TOMBO.**

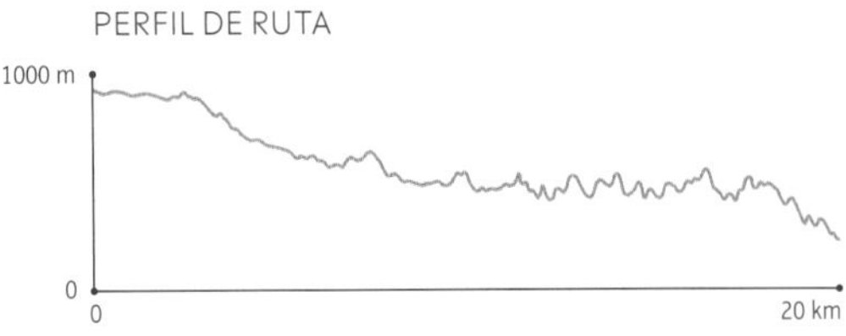

70

Ruta del Cares

DE POSADA DE VALDEÓN A PONCEBOS, ESPAÑA

Adentrándose entre vertiginosas paredes de roca en busca del río Cares, este estimulante y popular paseo recorre el espectacular desfiladero conocido como la Garganta Divina.

20 KM | 1115 M | 1 DÍA (IDA)

Para las personas que sufren vértigo, hay que advertir que, aunque el sendero que recorre la garganta del Cares no es especialmente exigente, la caída desde el borde al río, que fluye entre rocas muchos metros más abajo, pone los pelos de punta. El corolario, sin embargo, es que los circundantes Picos de Europa, que alcanzan los 2600 m de altura, son espectaculares.

La ruta del Cares, o PR-PNPE 3, como es más prosaicamente conocida, es una bella miniatura del resplandeciente macizo calcáreo. Rumbo al norte desde el atractivo pueblo de Posada de Valdeón, en cuyas calles aún quedan hórreos tradicionales, la ruta atraviesa primero un valle tranquilo y verde, custodiado por afilados picos. El espectáculo se intensifica en Caín, donde el sendero se adentra en la estrecha garganta del Cares. Desde aquí la ruta sigue un camino excavado en la pared de roca y se inicia un tramo que es unas veces claustrofóbico y otras vertiginoso.

71

Sámara

PARQUE NACIONAL DEL TEIDE, TENERIFE, ESPAÑA

Bosques de pinos enanos emergen de la negra tierra volcánica en esta ruta circular que ofrece vistas espectaculares del monte Teide.

5 KM
241 M
MEDIO DÍA (CIRCULAR)

Tenerife es sinónimo de sol, una tierra primaveral donde los lagartos de color azul eléctrico corretean por el suelo volcánico y el aroma del cedro canario flota en el aire. Pero un ambiente como de otro mundo envuelve el nublado pico del Teide, el monte más alto de España, que se alza en el centro de la isla. Lunar es el adjetivo que suele usarse para describir el pico y su paisaje circundante, y sin duda encaja con los campos de lava salpicados de cráteres y las formaciones rocosas.

Esta fácil ruta circular empieza y termina en el Mirador de Sámara y lleva al visitante a otro mundo. Grupos de pinos enanos brotan valientemente de la estéril tierra negra; sus acículas verdes crean un llamativo contraste con la cumbre de color óxido del Teide, que se eleva en la distancia. Es un paisaje surrealista y bello que no es de otro planeta, sino más bien de otra galaxia.

Paisaje sobrenatural del Parque Nacional del Teide, en Tenerife

PERFIL DE RUTA

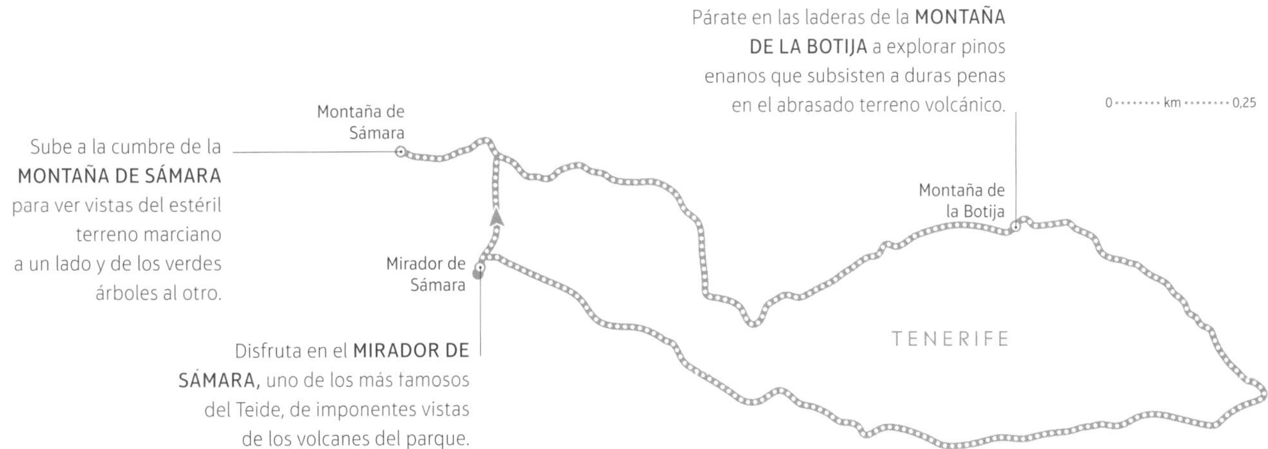

Sube a la cumbre de la **MONTAÑA DE SÁMARA** para ver vistas del estéril terreno marciano a un lado y de los verdes árboles al otro.

Disfruta en el **MIRADOR DE SÁMARA,** uno de los más famosos del Teide, de imponentes vistas de los volcanes del parque.

Párate en las laderas de la **MONTAÑA DE LA BOTIJA** a explorar pinos enanos que subsisten a duras penas en el abrasado terreno volcánico.

Disfruta de la catedral de **SANTIAGO DE COMPOSTELA,** un magnífico edificio que compensa las duras semanas de camino.

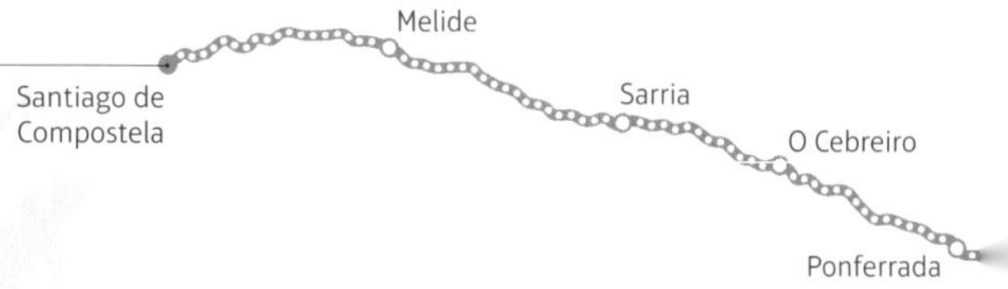

Santiago de Compostela
Melide
Sarria
O Cebreiro
Ponferrada

72

Camino de Santiago

DE SAINT JEAN PIED DE PORT, FRANCIA, A SANTIAGO DE COMPOSTELA, ESPAÑA

Esta es una de las rutas de larga distancia más emblemáticas del mundo, una épica peregrinación de tradición centenaria a la capital de Galicia.

772 KM
12 782 M
4-5 SEMANAS (IDA)

Los peregrinos llevan haciendo el Camino de Santiago unos 900 años. Caminan por las tierras de España para presentar sus respetos en la catedral de Santiago de Compostela, donde se cree que descansan los restos del apóstol Santiago. Vienen de todas partes. El Camino es, en realidad, un conjunto de rutas trazadas a través de los siglos que llevan al norte desde Andalucía, al oeste desde el País Vasco francés o por la costa de Portugal.

PERFIL DE RUTA

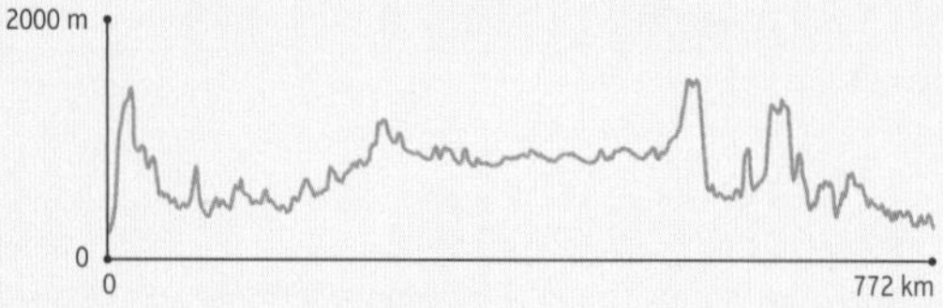

2000 m
0
0
772 km

Sea cual sea la ruta elegida, la meta es siempre la misma: la magnífica catedral de Santiago de Compostela, del siglo XIII,

Poste indicador en un tramo del Camino de Santiago

0 ·········· km ·········· 60

Recorre uno de los tramos
más duros de la ruta:
la sección de 220 km
que atraviesa las llanuras
de la **MESETA** Central.

Celebra la llegada a
LOGROÑO, capital de
La Rioja, con un vaso
de vino de la región.

Saint Jean
Pied de Port

Roncesvalles

Pamplona

Alto del Perdón

Estella

Santo Domingo
de la Calzada

Logroño

León

Sahagún

Burgos

Astorga

ESPAÑA

Observa, en la cumbre del
ALTO DEL PERDÓN, una
escultura de metal que
representa a varios
peregrinos a pie y a caballo.

Visita **LEÓN,** es famosa por sus tapas,
que se sirven gratis con una cerveza
o un vino. Los mejores bares están
en el barrio Húmedo, en el casco
antiguo de la ciudad.

punto final oficial del Camino (aunque algunas almas incansables con piernas aún más infatigables siguen hasta Finisterre, en la costa, donde termina España y no se puede ir más lejos).
La ruta más larga, y podría decirse que la más pintoresca, es el Camino del Norte, que serpentea 827 km por la bahía de Vizcaya desde San Sebastián hasta Oviedo y luego hasta Santiago. La ruta más corta es el Camino Inglés, que empieza en La Coruña, a 110 km del final. Quien vaya en busca de desafíos debe optar por el Camino Primitivo, la ruta original y la más dura de todas, ya que atraviesa las montañas de Asturias.

Sin embargo, la ruta más popular, y la más histórica, es el Camino Francés. Está documentada desde 1135 en el *Códice Calixtino* (la primera guía de la ruta jacobea) y se convirtió en el recorrido de peregrinación más importante de la cristiandad en la Europa medieval. ▸

CURIOSIDADES

Santiago el Mayor

Santiago, santo patrón de España, fue uno de los doce Apóstoles elegidos por Jesucristo para predicar la palabra de Dios. Fue el primero que sufrió martirio y murió decapitado en el año 44 por orden de Herodes Agripa, rey de Judea. Se cree que su cuerpo fue trasladado de Jerusalén a Santiago de Compostela.

Consejo

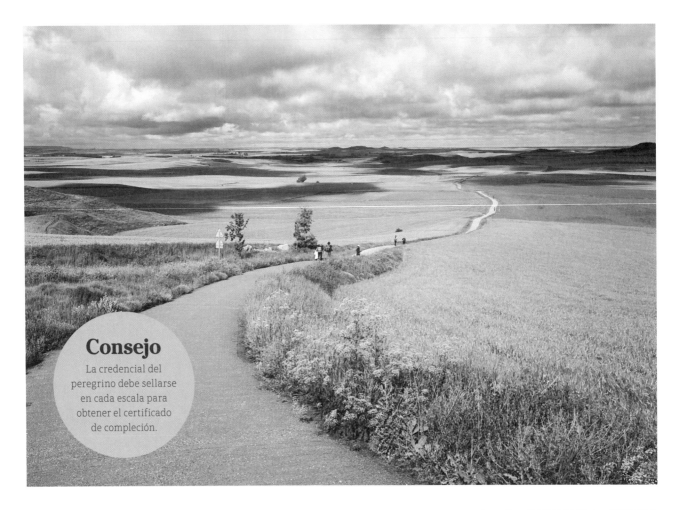

La credencial del peregrino debe sellarse en cada escala para obtener el certificado de compleción.

Arriba Tramo del Camino Francés bordeado de amapolas en Castilla y León

Abajo izquierda Una parada para tomar un trago en la fuente de vino de las Bodegas Irache

Abajo derecha Uno de los postes indicadores del Camino, con el símbolo de la concha de vieira

Hoy, unas 250 000 personas hacen la ruta cada año, tantas como en su apogeo, entre los siglos XII y XII. Tiene 33 etapas en total y recorre 772 km por el norte de la península Ibérica desde la bella ciudad de Saint Jean Pied de Port, en Francia, hasta el extremo noroeste de España. La compañía constante del peregrino durante todo el viaje es una concha de vieira, una imagen inusual pero ubicua en todas las rutas jacobeas y el símbolo histórico del Camino. Varias leyendas asocian a Santiago con la vieira; las más extendidas girar en torno a milagrosas salvaciones de caballeros que salen del mar cubiertos de conchas. En el pasado se le entregaba una vieira a cada peregrino a su llegada a Santiago como prueba de su logro. Hoy se utilizan para orientar a los caminantes y están impresas en los postes indicadores oficiales, incrustadas en el pavimento, cinceladas en los muros y talladas en los laterales de las iglesias.

Muchos peregrinos llevan una o dos conchas de vieira atadas a sus mochilas o ensartadas en un collar como señal de que están haciendo la ruta entera. La concha también resulta práctica como recipiente para beber; según manda una tradición reciente, debe usarse en la fuente de vino de las Bodegas Irache, cerca de la ciudad de Estella, en la que los peregrinos pueden tomar un trago de vino tinto gratis desde 1991.

Es más que probable que se necesite una bebida estimulante a esas alturas. El Camino Francés no empieza suavemente: la primera etapa es, probablemente, la más dura de toda la ruta, una agotadora ascensión desde Saint Jean de unos 1250 m de altura por los Pirineos hasta la localidad española de Roncesvalles.

La buena noticia es que luego todo el camino es cuesta abajo hasta la ciudad de Pamplona, desde donde la ruta se despliega por España. El promedio diario es de unos 24 km. Se pasa por ciudades medievales amuralladas y pueblos de montaña, campos de trigo y olivares. Se visitan joyas arquitectónicas como las pallozas (casas redondas con tejados de paja) de O Cebreiro y las catedrales de Burgos y León. Con el tiempo, los picos de los Pirineos dan paso a las vastas y quemadas llanuras de la Meseta Central y después a las lluviosas tierras interiores de Galicia, señal de que se llega a Santiago. Tanto si el motivo para emprender el Camino es espiritual como de otra índole, la visión de la catedral alegra el alma.

OTRA RUTA

Camiño dos Faros

Una alternativa interesante a las rutas de peregrinos es el Camiño dos Faros, una pintoresca ruta costera de 200 km por los acantilados barridos por el viento y las playas atlánticas de la Costa da Morte, desde Malpica hasta Finisterre.

73

Levada das 25 Fontes

RABAÇAL, MADEIRA, PORTUGAL

Levada das 25 Fontes recorre acequias centenarias por bosques de laurisilva hasta una apacible laguna en el oeste de Madeira. Los valles, las flores silvestres y las cascadas forman parte de su encanto.

5 KM

295 M

MEDIO DÍA (IDA Y VUELTA)

Definida a menudo como «la tierra de la eterna primavera», la isla volcánica de Madeira tiene un clima subtropical casi perfecto, con sol todo el año y verdes bosques que cubren su interior montañoso. Esta isla portuguesa es también la tierra de las *levadas*, un complejo sistema de riego que canaliza el agua desde las laderas superiores de las montañas hasta las secas tierras bajas.

Caminar junto a las *levadas*, en especial la impresionante Levada das 25 Fontes, es una de las mejores formas de apreciar la belleza de la isla. Esta ruta sigue una acequia del siglo XIX cubierta de musgo, pasa por macizos de brezo que forman túneles y densos bosques, bordea cornisas rodeadas de flores y baja por laderas cubiertas de helechos. Termina en una pequeña laguna de color esmeralda alimentada por tenues cascadas, las 25 fuentes que le dan nombre.

CON GANAS DE MÁS

Levada do Risco

Transcurridos 400 m de ruta, un camino lateral (denominado PR6.1, Risco) de 1,6 km conduce a la alta cascada del Risco, rodeada por un bosque. Un mirador proporciona una vista perfecta de la cascada, que tiene 100 m de caída por un escarpado acantilado.

PERFIL DE RUTA

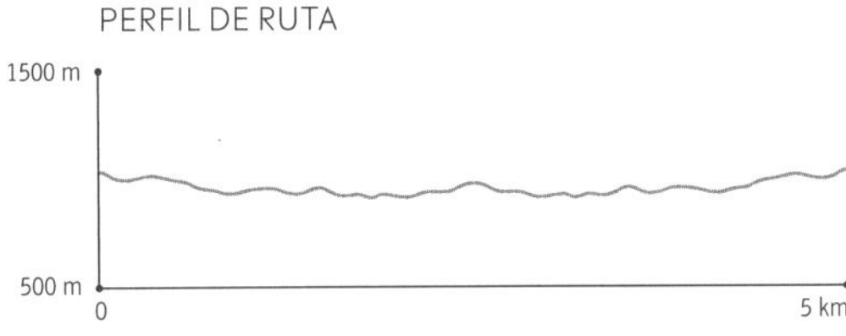

En **LAGOA DAS 25 FONTES** puedes hacer un pícnic e incluso darte un chapuzón en sus gélidas aguas.

Hacia el kilómetro 1,6 del camino podrás disfrutar de unas bonitas vistas del **VALLE DE LA RIBEIRA DA JANELA,** dominado por un antiguo bosque de laurisilva.

Mirador

Lagoa das 25 Fontes

MADEIRA

Rabaçal

0 km 0,25

Cerca del punto de partida puedes ver el **TÚNEL DO RABAÇAL,** de 800 m, usado para transportar agua a través de la montaña.

Praia do Vale de Centeanes

PORTUGAL

Haz un pícnic en la **PRAIA DO CARVALHO,** respaldada por altos acantilados y accesible por un túnel.

Praia da Marinha

Farol de Alfanzina

Praia do Carvalho

Praia de Benagil

Desde el emblemático **FAROL DE ALFANZINA,** con su cúpula roja, construido en 1920, puedes hacer fotos de la accidentada costa.

0 ········· km ········· 0,5

Al final de la ruta te espera un refrescante baño en la **PRAIA DA MARINHA,** considerada una de las más bellas de Portugal.

74

Percurso dos Sete Vales Suspensos

DE LA PRAIA DO VALE DE CENTEANES A LA PRAIA DA MARINHA, PORTUGAL

Esta ruta discurre sobre los acantilados de la soleada región portuguesa del Algarve, con sus calas rocosas, sus playas de arena y sus increíbles vistas del Atlántico.

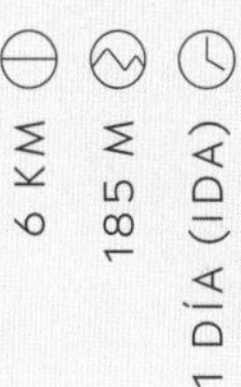

Gran parte de la belleza de este camino costero reside en su maravillosa sencillez. La ruta está bien marcada y nunca llega a resultar especialmente ardua, de modo que es posible relajarse y disfrutar del aire salobre y del cielo soleado (con unos 300 días soleados al año, el tiempo en el Algarve rara vez decepciona).

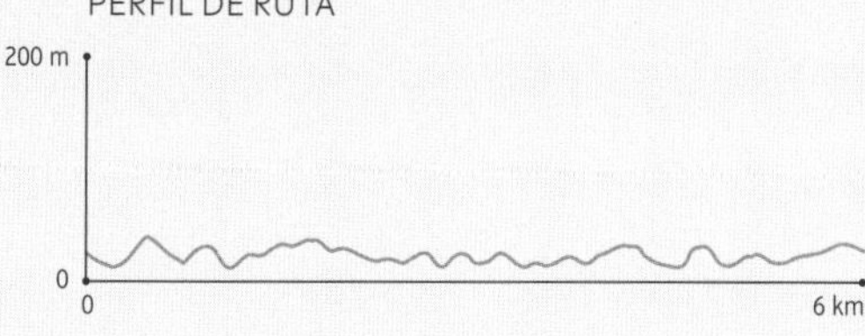

Pero el verdadero atractivo de la ruta son las espectaculares vistas del mar. Desde el punto de partida, en el paseo entablado de la Praia do Vale de Centeanes, el panorama va mejorando progresivamente a medida que se camina. El recorrido ofrece multitud de oportunidades de fotografiar formaciones calcáreas cinceladas por el océano, orillas acariciadas por las olas y un solitario faro destellando en la distancia. Hay que prestar atención a los senderos que bajan a las tentadoras playas de arena dorada. El traje de baño es imprescindible para esta ruta.

OTRA RUTA

Raquetas

La Oficina de Turismo de Estonia organiza visitas guiadas cuyos participantes no usan las pasarelas de la ruta, sino que recorren Viru con raquetas para terrenos pantanosos. Estas funcionan igual que las raquetas de nieve y permiten caminar sobre la mullida vegetación sin hundirse.

Puedes tomar un desvío a un viejo **CAMPO DE EXTRACCIÓN DE TURBA.** La producción se detuvo en 1985, pero la turba aún no se ha recuperado.

En el punto de partida estudia el **PANEL INFORMATIVO** que detalla la inusual flora del pantano.

Campo de extracción de turba

ESTONIA

Aparcamiento

Torre de observación

Recorrido un cuarto del camino puedes subir a una **TORRE DE OBSERVACIÓN** para contemplar la ciénaga a vista de pájaro.

0 km 0,5

75

Viru purva taka

LAHEMAA RAHVUSPARK, ESTONIA

Viru purva taka recorre el paisaje pantanoso del mayor parque nacional de Estonia por una cómoda pasarela de madera.

Las ciénagas suelen tener mala fama. En el cine se las retrata como lugares lodosos y malolientes, cuando en realidad no huelen a nada. De hecho, estos vilipendiados humedales están entre los hábitats más limpios del planeta. Esto lo descubren quienes realizan esta fascinante caminata por el pantano de Viru, en el Parque Nacional de Lahemaa, en Estonia. El camino discurre por una pasarela de madera elevada sobre un mar de frondosa vegetación, charcas y juncales. Las ocasionales plataformas de observación permiten ver de cerca la musgosa alfombra que cubre Viru: en algunas partes tiene 6 m de profundidad y sigue espesándose a medida que la vegetación de la superficie crece y la base turbosa se descompone. La niebla suele envolver el paisaje y crea un ambiente inquietante que da visos de realidad a la historia de Soovana, el mitológico espíritu guardián de los pantanos, cuyos ojos brillantes pueden atraer a los vagabundos a las profundidades de la ciénaga.

PERFIL DE RUTA

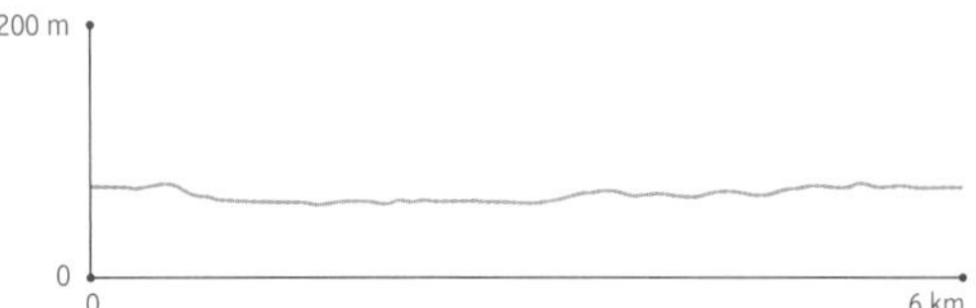

6 KM

37 M

MEDIO DÍA (CIRCULAR)

76

Szlak Architektury Drewnianej

DE LACHOWICE A GRYWAŁD, POLONIA

Esta tranquila sección de la Ruta de la Arquitectura de Madera pasa ante iglesias y viejas mansiones de madera en un viaje a través de la historia de la construcción tradicional en Polonia.

153 KM
4764 M
7 DÍAS (IDA)

La Ruta de la Arquitectura de Madera serpentea por Małopolska (Pequeña Polonia), un museo al aire libre lleno de pintorescas iglesias, casas de campo y mansiones, todas construidas con madera. La ruta completa tiene 1500 km, pero gran parte de su encanto puede apreciarse en este tramo, que va de Lachowice a Grywałd.

Las joyas arquitectónicas de la ruta brillan desde el principio con el esplendor barroco de la iglesia de Lachowice y su cúpula bulbosa, declarada Patrimonio Mundial. Cada pueblo de la ruta posee su propio edificio singular. En la iglesia de Santa Ana de Nowy Targ las bóvedas están llenas de rosetones, mientras que en Trybsz, al sureste, la iglesia del siglo XVI tiene un tejado apuntado que se asemeja a un sombrero de bruja.

Entre las iglesias de madera y las casas se bordea la ribera del cristalino lago Czorsztyńskie y se recorre el corazón del Parque Nacional de Pieniny. Pero mientras estos escenarios naturales guardan sus propios tesoros, es la promesa de más edificios inusuales lo que anima a seguir recorriendo el camino hasta Grywałd.

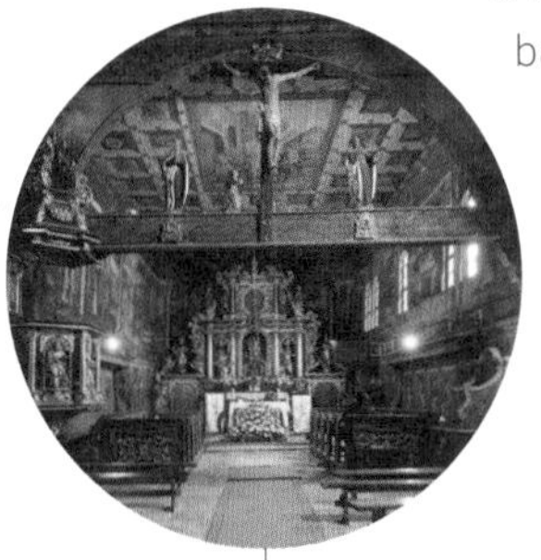

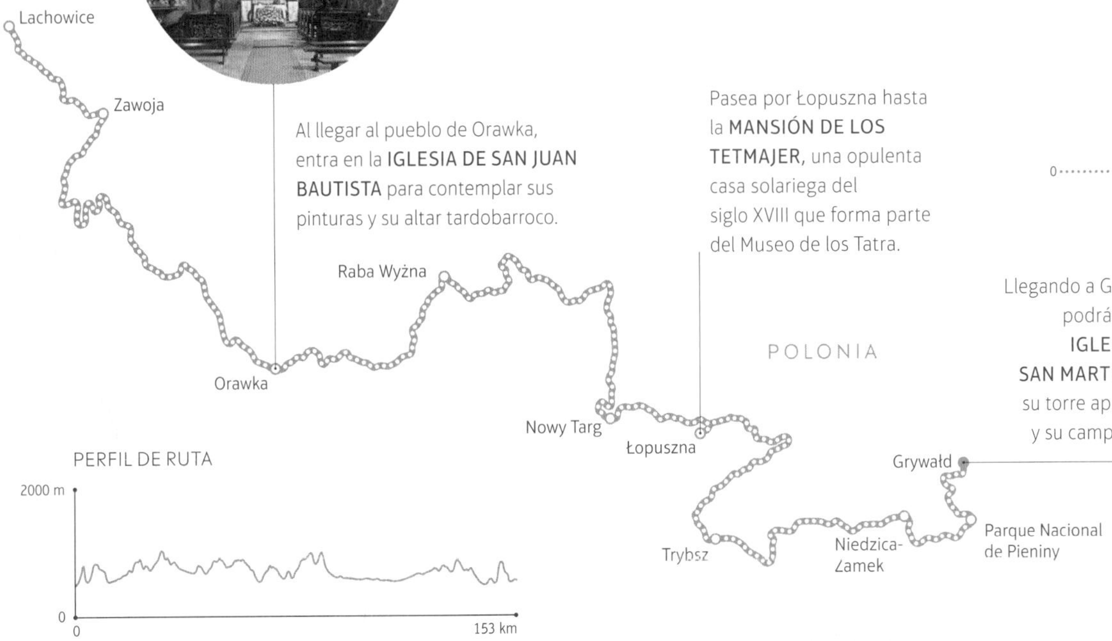

Al llegar al pueblo de Orawka, entra en la **IGLESIA DE SAN JUAN BAUTISTA** para contemplar sus pinturas y su altar tardobarroco.

Pasea por Łopuszna hasta la **MANSIÓN DE LOS TETMAJER**, una opulenta casa solariega del siglo XVIII que forma parte del Museo de los Tatra.

Llegando a Grywałd podrás ver la **IGLESIA DE SAN MARTÍN,** con su torre apuntada y su campanario.

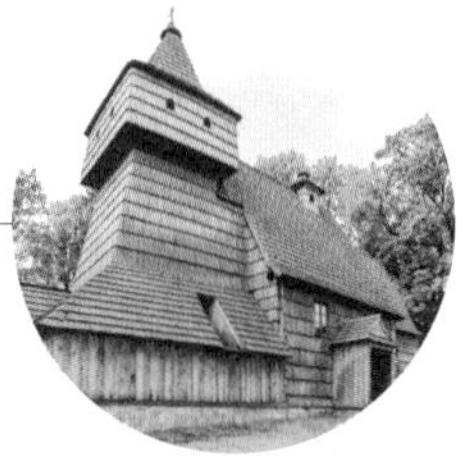

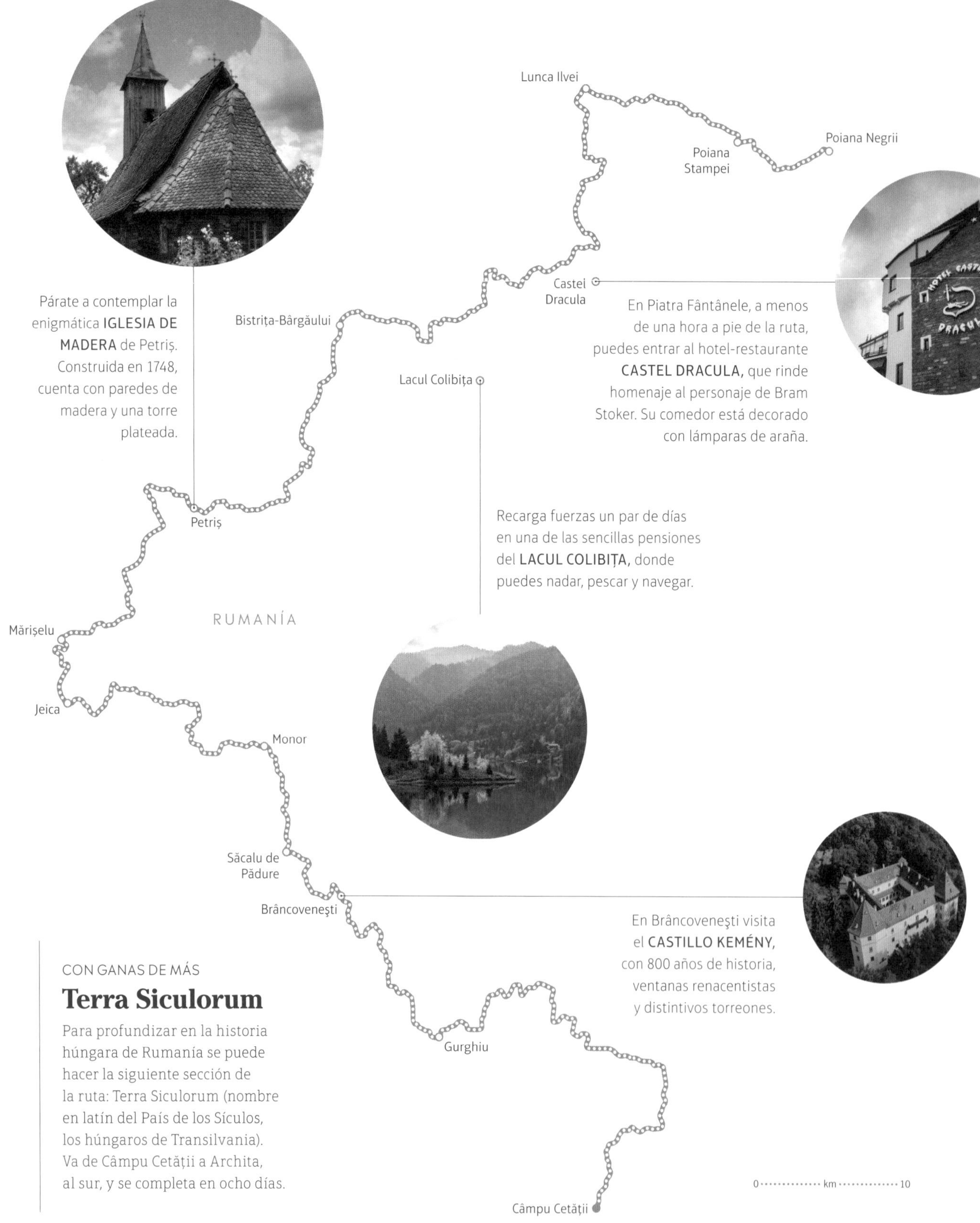

Párate a contemplar la enigmática **IGLESIA DE MADERA** de Petriș. Construida en 1748, cuenta con paredes de madera y una torre plateada.

En Piatra Fântânele, a menos de una hora a pie de la ruta, puedes entrar al hotel-restaurante **CASTEL DRACULA,** que rinde homenaje al personaje de Bram Stoker. Su comedor está decorado con lámparas de araña.

Recarga fuerzas un par de días en una de las sencillas pensiones del **LACUL COLIBIȚA,** donde puedes nadar, pescar y navegar.

En Brâncovenești visita el **CASTILLO KEMÉNY,** con 800 años de historia, ventanas renacentistas y distintivos torreones.

CON GANAS DE MÁS

Terra Siculorum

Para profundizar en la historia húngara de Rumanía se puede hacer la siguiente sección de la ruta: Terra Siculorum (nombre en latín del País de los Sículos, los húngaros de Transilvania). Va de Câmpu Cetății a Archita, al sur, y se completa en ocho días.

77

Via Transilvanica

Consejo
De mayo a octubre hace mejor tiempo; conviene evitar el invierno, ya que muchas pensiones cierran.

DE POIANA NEGRII A CÂMPU CETĂȚII, RUMANÍA

A medida que se recorre este tramo de la colosal Via Transilvanica se van revelando las múltiples facetas, el encanto, la belleza natural y el patrimonio cultural de las tierras altas rumanas.

219 KM
5617 M
10 DÍAS (IDA)

La Via Transilvanica, una ruta de 800 km –y va en aumento– por Transilvania, es el preludio de un idilio rural. Pasa por bosques centenarios, pueblos agrícolas y ganaderos atrapados en el tiempo y campos donde pastan ovejas. Los rollitos de repollo y el *pálinka* (licor de ciruelas) proporcionan el combustible y las granjas y casas rurales ofrecen alojamiento acogedor.

Esta imponente ruta consta de varias secciones. Entre ellas, la ruta por las tierras altas, de Poiana Negrii a Campu Cetății, es la que brinda los paisajes montañosos más espectaculares. Esto significa que hay que subir cuestas, pero los bucólicos paisajes exigen un ritmo pausado para no perderse nada. Las marcas naranjas y blancas guían al viajero por los bosques, pantanos y turberas, que gradualmente se convierten en extensas praderas con vistas de las montañas Călimani y Rodnei.

Para entonces el camino ya recorre la Rumanía rural, un paisaje de construcciones de madera rodeadas de campos verdes. Los senderistas se topan con nerviosos perros pastores y letreros que anuncian los productos locales: el *caș* (un quebradizo queso de leche de vaca) y el *urdă* (queso suave de suero de leche) son deliciosos tentempiés.

Más adelante, los prados dan paso a bosques centenarios habitados por osos pardos y jabalíes, que le dan al camino un aire de cuento de hadas. A ello contribuyen las tradicionales casas de estilo sajón de Jeica –habitada por la comunidad de habla alemana de Transilvania desde la Edad Media (solo hay que ver las inscripciones sobre las puertas)– y los castillos de estilo húngaro de Brancoveneşti y Gurghiu. Es duro volver a la realidad cuando se llega al final de la ruta, en Campu Cetății, pero hay más Via Transilvanica que explorar si se quiere continuar.

Casas de labor y almiares en los alrededores de Piatra Fântânele

PERFIL DE RUTA

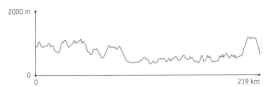

2000 m
0
0
219 km

0 km 1

Si puedes, programa la ascensión a **PLANINICA** para llegar a la cumbre a última hora de la tarde, cuando la luz es más suave.

Jelovačka Pećina

Zminje Jezero

Aparcamiento

GornjaAlišnica

Donja Ališnica

MONTENEGRO

Crno Jezero

Planinica

Contempla, desde el alto prado alpino de **GORNJA ALIŠNICA**, el cercano Bubatov Kok, el pico más alto de Durmitor.

Inicia la caminata en el oscuro lago glaciar conocido como **CRNO JEZERO** (lago Negro), a 10 minutos de la entrada al parque.

Veliko Jezero

Malo Jezero

78

Planinica

NACIONALNI PARK DURMITOR, MONTENEGRO

Esta ruta poco transitada asciende a un circo glaciar entre las montañas del mayor parque nacional de Montenegro.

Montañas y praderas, pinares y lagos glaciares: la ascensión al anfiteatro montañoso de Planinica, en el montenegrino Parque Nacional de Durmitor, tiene un poco de todo. El macizo de Durmitor –perteneciente a los Alpes Dináricos, que se extienden por los Balcanes occidentales desde Eslovenia– queda fuera del radar de la mayoría de los senderistas, a pesar de que el parque fue declarado Patrimonio Mundial por la Unesco en 1980. La ruta empieza en las afueras del pueblo de Žbaljak, atraviesa un denso bosque de pinos y pasa por oscuros lagos glaciares, conocidos localmente como «ojos de montaña». La hierba tapiza los valles de Donja Ališnica y Gornja Ališnica, a donde acuden en verano caballos y vacas en busca de pasto. Las vistas a lo largo de toda la ruta son magníficas, pero lo mejor llega al final: Planinica se alza sobre los bellos lagos Veliko y Malo, y desde su cumbre se divisan las asombrosas Šareni Pasovi (Capas Coloridas), una especie de tarta Comtessa de capas rocosas comprimidas que forman ondulaciones hasta la cima.

PERFIL DE RUTA

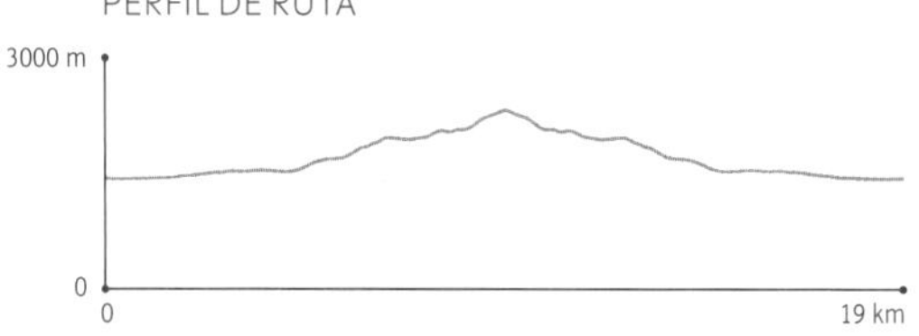

19 KM

990 M

1 DÍA (IDA Y VUELTA)

79

Samaria

DE XYLOSKALO A AGÍA ROUMÉLI, CRETA, GRECIA

El sendero discurre por la imponente garganta de Samaria, la joya de la corona de las montañas Blancas de Creta, un escenario natural extraordinario.

Puesto que Creta es una isla conocida por sus cielos despejados, su sol radiante y su calidez, es todo un alivio saber que la mayoría de este camino discurre por la sombra y que cuenta con numerosas fuentes naturales para llenar la botella. La ruta empieza con un largo y escarpado descenso a la garganta, pero el dolor de rodillas pronto se mitiga al suavizarse la pendiente. Entonces solo hay que disfrutar de la belleza del paisaje: altos acantilados a cada lado, asentamientos históricos como el pueblo abandonado de Samaria y, lo mejor de todo, una fabulosa vida silvestre.

En primavera hay un colorido surtido de flores, incluidas las deslumbrantes peonías y especies autóctonas como la orquídea de Creta. Durante todo el año es fácil ver ejemplares de cabra de Creta, o *kri-kri*, con sus cuernos curvados. La peripuesta abubilla, la majestuosa águila real y el quebrantahuesos sobrevuelan la ruta, cuyo telón de fondo siempre está compuesto de impresionantes peñascos.

OTRA RUTA

Garganta de Vikos

En la cordillera de Pindo, en el norte de Grecia, hay una garganta igual de imponente y atractiva: la de Vikos. Alberga caminos de diferentes grados de dificultad y ostenta el récord mundial Guinness del cañón más profundo en proporción a su anchura.

PERFIL DE RUTA

14 KM

121 M

1 DÍA (IDA)

Tómate un descanso bajo la sombra de los cipreses en la **IGLESIA DE AGIOS NIKOLAOS,** construida en el emplazamiento de un templo dedicado a Apolo.

Explora la parte más estrecha de la garganta, conocida como las **PUERTAS,** cuyas paredes solo tienen 4 m de separación, pero alcanzan una altura de 300 m.

Refrescantes tabernas y el mar azul aguardan en **AGÍA ROUMÉLI,** final de la ruta. Desde aquí puedes tomar un ferri a Hora Sfakion y luego regresar al alojamiento.

80

Karia Yolu

DE İÇMELER A HISARÖNÜ, TURQUÍA

Esta exigente ruta recorre la tierra de los antiguos carios a través de pinares y promontorios rocosos salpicados de ruinas históricas y almendrales con vistas al mar Egeo.

152 KM

6404 M

8 DÍAS (IDA)

El extremo suroeste de Anatolia no es conocido como destino senderista. Mientras los fanáticos del sol frecuentan las playas cercanas a Marmaris, al norte, la tosca y hasta hace poco aislada península de Bozburun atrae sobre todo a turistas turcos. Desde 2012 se han rehabilitado varios senderos olvidados, en su mayoría caminos usados por aldeanos y pastores durante siglos, pero últimamente abandonados y descuidados. Se han desbrozado y señalizado para formar parte del Camino Cario, que atraviesa el suroeste de Turquía, y ahora dan acceso a un área de gran belleza natural e interesante arqueología: la antigua región de Caria.

Esta porción de Anatolia ubicada entre los ríos Dalaman y Büyük ya se menciona en textos del segundo milenio a. C. como tierra de guerreros marinos. Según el poeta griego Homero, los carios lucharon al lado de Príamo en Troya. También se sabe que sirvieron como mercenarios en Egipto. Varios pueblos han dominado la región a través de los siglos, incluidos los hititas, Alejandro Magno y la cercana Rodas, así como los imperios persa, romano, bizantino, selyúcida y otomano. Cada uno de ellos dejó su legado en forma de templos, ciudadelas y tumbas, cuyos restos están desperdigados por la península de Bozburun. ▸

PERFIL DE RUTA

2000 m

0

0

152 km

Bordeando las aguas azules del mar Egeo en el Camino Cario

REPONER FUERZAS

Miel

Hay que probar los distintos sabores de la miel local, con los aromas de las flores del algarrobo, el pino y el tomillo, de las que sacan el néctar las abejas. En muchos puntos del camino se ven colmenas de color azul claro, ubicadas bajo árboles en flor o entre las hierbas. También hay puestos de venta de miel.

Descansa en las terrazas del anfiteatro de 1300 localidades en las ruinas de la antigua ciudad helenística de **AMOS.**

İçmeler

Hisarönü

Refréscate los pies en la cascada de **ŞELALE** antes de buscar la monumental tumba de 2000 años de antigüedad coronada por una pirámide.

Turunç

Orhaniye

Amos

Disfruta del pescado fresco en uno de los atractivos restaurantes de **SELIMIYE,** con vistas a las barcas fondeadas.

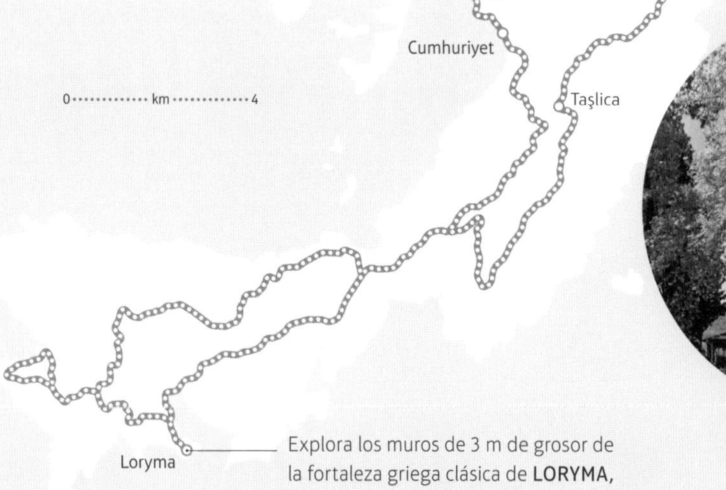

Turgut

TURQUÍA

Şelale

Bayır

Selimye

Bozburun

Tómate un *çay* (té dulce) a la sombra de un plátano en el pueblo de **BAYIR,** admirando las *balkabağı* (calabazas) talladas o pintadas que cuelgan de los tejados cercanos.

Thyssanos

Cumhuriyet

0 km 4

Taşlica

Loryma

Explora los muros de 3 m de grosor de la fortaleza griega clásica de **LORYMA,** hoy conocida como Bozukkale (castillo roto).

Centro turístico de İçmeler, donde empieza la ruta por la península de Bozburun

Esos son los atractivos históricos de la sección de Bozburun del Camino Cario, una exigente pero gratificante ruta de varios días que serpentea rumbo al sur desde İçmeler hasta el extremo de la península y luego gira casi 180 grados para terminar en la costa oeste, en Hisarönü. El camino, marcado con líneas rojas y blancas, depara un viaje en el tiempo en varios sentidos. No solo visita restos de asentamientos que tienen unos dos milenios, sino que también permite conocer un modo de vida que ha cambiado poco con el transcurso de los siglos. En el camino se ven rebaños de cabras en busca de alimento bajo los olivos, almendros brotando entre ruinas de asentamientos y ciudadelas abandonadas hace mucho tiempo, y aldeas atemporales cuyos habitantes ancianos conversan y juegan al dominó en las terrazas de los cafés mientras beben innumerables vasos de *çay* (té dulce).

El camino depara un viaje en el tiempo en varios sentidos.

De hecho, uno de los placeres de viajar por esta zona es probar los sabores tradicionales, desde las *çağla* (almendras crudas) que caen de los árboles hasta el pescado que se sirve en las tabernas de los puertos o los deliciosos meze, como las *gül dolması* (rosas rellenas de arroz y hierbas), los *mücver* (buñuelos de calabacín picantes), la *böreği* (empanada en forma de canuto) y los pimientos asados con ajo.

En lo que respecta a la propia caminata por este accidentado cabo que se adentra en el Egeo, la ruta tiene dos mitades. La mitad norte es más verde y a veces se camina a la sombra de los pinos, cipreses y algarrobos que se alzan entre los matorrales. Aquí el aire huele a romero, tomillo y pino, cuyas esencias se liberan al pisar las acículas con las botas. Las cigarras zumban y los grillos cantan, y las manchas púrpuras cerca de las orillas delatan la presencia de jaras y adelfas.

Al sur de Bayır, un pueblo situado en el centro de la península, el paisaje es rocoso, más expuesto y espectacular. Los foros y las fortificaciones ofrecen extensas vistas del mar, de un impresionante azul. En ocasiones el sendero baja a la orilla, donde apetece refrescarse; más a menudo, el camino asciende a elevadas crestas y mesetas.

En toda la segunda mitad se requiere tener resistencia y reservas de agua, ya que la sombra y las provisiones escasean en los tramos largos. Por este motivo no es aconsejable venir entre mediados de junio y principios de septiembre, cuando el calor puede ser intenso. Los días cortos y húmedos del invierno tampoco son ideales. Conviene programar el viaje para primavera (entre marzo y mayo) y otoño, cuando las temperaturas son más moderadas y los hoteles y restaurantes están abiertos. Así se puede saciar el hambre de historia y cocina turca.

CON GANAS DE MÁS

Otras secciones

La península de Bozburun es una de las cinco secciones que forman el Camino Cario, que recorre unos 820 km entre Dalyan, en el este, y Bodrum, en el mar Egeo. Las otras cuatro están conectadas entre sí (aunque no de modo lineal) y ofrecen multitud de opciones para explorar la región.

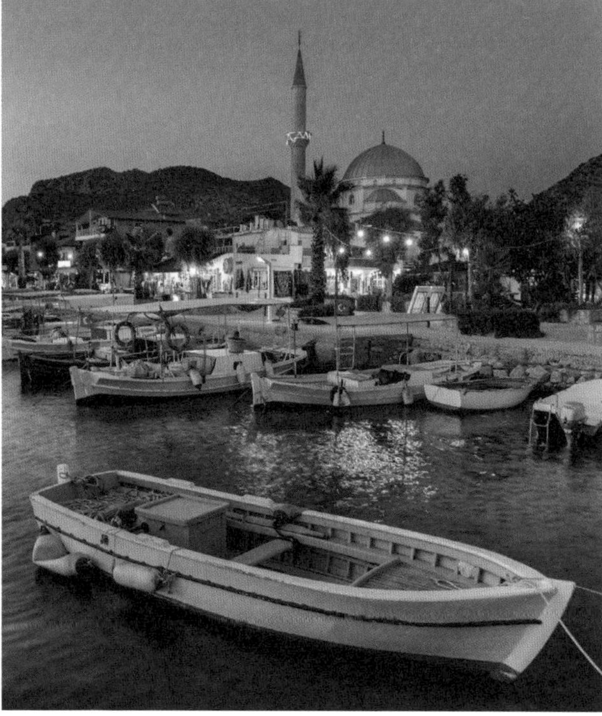

Izquierda Recorriendo un camino de grava del Karia Yolu

Derecha Barcas en el puerto de Bozburun

Pasado el pueblo de **LATSUMBA,** toma un desvío que lleva a una antigua iglesia para disfrutar de amplias vistas del valle del Enguri.

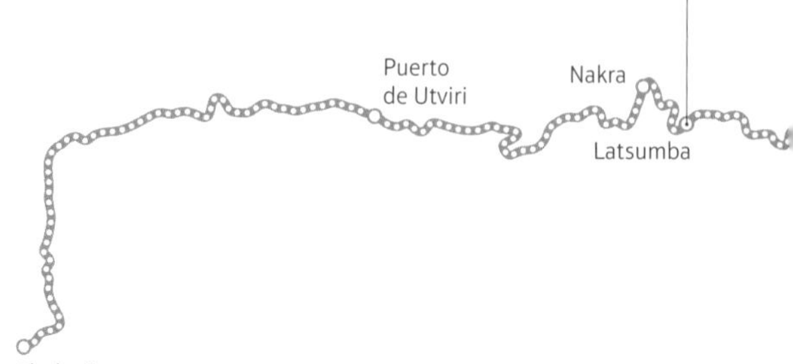

81

Zemo Svaneti

DE CHUBERI A USHGULI, GEORGIA

Zemo Svaneti cruza la bella región de Alta Svanetia, rodeada por las imponentes montañas del Gran Cáucaso.

138 KM

8745 M

6-7 DÍAS (IDA)

Enclavada entre las montañas del Gran Cáucaso, con la cordillera de Svaneti en su frontera meridional, la región de Zemo Svaneti (Alta Svanetia) alberga algunos de los picos más altos de Georgia. Estos han actuado como barrera histórica, preservando los pueblos de piedra de la región –algunos de cuyos edificios datan del siglo XII– hasta tal punto que fueron declarados Patrimonio Mundial por la Unesco en 1996.

El paradigma de la región es la comunidad de Ushguli, un perfecto revoltijo de casas entre dos frondosas laderas verdes, con las crestas nevadas de una formidable cordillera alzándose detrás. Es un final apropiado para esta irregular ruta de 138 km que muestra la interesante historia y la distintiva cultura de una zona inaccesible durante mucho tiempo que atesora una belleza extraordinaria.

PERFIL DE RUTA

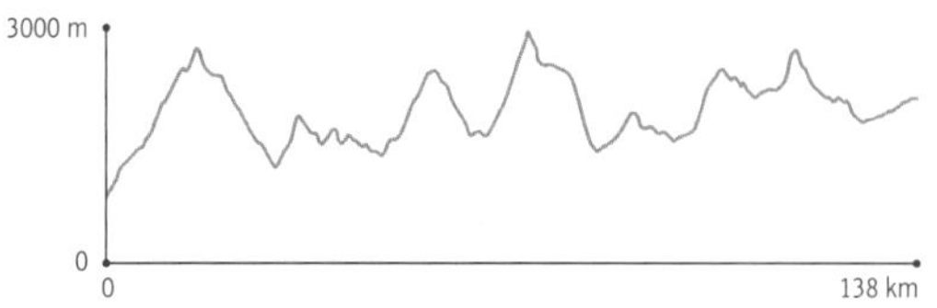

El camino a Ushguli parte del pueblo de Chuberi, en el valle del Nenskra, y pasa por cinco puertos de montaña. Se alcanzan 2954 m de altura en el puerto de Guli el cuarto día, en la ascensión entre Mazeri y Mestia, donde la nieve cubre el camino hasta julio. Pero no todo son altos picos: los valles boscosos y los prados alpinos aportan drásticos cambios en el paisaje. La ruta sigue viejos caminos forestales y carreteras de la época soviética

Senderistas de camino al pueblo de montaña de Adishi, en Alta Svanetia

0 km 5

Puerto de Bak
Pari
Mazeri
Puerto de Guli
Mestia
Zhabeshi
Adishi
Río Adishchala
Davberi
Ushguli

GEORGIA

El potente **RÍO ADISHCHALA** puede ser difícil de vadear con mucho caudal. Un vecino de la zona te cruzará a caballo por unos pocos laris.

Aprovisiónate para el resto de la ruta en **MESTIA**, la mayor localidad de la región.

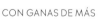

que entran y salen de pueblos de aspecto medieval y aldeas abandonadas, y cruzan arroyos a través de troncos caídos y puentes improvisados. En Zhabeshi, un guía de montaña local ha instalado una tirolina para cruzar el río Mulkhura.

La acampada libre está permitida, pero los pueblos están lo bastante cerca entre sí como para pasar cada noche en una pensión y disfrutar de la tradicional hospitalidad georgiana y de la comida casera junto a un buen fuego. El plato regional por antonomasia es el *kubdari*, una deliciosa empanada de carne y cebolla, pero también vale la pena probar el *chvishtari* (pan de maíz frito relleno de queso) y el *tashmijabi* (puré de patatas con queso). Esta comida tan contundente es el combustible para llegar a Ushguli (técnicamente un conjunto de pueblos), con sus más de 200 casas-torre, iglesias y castillos. La llegada a este escenario medieval es una de esas raras ocasiones en que la vida real está a la altura –si no por encima– de las postales.

Al final de la ruta, admira las pintorescas torres de **USHGULI**, que tienen como telón de fondo las majestuosas montañas del Gran Cáucaso.

CON GANAS DE MÁS

Camino Transcaucásico

Esta ruta forma parte del Camino Transcaucásico, de 3000 km, que atraviesa Armenia, Georgia y Azerbaiyán. Tras recorrer Georgia, algunos senderistas se adentran en la vecina Armenia por la ruta de 832 km que va del lago Arpi a Meghri.

(82) Sendero del Patrimonio Palestino *(p. 166)*

(83) Wadi Ghuweir *(p. 170)*

(84) Wadi An Nakhur *(p. 171)*

(85) Circuito del Toubkal *(p. 172)*

(86) Gola Rainforest-Tiwai Island *(p. 174)*

(87) Parque Nacional de las Montañas Simien *(p. 175)*

(88) Congo Nile Trail *(p. 176)*

(89) Ngare Ndare *(p. 180)*

(90) Mulanje Grand Traverse *(p. 181)*

(91) Grand Tsingy *(p. 182)*

(92) Tok Tokkie Trails *(p. 183)*

(93) Otter Trail *(p. 184)*

ÁFRICA Y ORIENTE PRÓXIMO

SIRIA
TÚNEZ
LÍBANO
82
IRAK
IRÁN
PALESTINA
JORDANIA
ISRAEL
83
KUWAIT
ARGELIA
LIBIA
EGIPTO
CATAR
ARABIA SAUDÍ
E.A.U.
84
OMÁN
MALI
NÍGER
SUDÁN
ERITREA
YEMEN
CHAD
87
RKINA FASO
YIBUTI
BENÍN
SOMALIA
NIGERIA
ETIOPÍA
TOGO
REPÚBLICA CENTROAFRICANA
SUDÁN DEL SUR
GHANA
CAMERÚN
UGANDA
KENIA
GUINEA ECUATORIAL
REPÚBLICA DEL CONGO
89
GABÓN
RUANDA
88
REPÚBLICA DEMOCRÁTICA DEL CONGO
BURUNDI
TANZANIA
ANGOLA
MALAUI
ZAMBIA
90
MOZAMBIQUE
MADAGASCAR
ZIMBABUE
91
NAMIBIA
BOTSUANA
92
ESUATINI
LESOTO
SUDÁFRICA
93

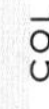

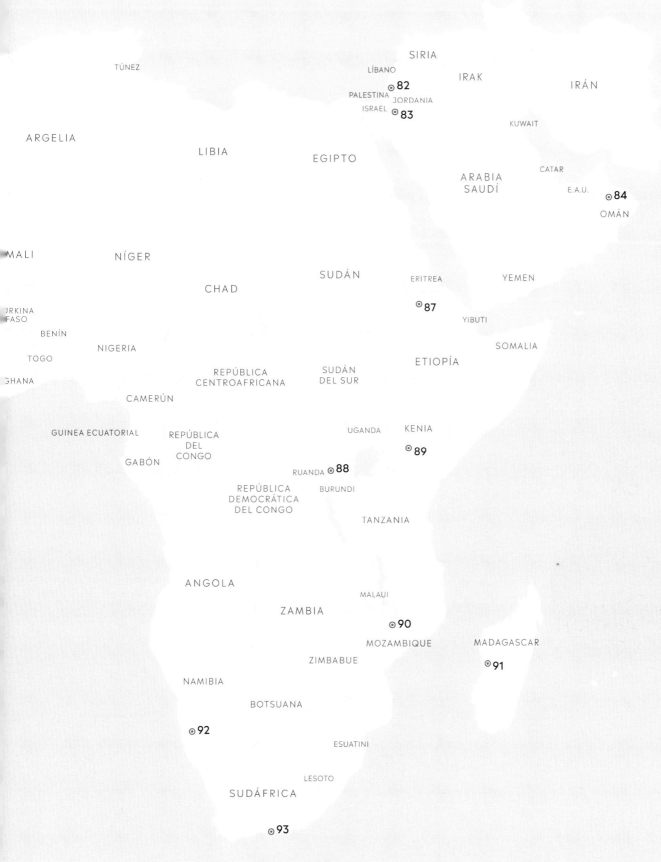

Rummanah

Burqin

Arraba

0 km 15

Sanur

Admira las vistas desde la fortaleza de **SANUR,** uno de los pueblos del trono de la época otomana construido por la familia Jarrar, que gobernó la región.

Sabastiya

Nablus

Justo antes de entrar en Jericó explora el **PALACIO DE HISHAM,** un castillo del siglo VIII con magníficos suelos de mosaico.

PALESTINA

ISRAEL

Kafr Malek

Valle de Ein Samia

Palacio de Hisham

Monte Quarantania

Jericó

Aqbat Jabar

Visita la **BASÍLICA DE LA NATIVIDAD** de Belén, la iglesia en uso más antigua de la cristiandad, construida sobre la cueva donde se cree que nació Jesucristo.

Nabi Musa

JORDANIA

Belén

Beit Sahour

Monasterio de Mar Saba

Tuqu'

Compra alfombras tejidas a mano en el **CENTRO DE MUJERES DE TUQU',** una de las cooperativas femeninas que hay en el camino.

Hebrón

Beni Na'im

Beit Mirsim

Adh-Dhahiriya

Piérdete por las sinuosas callejuelas del casco antiguo de **HEBRÓN** y visita la Haram Al-Ibrahimi (mezquita de Abraham).

82

Sendero del Patrimonio Palestino

DE RUMMANAH A BEIT MIRSIM, PALESTINA

Esta ruta atraviesa Tierra Santa y mezcla escenas de la Biblia con la tradicional hospitalidad palestina.

Consejo

Si prefieres caminar en grupo puedes unirte a las rutas guiadas que se organizan entre marzo y noviembre.

325 KM
9514 M
21 DÍAS (IDA)

El Sendero del Patrimonio Palestino –antes llamado Masar Ibrahim al-Khalil o Camino de Abraham–, que empieza en el pueblo de Rummanah, al noroeste de Jenin, y termina en Beit Mirsim, al suroeste de Hebrón, descubre el rico patrimonio cultural palestino durante miles de años de historia.

Siguiendo caminos de tierra, vías pecuarias y senderos aún transitados por los beduinos, la ruta atraviesa almendrales, viñedos y olivares repletos de brillantes olivas. Los valles fértiles dan paso a llanuras abiertas y campos ondulados, los profundos cañones se convierten en paisajes desérticos y los granjeros son sustituidos por tenderos en los zocos de las ciudades.

A lo largo del camino hay monumentos arquitectónicos que dan testimonio de casi todas las grandes civilizaciones. Solo en el norte se pueden ver antiguos asentamientos cananeos en el valle de Ein Samia, palacios otomanos en Arraba y las extensas ruinas romanas del templo de Herodes en Sabastiya. Las iglesias bizantinas son una constante y en las montañas hay monasterios centenarios, como el impresionante Mar Saba, un monasterio griego ortodoxo construido en un peñasco que se eleva en un paraje yermo a medio camino entre Jerusalén y el mar Muerto. Muchos de estos lugares tienen una gran importancia religiosa. Después de todo, estamos en Tierra Santa y, a medida que se hace camino rumbo al sur, se pasa de un pasaje bíblico a otro. ▶

Monasterio de Mar Saba, situado en el valle de Kidron, en el desierto de Judea

PERFIL DE RUTA

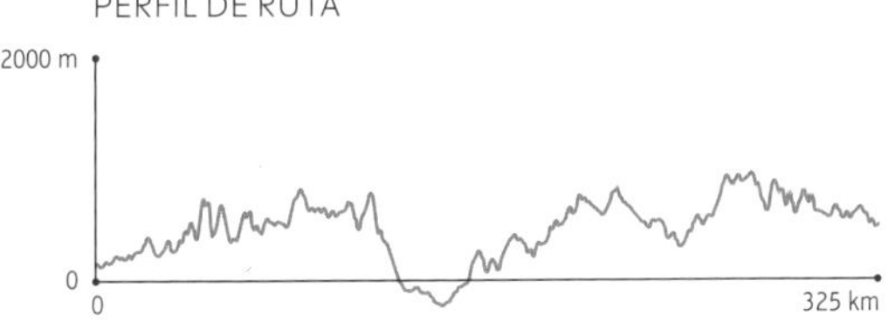

Izquierda Iglesia griega ortodoxa del Campo de los Pastores, en Beit Sahour

Derecha Iglesia de San Jorge, en el lugar donde Jesucristo curó a un grupo de leprosos

Abajo Santuario de Nabi Musa, donde se cree que está la tumba de Moisés

A medida que se hace camino rumbo al sur, se pasa de un pasaje bíblico a otro.

La primera jornada de la ruta termina en la localidad de Burqin, que alberga la iglesia de San Jorge, del siglo IV, construida en el lugar donde Jesucristo curó a diez hombres enfermos de lepra. Al norte de Jericó se halla el monte Quarantania, el bíblico monte de la Tentación, donde Satanás tentó a Jesús cuando este ayunaba durante 40 días con sus noches en el desierto. Al sur de la ciudad está el santuario de Nabi Musa, donde se cree que se halla la tumba de Moisés (Musa en árabe). Al aproximarse a Belén, el camino atraviesa el Campo de los Pastores en la localidad de Beit Sahour, donde dos capillas –una griega y la otra católica– señalan los lugares donde los pastores vieron por primera vez la Estrella de Belén. Muchos viajeros hacen un alto en el camino en Belén y dedican unos días a visitar la plaza del Pesebre, la basílica de la Natividad y la gruta de la Leche, donde María, José y el niño Jesús se escondieron antes de huir a Egipto.

Pero en esta ruta no todo son edificios históricos y pasajes bíblicos. De hecho, se creó en parte para ayudar a la gente que vive a lo largo del camino y ofrece muchas oportunidades de alojarse con familias locales e involucrarse en pioneros proyectos comunitarios de turismo. Pronto se descubre que la comida está en el centro de la hospitalidad palestina, tanto si es cenando bajo las estrellas con el sonido del *rebab* en un campamento beduino en Al-Auja, parando a comer y alojarse en una pensión por cortesía del centro de mujeres del campamento de refugiados de Aqbat Jaber, o degustando unas hojas de parra rellenas de carne, arroz y especias en el viñedo de una familia de Beni Na'im. En las últimas etapas de la ruta se recomienda parar en Adh-Dhahiriya, a 20 km del final, donde se puede comprar *maftoul* (cuscús palestino) y *za'atar* (una mezcla de especias) en las cooperativas de mujeres locales, como recuerdo de los días transcurridos en el camino que durarán mucho tiempo después de que la caminata haya terminado.

CON GANAS DE MÁS

Mirador del mar Muerto

Una bonita ruta alternativa de 8,5 km lleva desde 'Arab al-Rashayida hasta un mirador sobre el mar Muerto. Las aguas turquesas contrastan con los neblinosos picos púrpuras de la distante Jordania, formando un escenario espectacular.

83

Wadi Ghuweir

DE MANSOUR AL WADI USHAYQIR, JORDANIA

En el seco desierto del norte de Jordania existe un oasis con palmeras y hierba escondido en las profundidades de un antiguo valle fluvial.

Consejo

Es mejor contratar a un guía, sobre todo porque hay que descender rocas con cuerdas.

14 KM
215 M
1 DÍA (IDA)

De una belleza cinematográfica, austero y extraño, el abrasado terreno del desierto rocoso de Jordania constituye un escenario espectacular para esta ruta de un día. Sigue un camino sinuoso entre un paisaje de rocas rojas manchadas de negro y paredes escarpadas, pero este panorama marciano no tarda en mutar en algo inesperado.

En su descenso al Wadi Ghuweir, el sendero se adentra en un exuberante jardín que parece haber salido de la nada. El efecto se hace creíble por el hecho de que el río que creó la garganta permanece oculto; solo hace apariciones ocasionales serpenteando bajo los peñascos o cayendo en pequeñas cascadas. Las propiedades del agua para crear vida nunca han sido tan evidentes: las paredes rojas y ocres del valle están llenas de palmeras y hierba, y las rocas se tiñen de verde a causa de las algas y el musgo. Es un lugar estimulante, que parece incluso más fantástico cuando se deja atrás al regresar al desierto.

PERFIL DE RUTA

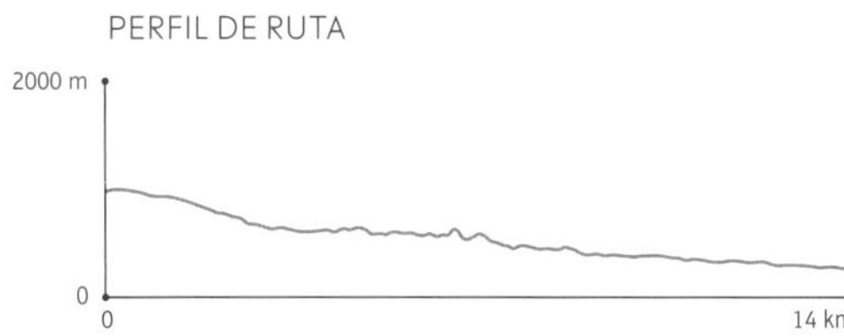

En el **WADI USHAYQIR** puedes ver cabras rebuscando en los robustos matorrales que sobreviven entre las abrasadas rocas con líneas negras.

0 km 1

Wadi Ushayqir

Observa, al entrar en el **WADI GHUWEIR** (valle Descendente), las paredes de la garganta que adquieren un extraño aspecto ondulado, como las vetas de los olivos.

JORDANIA

Wadi Al-Nakheel

Admira el **WADI AL-NAKHEEL** (valle de las Palmeras), un auténtico oasis de cuyas resecas paredes brotan palmeras, hierbas y flores silvestres rosas.

Wadi Ghuweir

Punto de partida

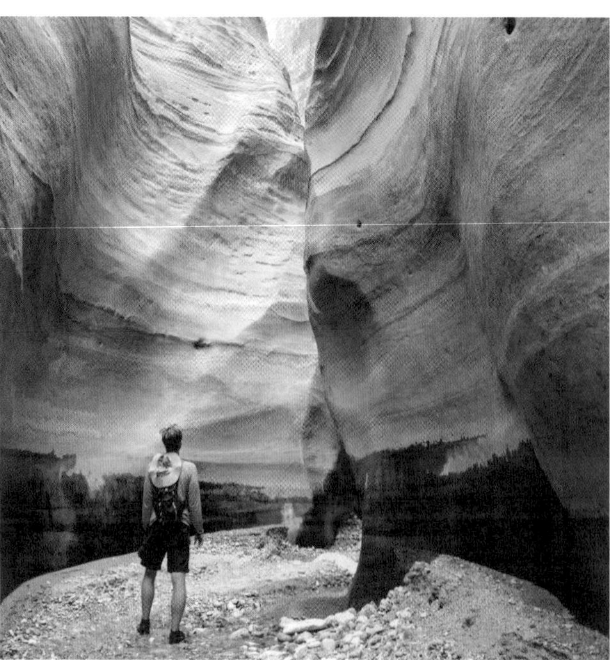

Tramo de la ruta del Wadi Ghuweir hacia un exuberante oasis

Asciende las laderas escalonadas por encima de la aldea para llegar al **BI'R DAKHILYA,** un tentador lago bajo un saliente rocoso.

Al final de la ruta haz una pausa para contemplar los derruidos edificios de piedra de la aldea abandonada de **AS-SAB.**

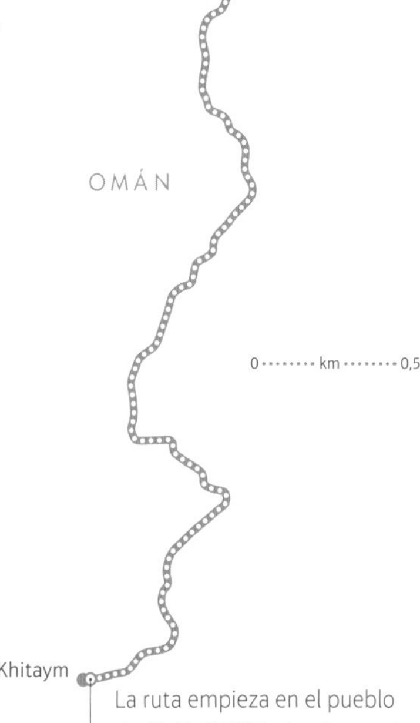

La ruta empieza en el pueblo de **AL KHITAYM,** donde puedes ver cómo algunas pequeñas casas están pegadas al borde del abrupto cañón.

84

Wadi An Nakhur

MESETA DE AL QANNAH, OMÁN

La ruta se asoma al Gran Cañón *de Omán, en las montañas Hajar Occidentales.*

7 KM

320 M

MEDIO DÍA (IDA Y VUELTA)

La W6, una de las mejores rutas de senderismo de Omán, sigue un antiguo camino de herradura por el borde del Wadi An Nakhur, el *Gran Cañón* de Omán, hasta la aldea abandonada de As-Sab. El sendero es más conocido como el Paseo del Balcón, un nombre apropiado para un itinerario que recorre el escarpado lado oeste del cañón y ofrece estupendas vistas de la sima y de Al Hamra, un pueblo situado 37 km al sur.

El sendero es estrecho y avanza por la pared del acantilado, con abruptos precipicios, así que no es apto para personas con vértigo. Sin embargo, es menos traicionero de lo que parece desde la distancia; las cabras que siguen a los caminantes se lo toman con calma. Al final del camino está la aldea de As-Sab, donde vivieron una docena de familias que cultivaban las escarpadas laderas del cañón, pero ahora está abandonada a los estragos del viento. Es un lugar extraordinario para explorar, pero no se puede quedar mucho tiempo porque hay que emprender el viaje de regreso.

PERFIL DE RUTA

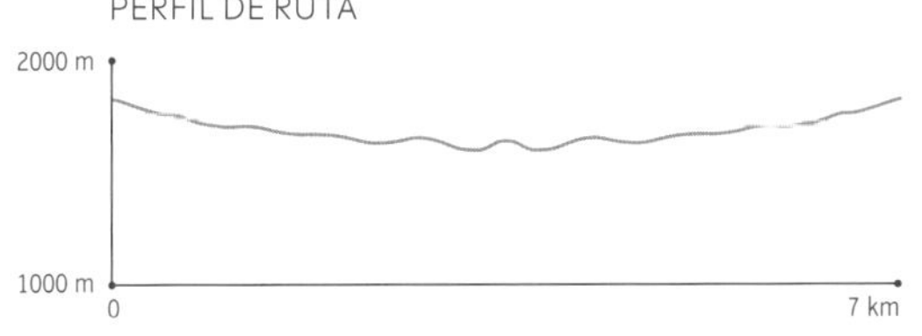

OTRA RUTA

La ruta W4

Cerca hay una ruta más larga, la W4, que asciende la cara sur del Jebel Shams (2997 m), el pico más alto de Omán, siguiendo el borde de la garganta de Saydran. Es una ardua caminata de 9 km de unas 10 horas de duración.

85

Circuito del Toubkal

Consejo
Es conveniente contratar a un guía oficial para hacer la ruta con seguridad.

IMLIL, MARRUECOS

El desafiante sendero por las remotas aldeas bereberes del bello macizo del Toubkal termina con una ascensión al pico más alto del norte de África.

75 KM)
5942 M
6 DÍAS (CIRCULAR)

Trazando un círculo en el Alto Atlas marroquí, el exigente circuito del Toubkal es una de las rutas de varios días más interesantes de África. La meta es el Jebel Toubkal, el pico más alto de la cordillera (lo ponen de manifiesto las vistas desde la cumbre). De hecho, muchos senderistas van al grano y ascienden hasta la cima partiendo del pueblo de Imlil. Pero esta ruta de seis días es mucho más que escalar una montaña en particular. Las lentas subidas y bajadas dan tiempo para disfrutar de fascinantes estampas de la vida rural bereber. Aldeas construidas con ladrillos de barro se aferran a las laderas desnudas, con las casas apiladas unas encima de otras. Los niños se alejan de sus casas para pastorear sus cabras por valles aislados, mientras las mujeres, tocadas con pañuelos sueltos, cultivan cebada y maíz en terrazas que desafían la gravedad.

Tomarse tiempo también da la oportunidad de aclimatarse a la altitud y contemplar el magnífico paisaje montañoso. En su mayor parte, el Alto Atlas es estéril, un paisaje de taludes de gravedad y pedruscos donde los senderos, expuestos al sol, serpentean por hondas gargantas y puertos barridos por el viento. Pero hay indicios de vida entre tanta roca: un exuberante valle aquí, un arroyo allá, además de almendros, olivares y lagos de montaña turquesas. Y las vistas son espectaculares: los pastos de verano, los riscos dentados, los vastos valles y, desde la propia cima del Jebel Toubkal, el amplio panorama del macizo del Toubkal y de las llanuras de Haouz, que se extienden hasta Marrakech.

Sencillo *gîte* de piedra en una ladera rocosa nevada del Jebel Toubkal

CON GANAS DE MÁS

Ascensión al Ouanoukrim

Quien disponga de un día más puede sumar al circuito la ascensión al Ouanoukrim, el segundo pico más alto del macizo del Toubkal. Está al final del Alto Atlas y ofrece preciosas vistas de los oasis, valles y llanuras desérticas del sur de Marruecos.

Acampa en el pastizal de **AZIB LIKEMT,** entre las laderas escalonadas y su cristalino río de montaña.

Tacheddirt

Imlil

Aroumd

Azib Likemt

Sidi Chamarouch

MARRUECOS

Maravíllate desde la cumbre del imponente **JEBEL TOUBKAL** (4167 m), el punto culminante de la ruta.

Jebel Toubkal

Lac d'Ifni

Aprovisiónate en el pueblo de **AMSOUZERT,** donde hay tiendas y cafés que sirven té a la menta.

Ait Igrane

Amsouzert

0 km 3

No hay que engañarse: se trata de una ruta exigente, con subidas largas y agotadoras y descensos igual de prolongados y extenuantes, pero la oportunidad de acercarse a la cultura bereber es inigualable. Pernoctar en refugios de piedra para pastores, acampar a orillas de los ríos o alojarse en sencillos *gîtes* (casas rurales). Desayunar crepes, almorzar cuscús y cenar sustanciosos tayines. La gente del lugar es tan acogedora y hospitalaria que apenas se nota el dolor de piernas.

Báñate en las aguas verdes del **LAC D'IFNI,** con el telón de fondo de las montañas yermas.

86

Gola Rainforest-Tiwai Island

DE SILETI A LA ISLA DE TIWAI, SIERRA LEONA

Esta ruta se interna en una densa jungla para explorar un santuario de primates, hipopótamos y aves.

El Gola Rainforest National Park, campo de batalla en la guerra civil que asoló Sierra Leona en la década de 1990, es hoy un rayo de esperanza en la conservación y la gestión sostenible de recursos. Este paradigma de biodiversidad –la mayor extensión de jungla de tierras bajas intacta del país– alberga casi 1000 especies de plantas y numerosos animales endémicos, y todo apunta a que este «diamante verde de la nación» será declarado Patrimonio Mundial por la Unesco.

La ruta al Tiwai Island Wildlife Sanctuary empieza en el sur de la jungla, concretamente en la subestación de Sileti, cerca de la frontera con Liberia. A medida que se avanza entre el calor tropical, con la compañía de insectos curiosos atraídos por el sudor, se ven monos diana y otros primates trepando por los árboles. De la frondosa espesura llegan los cantos de las aves –picatartes cuelliblancos, cárabos pescadores rojizos o malimbos de Gola–, que representan una mínima parte de la vasta fauna aviar del lugar. El tramo final brinda la oportunidad de ver uno de los animales más raros y amenazados: el hipopótamo pigmeo, que pasta entre la vegetación del río.

36 KM

660 M

3 DÍAS (IDA)

Recorre el camino que bordea el río Moa antes de llegar al **TIWAI ISLAND WILDLIFE SANCTUARY,** conocido por el hipopótamo pigmeo.

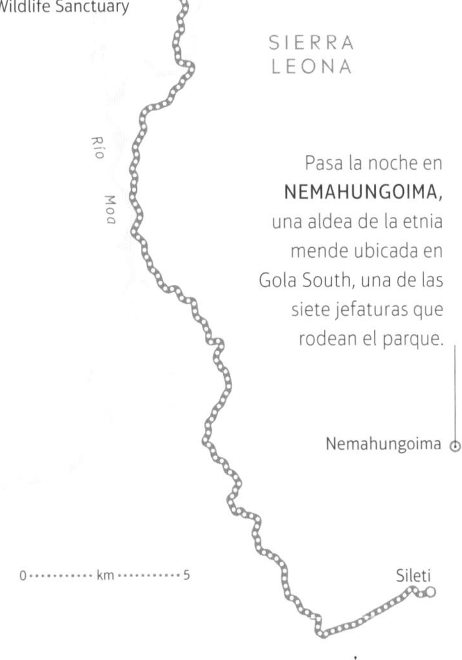

Pasa la noche en **NEMAHUNGOIMA,** una aldea de la etnia mende ubicada en Gola South, una de las siete jefaturas que rodean el parque.

La **JUNGLA** alberga 49 especies de mamíferos, algunos en peligro crítico de extinción, como el chimpancé occidental y ciertos tipos de musarañas, roedores y murciélagos.

PERFIL DE RUTA

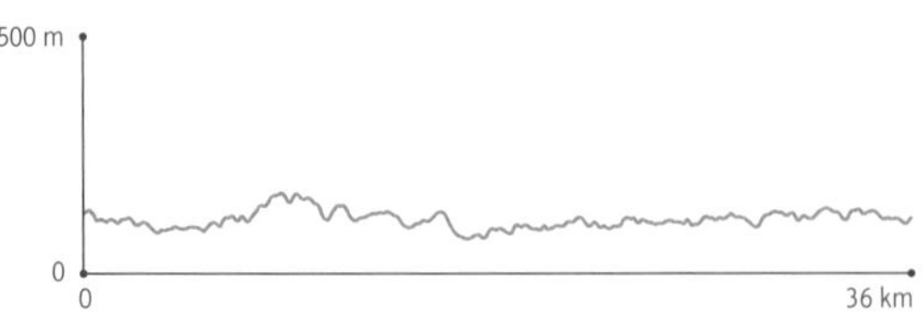

0 km 5

Imet Gogo

Maravíllate con las vertiginosas vistas del abismo de 500 m de la **CASCADA DE JINBAR** que ofrece un espectáculo abrumador.

Cascada de Jinbar

Gich

Campamento Chennek

Ras Bwahit

Campamento Sankaber

Buyit Ras

ETIOPÍA

Recorre la escarpadura de Gich al **IMET GOGO.** La cumbre ofrece un panorama de 360 grados.

El último día te aguarda una desafiante ascensión matinal al **RAS BWAHIT** (4430 m). En el territorio circundante podrás ver lobos etíopes.

87

Parque Nacional de las Montañas Simien

DE BUYIT RAS AL RAS BWAHIT, ETIOPÍA

Un exigente recorrido descubre uno de los paisajes más extraordinarios de África, el magnífico macizo de las Simien.

42 KM

2827 M

4 DÍAS (IDA)

En solo cinco minutos de ruta por el Parque Nacional de las Montañas Simien –declarado Patrimonio Mundial por la Unesco– las maravillas del macizo son evidentes. En las irregulares mesetas que se extienden ante la vista se alzan picos que rebasan los 4000 m de altura, entre ellos el más alto de Etiopía, el Ras Dashen (4550 m). Más allá de sus contornos, las verdes praderas afroalpinas cubren las colinas, y los brezos y las lobelias gigantes salpican los peñascos más expuestos, habitados por geladas.

En total son cuatro arduas jornadas caminando por las abruptas escarpaduras del macizo. En ocasiones se desciende a un valle fresco para descansar en uno de los campamentos de la ruta, situados en entornos idílicos. Las Simien son conocidas como el «techo de África» y de camino al Ras Bwahit, subiendo picos como el Imet Gogo, parece que se puede tocar el cielo.

PERFIL DE RUTA

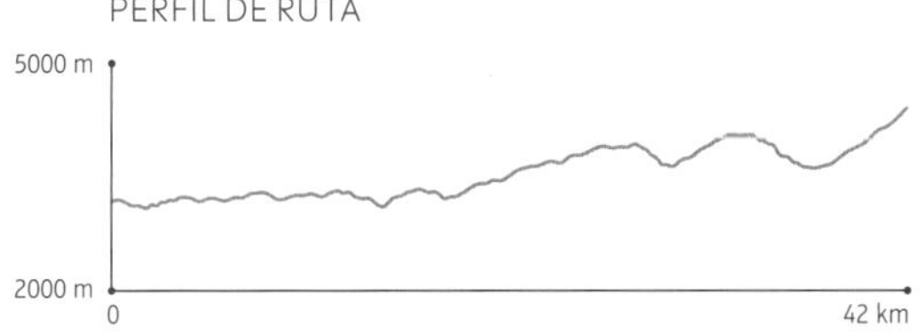

CON GANAS DE MÁS

Ras Dashen

Los entusiastas de los picos pueden ampliar la ruta al menos un día más incluyendo la ascensión al Ras Dashen, la montaña más alta de Etiopía y la decimocuarta de África. Curiosamente, debido a una extraña trampa de la perspectiva, los picos circundantes parecen más altos desde su rocosa cumbre.

Reserva una visita a la plantación de la **PFUNDA TEA ESTATE,** que produce algunos de los mejores tés del mundo, para ver cómo se recolectan y procesan las hojas.

Explora **RUBONA BAY,** a las afueras de Rubavu, un popular centro turístico con un pequeño y animado puerto.

Haz una excursión en barco a la **ISLA DE NYAMIRUNDI,** donde puedes visitar una plantación de café y gozar de las vistas mientras tomas una taza.

No te pierdas la pesca nocturna en el lago Kivu, donde los pescadores de **KARONGI TOWN** silban y cantan para llamarse entre sí mientras pescan un pez llamado *isambaza.*

Tómate un descanso en la tranquila **KUMBYA,** situada en una pequeña península.

Pfunda Tea Estate
Rubavu
Cyimbiri
Isla de Nyamirundi
Kinunu
REPÚBLICA DEMOCRÁTICA DEL CONGO
Bumba
Lago Kivu
Karongi Town
RUANDA
Mugonero
Karengera
Kumbya
Rugabano
Shangi
Kamembe
0 km 15

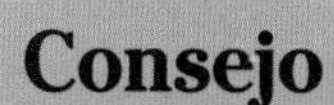

Consejo

La web de Kivu Belt *(kivubelt.travel)* ofrece una guía detallada de la ruta y otras excursiones.

88

Congo Nile Trail

DE RUBAVU A KAMEMBE, RUANDA

Este sendero recorre la orilla del lago Kivu siguiendo los pasos de las comunidades locales para conocer la cultura ruandesa.

178 KM
6893 M
10 DÍAS (IDA)

Lo primero que llama la atención de esta ruta es lo verde que es Ruanda. El campo es una colcha de parches de todos los tonos imaginables: arbustos de té de color lima intenso, hileras ordenadas de plataneras esmeraldas y bosques de bambú de color jade, por nombrar algunos. Cosiéndolos entre sí hay una trama de carreteras y senderos de tierra roja trazados a lo largo de los años por los habitantes con fines rutinarios y que hoy constituyen la base de esta bella y estimulante ruta.

La creación del sendero forma parte del largo camino hacia la recuperación tras los sucesos de 1994. Entre abril y junio de aquel año, más de 800 000 tutsis y hutus moderados fueron asesinados por las milicias hutus en uno de los genocidios más brutales del siglo XX. Hoy el país es seguro, los gobernantes están fomentando el turismo y este itinerario de 178 km es uno de sus proyectos más emblemáticos. Inaugurado en 2011, el Congo Nile Trail se ha convertido en poco tiempo en una de las rutas de larga distancia más accesibles de África. También existen rutas alternativas para bicicleta y kayak. ▶

PERFIL DE RUTA

2000 m
1000 m
0
178 km

REPONER FUERZAS

Cerveza de sorgo

El sorgo se usa para hacer *kigage*, una densa y nutritiva cerveza que los ruandeses consumen en las ceremonias tradicionales. En una aldea cercana a Karongi se puede presenciar el proceso de elaboración de la cerveza, desde la cosecha de la materia prima hasta la fermentación, y luego sentarse con la gente del lugar y saborear un buen vaso.

Los pueblos por los que se pasa y las personas a las que se conoce son lo que hace especial esta ruta.

A pesar de su nombre, la ruta no sigue ni el Congo ni el Nilo. De hecho, traza la línea divisoria de las aguas de los dos ríos por el borde del lago Kivu, uno de los grandes lagos africanos. Esta vasta masa de agua se extiende por la frontera entre Ruanda y la República Democrática del Congo y su superficie esmeralda es una compañía constante desde Rubavu (antes conocida como Gisenyi) hasta Kamembe. De día es habitual ver barcos llenos de turistas navegando entre las numerosas islas. Por la noche el lago cobra vida con los cantos de los pescadores mientras reman en sus tradicionales barcas de tres cascos.

Los pueblos por los que se pasa y las personas a las que se conoce son lo que hace especial esta ruta, que ha sido diseñada específicamente para alentar el compromiso con las comunidades locales y ofrece multitud de oportunidades para profundizar en la cultura ruandesa. Se puede organizar una excursión para conocer las facultades medicinales de las plantas locales en Cyimbiri, recibir una clase de artesanía en una cooperativa de mujeres cerca del bosque de Gishwati o probar el famoso café de Ruanda en una visita a una planta de lavado en Kinunu. En todas partes la gente está ansiosa por mostrar al visitante sus productos, ya sea cerámica tradicional o miel recién cosechada. La barrera del idioma está ahí, pero es fácil hacer amigos aprendiendo algunas palabras de kiñaruanda; se puede empezar con *muraho* (hola) y *urabeho* (adiós).

Entre pueblo y pueblo se camina por extensos campos de té, café y arroz, y se atraviesan junglas de montaña en las que se oye el parloteo de los monos y el gorjeo de las aves. El terreno es ondulado en su totalidad –Ruanda no es conocida como la Tierra de las Mil Colinas por nada– y hay que prepararse para hacer ejercicio. Por fortuna, no es necesario cargar con la tienda de campaña, ya que en todos los tramos del itinerario hay acogedoras pensiones (aunque es posible acampar si se desea); también hay muchas tiendas para comprar provisiones.

De todas formas, es una ruta que se presta al paso lento. El viajero debe tomarse su tiempo para disfrutar de las vistas de las colinas verdes y del lago Kivu, y aprovechar cualquier oportunidad para relacionarse con las comunidades locales: beber cerveza de plátano, comer *mbuzi choma* (cabra asada) y escuchar las historias de quienes abrieron el sendero por el que se camina.

Derecha Cultivos en las onduladas colinas cercanas al lago Kivu

Abajo Las tranquilas aguas y las orillas verdes del lago Kivu

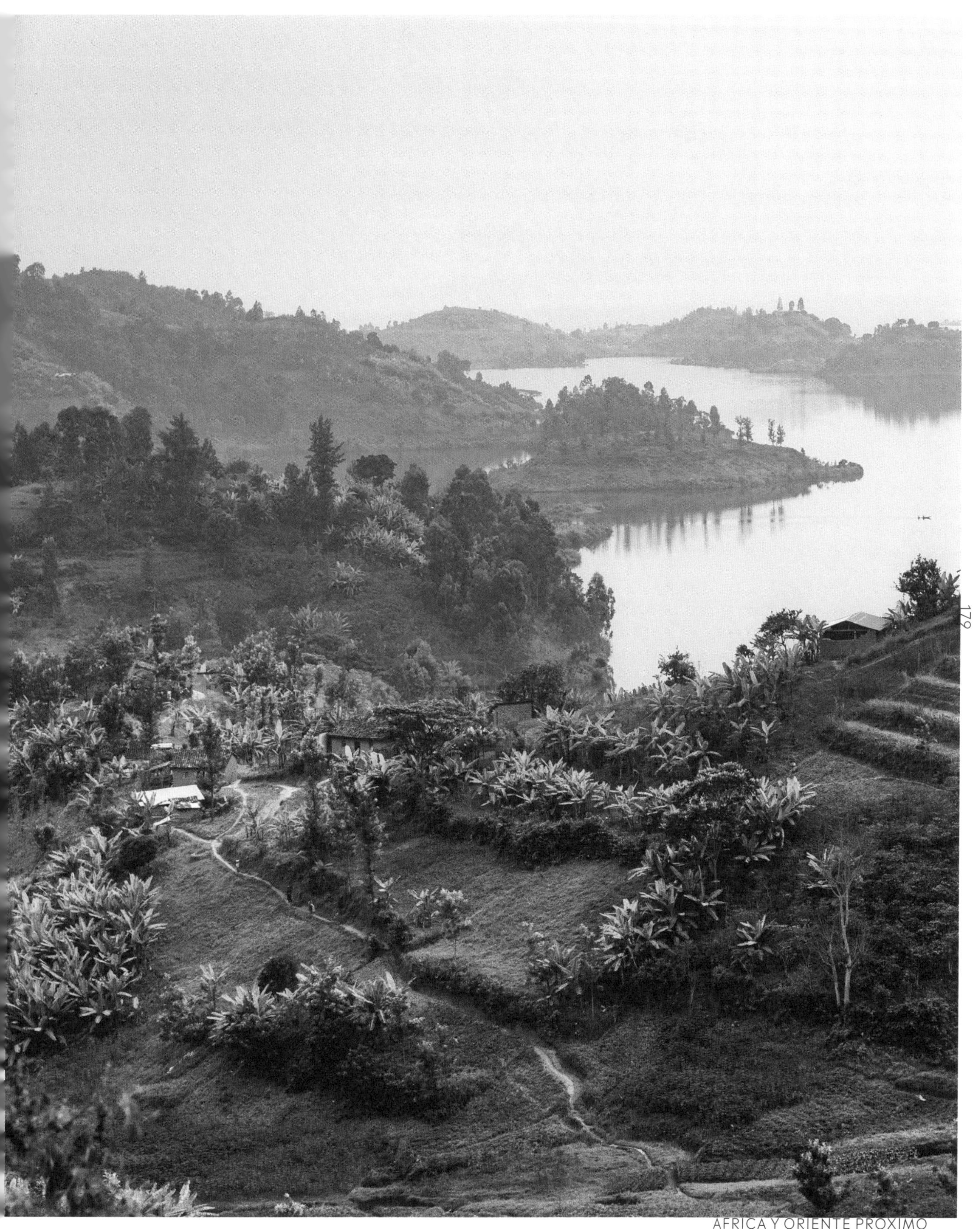

89

Ngare Ndare

BOSQUE DE NGARE NDARE, KENIA

Un encantador paseo hasta unas cascadas paradisíacas descubre uno de los tesoros escondidos de Kenia.

7 KM

198 M

MEDIO DÍA (IDA Y VUELTA)

La gente acude desde todos los rincones del mundo para conocer la extensa sabana y la abundante fauna de Kenia. Aterrizan en Nairobi y se abalanzan sobre los famosos parques nacionales del país, pero pocos han oído hablar del bosque de Ngare Ndare.

Se trata de uno de los pocos bosques autóctonos de Kenia cuyo dosel arbóreo se está expandiendo (gracias a los proyectos de conservación y repoblación). Es un importante corredor de elefantes desde hace mucho tiempo y un santuario de mariposas y aves. Los viejos olivos y cedros africanos proyectan sombras sorprendentes cuando el sol se filtra entre sus ramas. Las huellas del rinoceronte negro y del leopardo quedan impresas en el barro seco del camino y las hierbas deformes indican dónde han estado los leones.

En esta ruta empinada pero manejable se camina entre altos árboles y en un agradable silencio, solo alterado por el suave susurro de las hojas movidas por la brisa. Pero un estruendo empieza a distinguirse en la distancia y acaba materializándose en forma de cascadas. Son las que dan nombre al bosque: Ngare Ndare significa «agua para las cabras» en la lengua maa de los masáis. Un chapuzón en sus pozas de color azul intenso es tan inolvidable como la belleza natural que las rodea.

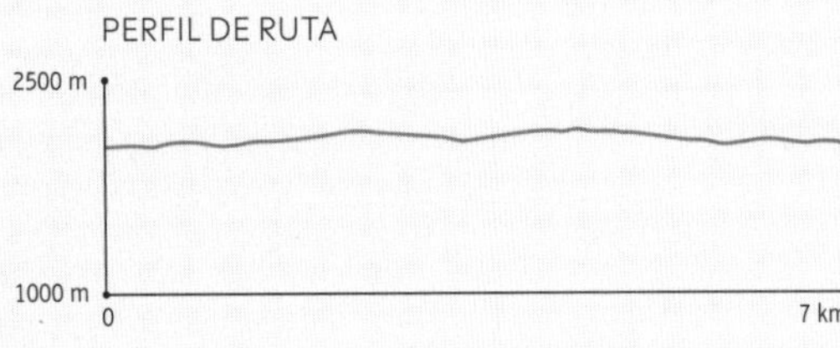

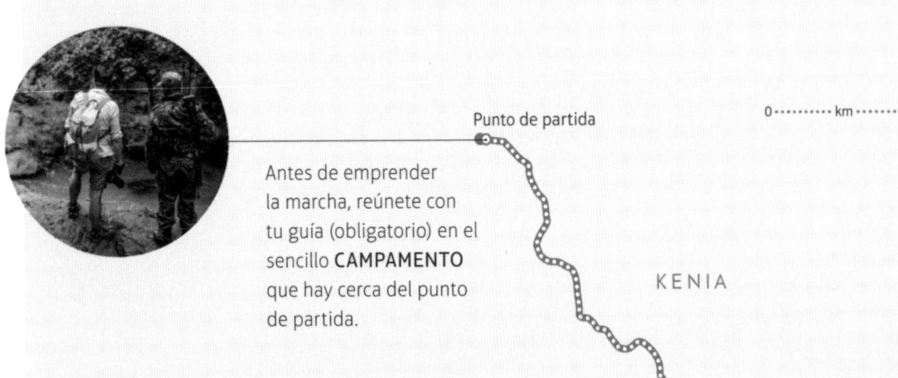

Antes de emprender la marcha, reúnete con tu guía (obligatorio) en el sencillo **CAMPAMENTO** que hay cerca del punto de partida.

Observa en el **BOSQUE** algunas de las 200 especies de aves, incluidas el turaco de Hartlaub y el trogón de Narina.

Báñate en los **CASCADAS**, pero ten en cuenta que el agua permanece helada todo el año.

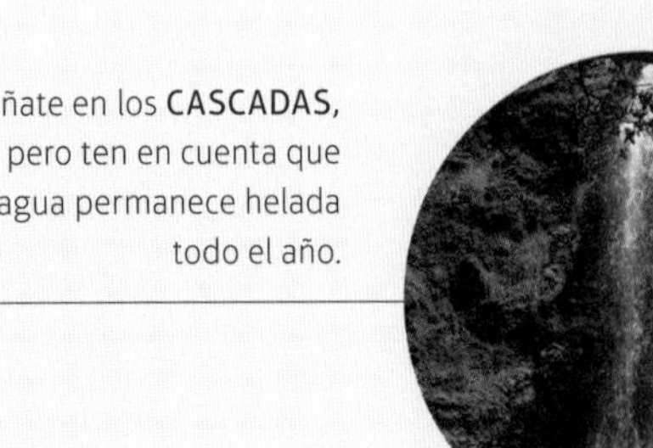

57 KM

4052 M

5 DÍAS (IDA)

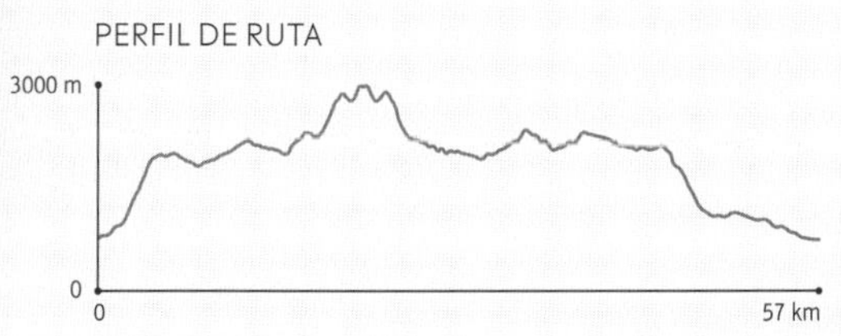

90

Mulanje Grand Traverse

DE MULANJE A PHALOMBE, MALAUI

Una caminata por el macizo de Mulanje, conocido en Malaui como «la isla en el cielo», permite tocar el cielo a quien la recorre.

Contemplando el Mulanje, una enorme mole de granito que se alza en el sur de Malaui, es difícil no sentirse impresionado por su tamaño. El pico más alto del macizo, el Sapitwa, tiene 3002 m de altura y suele estar cubierto de voluminosas nubes. Según una leyenda local, los dioses o los espíritus ancestrales viven aquí, así que emprender esta extenuante caminata por el macizo de Mulanje pone su reino a nuestro alcance.

La Grand Traverse empieza entre las verdes plantaciones de té de la localidad de Mulanje. El estrecho sendero cruza arroyos, se asoma a abruptas gargantas con saltos de agua e incluso atisba el vecino Mozambique en el horizonte. La vegetación cambia a medida que se avanza por el macizo, pasando de praderas a bosques de pinos y cedros de Mulanje autóctonos en las cotas superiores.

En ocasiones el camino se complica con tramos estrechos entre rocas y ríos. El tercer día se afronta la ascensión a la cima del Sapitwa, cuyo nombre en chichewa significa «zona prohibida». Se dice que hay que apaciguar a los dioses si se quiere tener una buena ascensión; según la tradición local, se debe comer cualquier comestible que se encuentre por el camino, pues es un buen augurio. No hay que olvidar dar gracias a los dioses por las impresionantes vistas que brinda la cima antes de descender al mundo de los mortales.

Disfruta en la **PLATAFORMA DE OBSERVACIÓN,** situada al final del circuito Andamozavaky, de unas vistas panorámicas del bosque de agujas de roca.

91

Grand Tsingy

PARC NATIONAL TSINGY DE BEMARAHA, MADAGASCAR

El Grand Tsingy permite conocer la naturaleza y el curioso paisaje del parque más memorable de Madagascar.

¿Existe un lugar cuyo nombre sea más apropiado que el Parque Nacional Tsingy de Bemaraha? En malgache, *tsingy* significa «caminando de puntillas», que es exactamente como hay que andar por los afilados pináculos que dominan el extraño paisaje. Creados por las aguas subterráneas y esculpidos por las lluvias monzónicas, se alzan como chapiteles cársticos por encima de los árboles. Es fácil comprender por qué los guías locales los llaman catedrales de caliza.

Se puede pasar todo un día de ardua caminata conectando los tres circuitos que recorren el Grand Tsingy, el sector más impresionante del parque. Absténganse personas con miedo a las alturas: en ocasiones hay que trepar por escaleras metálicas atornilladas a las rocas. La recompensa son unas impactantes vistas y una desconcertante variedad de plantas y animales, casi la mitad endémicos de la región. Por supuesto, destacan los lémures –incluidos el sifaca de Decken y el enano de cola gruesa–, que pasan cautelosamente de una roca puntiaguda a otra brincando de puntillas más que caminando.

4,5 KM

83 M

1 DÍA (IDA)

PERFIL DE RUTA

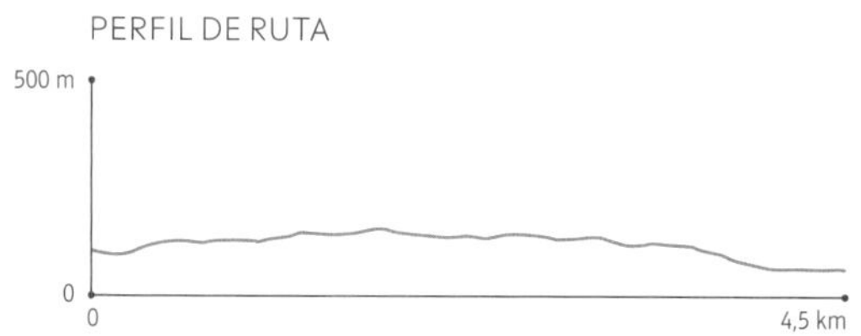

Observa en el campamento de la última noche los **CÍRCULOS DE HADAS** formados por las plantas para aprovechar al máximo la escasa agua.

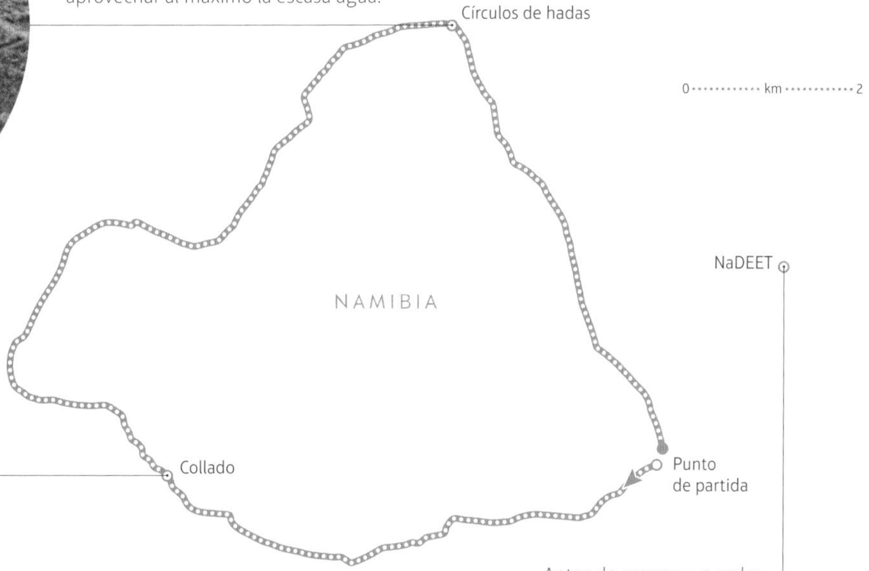

Círculos de hadas

0 km 2

NaDEET

NAMIBIA

El segundo día asciende a un **COLLADO** que ofrece unas extensas vistas en completo silencio.

Collado

Punto de partida

92

Tok Tokkie Trails

NAMIBRAND NATURE RESERVE, NAMIBIA

Esta ruta guiada atraviesa una reserva natural privada en un bello desierto lleno de inusual vida silvestre.

Antes de empezar a andar se puede visitar la **NAMIB DESERT ENVIRONMENTAL EDUCATION TRUST** para conocer un modo de vida sostenible en un medio tan árido.

Creada en 1994, la NamibRand Nature Reserve abarca una inmaculada parte del desierto del Namib, el más antiguo del mundo. Pero no es la idea de desierto que todos tenemos en mente. Por supuesto, hay dunas y llanuras cubiertas de maleza, pero también praderas, espinas de camello y montañas rocosas en el horizonte. Aunque su fauna no es la que suele asociarse con África, es muy variada e inusual: es posible ver topos dorados, zorros orejudos, geco ladradores y arañas de rueda dorada dando volteretas por las dunas.

Se camina a primera hora de la mañana y a última de la tarde para evitar el calor diurno. Se suben dunas y se atraviesan llanuras y lechos de ríos secos, contemplando los cambiantes tonos del desierto a medida que el día avanza. De noche se duerme en camas de campaña, o al menos se intenta, ya que es difícil cerrar los ojos cuando el cielo se ilumina con millones de estrellas.

PERFIL DE RUTA

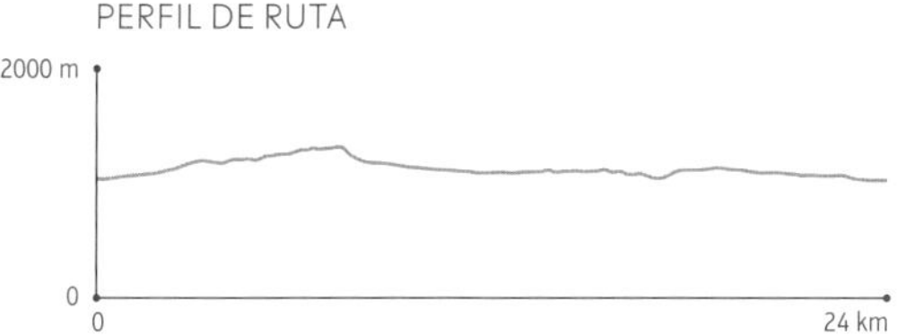

24 KM

484 M

3 DÍAS (CIRCULAR)

Explora el **NATURE'S VALLEY,** la única comunidad habitada del sistema sudafricano de parques nacionales.

Nature's Valley

93

Otter Trail

DE STORMS RIVER A NATURE'S VALLEY, SUDÁFRICA

La emblemática caminata de varios días muestra una faceta más intrépida de la famosa Garden Route sudafricana.

37 KM

1686 M

5 DÍAS (IDA)

El Otter Trail recorre un tramo salvaje de la costa sudafricana conocido como la Garden Route. Es la ruta de senderismo de varios días más antigua del país y una de las más populares. Cada día solo pueden recorrer sus 37 km 12 personas, que conectan con la naturaleza a un nivel totalmente nuevo.

Serpenteando por las playas y los acantilados azotados por las olas del Tsitsikamma National Park –un área de gran biodiversidad conocida por sus exuberantes bosques templados, sus potentes ríos, su floreciente *fynbos* (vegetación autóctona) y sus idílicas calas rocosas–, esta exigente ruta une el área recreativa del río Storms con el pueblo de Nature's Valley. La aventura empieza casi antes de salir: con solo dos horas de caminata el primer día, hay tiempo para calentar las piernas recorriendo

Senderistas sobre el largo puente colgante que cruza el río Storms

el puente colgante de 77 m que cruza la imponente desembocadura del río Storms.

Las pendientes escarpadas, los tramos rocosos, los ríos que hay que vadear y la alta pluviosidad durante todo el año obligan a tomarse el Otter Trail en serio. Pero no todo es esfuerzo: el camino brinda multitud de oportunidades de bañarse en el mar y en las cascadas, fotografiar flores raras y paisajes espectaculares, y ver multitud de animales

PERFIL DE RUTA

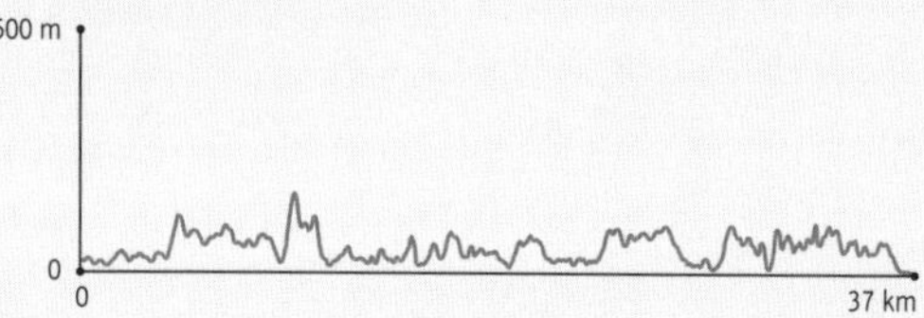

El cuarto día tendrás que ponerte el bañador y cerrar bien la mochila para cruzar el **RÍO BLOUKRANS.**

El segundo día toma un pequeño desvío en el kilómetro 1,9 para disfrutar de las vistas de la costa desde el **MIRADOR DE SKILDERKLIP.**

Antiguos senderistas del Otter Trail aseguran que el punto álgido se encuentra el tercer día. Observa el entorno y báñate en los ríos y piscinas naturales de camino al **REFUGIO DE OAKHURST.**

Haz una pausa y báñate en la **CASCADA DEL RÍO JERLING** que desemboca en una gran poza en la mitad del primer tramo de la ruta.

marinos. La especie que da nombre a la ruta –la nutria sin garras– tiene fama de ser esquiva, pero es fácil ver manadas de focas y delfines. Las ballenas migratorias se unen al espectáculo entre junio y octubre y en tierra es posible toparse con el raro duiker azul, el antílope más pequeño de Sudáfrica.

Otra ventaja son las cabañas de madera que marcan el final de cada tramo del recorrido, por lo que no es necesario llevar tienda (de hecho, no está permitido acampar). Hacer amigos en una *braai* (barbacoa) mientras el sol se pone en el horizonte tiñendo de naranja el océano Antártico forma parte del encanto de esta pintoresca ruta.

CURIOSIDADES

Patrimonio khoisan

Tsitsikamma, nombre khoisan que significa «lugar con mucha agua», fue un área de gran importancia para los primeros pobladores de Sudáfrica. Hoy el parque nacional protege varios ejemplos del patrimonio cultural khoisan, como cuevas, concheros, arte rupestre, restos de asentamientos pesqueros e industrias forestales y tumbas.

RUSIA
109
KAZAJISTÁN
MONGOLIA
UZBEKISTÁN
94
KIRGUISTÁN
107
COREA
DEL NORTE
TURKMENISTÁN
TAYIKISTÁN
110
95
COREA
DEL SUR
AFGANISTÁN
CHINA
97
111
PAKISTÁN
99
NEPAL
100
BUTÁN
108
106
96
BANGLADÉS
TAIWÁN
105
INDIA
MYANMAR
103
LAOS
104
TAILANDIA
102
CAMBOYA
VIETNAM
FILIPINAS
SRI
LANKA
101
98
BRUNÉI
MALASIA
SINGAPUR
INDONESIA
TIMOR
ORIENTAL

.PÓN

(94) Ak-Suu Transverse *(p. 188)*

(95) Ruta al campo base del K2 *(p. 190)*

(96) Chhattisgarh Jungle Trek *(p. 194)*

(97) Valley of Flowers *(p. 196)*

(98) World's End y Baker's Falls *(p. 197)*

(99) Valle de Langtang *(p. 198)*

(100) Camino del Druk *(p. 200)*

(101) Sendero Tab Kak Hang Nak *(p. 202)*

(102) Phnom Kulen *(p. 203)*

(103) Viet Hai *(p. 204)*

(104) Arrozales de Batad *(p. 205)*

(105) MacLehose Trail *(p. 206)*

(106) Teapot Mountain Trail *(p. 208)*

(107) La Gran Muralla *(p. 209)*

(108) Garganta del Salto del Tigre *(p. 210)*

(109) Bolshaya Baikalskaya Tropa *(p. 212)*

(110) Muralla de Seúl *(p. 214)*

(111) Monte Miyanoura *(p. 215)*

(112) Sendero Costero de Michinoku *(p. 216)*

94

Ak-Suu Transverse

DE JYRGALAN A LAS FUENTES TERMALES DE JETI-OGUZ, KIRGUISTÁN

Esta desafiante ruta asciende ocho puertos de montaña en una de las regiones más remotas, espectaculares y bellas de Kirguistán.

La experiencia de recorrer a pie un territorio salvaje de Asia Central no se vive todos los días. Pero la Ak-Suu Transverse permite hacer exactamente eso: recorrer los remotos valles y los accidentados picos de Ak-Suu, en la provincia de Yssyk-Kol, habitada por comunidades nómadas.

La ruta es físicamente extenuante, ya que incluye varios puertos que suman unos 7000 m de ascensión, más los inevitables descensos que les siguen. También se requiere una relativa autosuficiencia, lo que implica cargar con mucho peso y pernoctar en tiendas de campaña o en yurtas.

Sin embargo, el impactante paisaje montañoso compensa cualquier adversidad. Caminando por esta remota región se recorren verdes valles cubiertos de árboles junto a espumosos arroyos, se acampa a orillas de serenos lagos rodeados de prados floridos y se contemplan altos y afilados picos cubiertos de glaciares. En ocasiones el camino serpentea entre praderas verdes y doradas, que en verano se llenan de rebaños pertenecientes a los pueblos seminómadas kirguises. Quien se encuentre con un pastor no debe sorprenderse si le invita a tomar un té, pan o *kumis* (leche de caballo fermentada).

Uno de los tramos más pintorescos de la ruta es también uno de los más duros. Dejando atrás el valle del Arashan, el camino asciende el puerto de Ala-Kol, de 3907 m. Los dos últimos kilómetros, por una empinada cuesta de piedras sueltas, son agotadores. Pero una vez en la cumbre el jadeo y el ardor de piernas quedan en un segundo plano y se imponen las increíbles vistas de las aguas turquesas del lago Ala-Kol, rodeadas por los picos de la cordillera de Turgen Ak-Suu, que se extiende en la distancia.

105 KM

7063 M

7 DÍAS (IDA)

Tramo final de la Ak-Suu Transverse hacia el lago Ala-Kol

REPONER FUERZAS

Altyn Arashan

Hacia la mitad de la ruta se halla la pequeña localidad de Altyn Arashan, donde se puede tomar una deliciosa comida caliente, tomarse una cerveza fría y dormir en un albergue. También hay fuentes termales para sumergir las maltrechas piernas en agua humeante.

Antes de salir de **JYRGALAN** presencia un partido de *kok-boru*, un deporte ecuestre similar al polo.

Jyrgalan

Alójate en el campamento de yurtas de Kara-Kyz, situado en el llano y abierto **VALLE DE JERGEZ,** para experimentar el modo de vida nómada de los kirguises.

Puerto de Terim Tor Bulak

Lagos Boz Uchuk

Valle de Jergez

KIRGUISTÁN

Al final de la ruta báñate en las cálidas **FUENTES TERMALES DE JETI-OGUZ.**

Puerto de Allanysh

Admira los **LAGOS BOZ UCHUK,** conjunto de lagunas que formaban parte de un enorme glaciar.

Altyn Arashan

Puerto de Anyr-Tor

Fuentes termales de Jeti-Oguz

Puerto de Ala-Kol

Lago Ala-Kol

Puerto de Telety

0 km 10

PERFIL DE RUTA

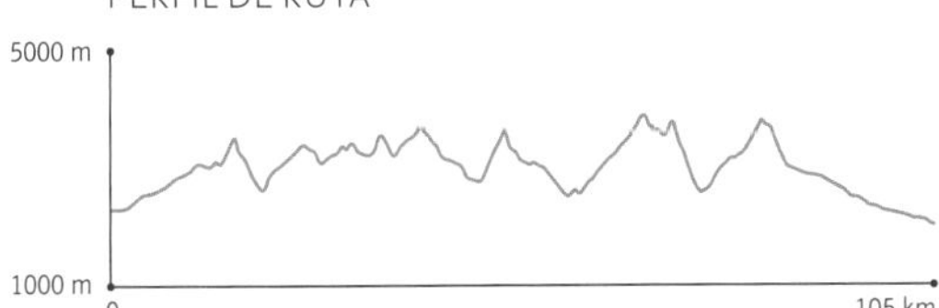

95

Ruta al campo base del K2

ASKOLE, PAKISTÁN

El viaje al campo base del K2 es uno de los más espectaculares del planeta. En ningún otro lugar existe tal concentración de montañas: 7 de los 19 picos más altos del mundo bordean la ruta.

178 KM
3752 M
12-14 DÍAS (IDA Y VUELTA)

Hay que despedirse de los acogedores salones de té, las coloridas banderas y las hospitalarias aldeas de la ruta al campo base del Everest en Nepal. La del K2, el segundo pico más alto del mundo, es más exigente, más remota y, a la larga, más espectacular.

Situada en la cordillera del Karakórum, la región del mundo con más glaciares exceptuando los polos, la ruta al K2 recorre un territorio salvaje. Comparado con la región nepalí del Everest, el Parque Nacional del Karakórum Central recibe muchos menos visitantes, lo que significa que los caminos apenas tienen tráfico. Sin embargo, como consecuencia de ello, la zona carece de las infraestructuras y los servicios de otros destinos senderistas.

Los extranjeros no pueden entrar al Parque Nacional del Karakórum Central sin guía y deben contratar a un equipo de porteadores y cocineros en una agencia autorizada por el gobierno. Todo debe organizarse en la ciudad de Skardu, puerta de acceso al Karakórum, situada a seis horas en coche de Askole, donde empieza la ruta.

La vida en el camino es básica, cuando menos. Las comodidades son pocas y están alejadas entre sí. La tienda de campaña es el único alojamiento y en varias ocasiones hay que montarla directamente en el glaciar. Los inodoros y el agua caliente son escasos y no hay duchas. ▸

PERFIL DE RUTA

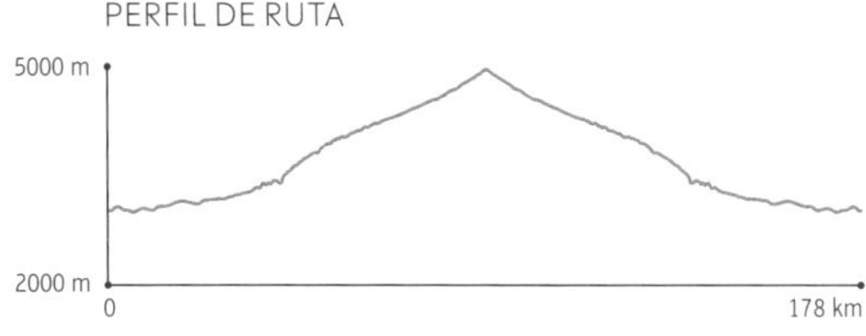

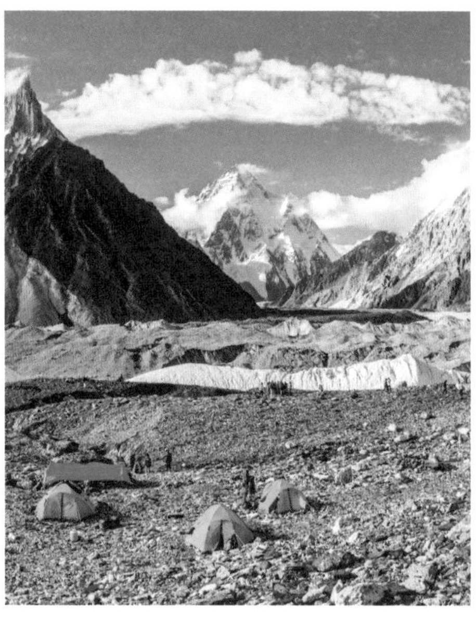

El campamento de Concordia, con el majestuoso K2 en la distancia

Askole
Campam
de Jhola

Puedes alojarte en el **CAMPAMENTO DE JHOLA,** al socaire del distintivo monte Bakhor Das, de 5810 m, más conocido por el apodo de Mango por la curiosa forma de su cumbre.

La recompensa tras una dura caminata es hallarte al pie del **K2** y contemplar sus 3 km de roca y hielo elevarse hacia el cielo.

Admira los altos picos de granito de las **TORRES TRANGO** que poseen algunos de los precipicios más formidables del planeta. Con 1340 m, la cara este del Gran Trango presenta la mayor caída casi vertical del mundo.

Campo base del K2

Campo base del Broad Peak

PAKISTÁN

Torres Trango

Concordia

Goro 2

Urdukas

Khoburtse

Glaciar Baltoro

Paiju

CONCORDIA, nombre dado a la confluencia de los glaciares Baltoro y Godwin-Austen, es uno de los pocos lugares del mundo donde puedes contemplar cuatro ochomiles.

El **GLACIAR BALTORO** es la imponente autopista de hielo que te guía por un espectacular corredor natural hasta el K2.

0 km 5

El terreno puede ser sumamente exigente. Los caminos cambian constantemente a medida que el hielo se mueve y se abren grietas, de modo que hay hacer varios tramos campo a través. Son habituales las crecidas de los ríos, que rompen las pasarelas y obligan a mojarse los pies.

Entonces, ¿por qué hacer la ruta? Por tener una visión sin igual de uno de los espectáculos más increíbles de la naturaleza. Siguiendo el valle del Braldu hacia el glaciar Baltoro, el viajero se ve rápidamente rodeado de enormes picos de granito cubiertos de nieve que se hacen cada vez más altos e imponentes a medida que avanza por el valle, haciéndole sentirse cada vez más pequeño y frágil. Finalmente, cuando los glaciares Baltoro y Godwin-Austen confluyen en el inmenso anfiteatro conocido como Concordia, aparecen el K2 y los picos vecinos.

El senderista presencia una de las escenas más estupendas del planeta: el colosal pico piramidal del K2.

El macizo del K2 es la mayor concentración de montañas altas del mundo –mayor incluso que el macizo del Everest, en Nepal– y quien se sintiera como una hormiga antes, se sentirá microscópico ahora. Entre estos gigantes está el macizo del Gasherbrum, un grupo de cinco picos de más de 7000 m con dos ochomiles entre

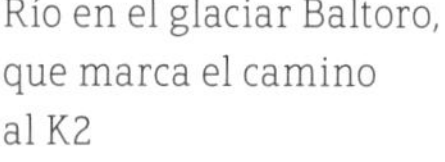

Río en el glaciar Baltoro, que marca el camino al K2

Arriba Campamento en Concordia, con el Broad Peak y el K2 en la distancia

Abajo Oficina de inscripciones en Askole, punto de partida de la ruta

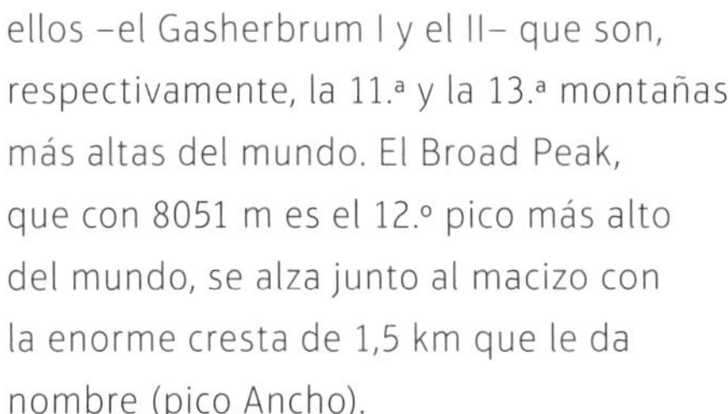

ellos –el Gasherbrum I y el II– que son, respectivamente, la 11.ª y la 13.ª montañas más altas del mundo. El Broad Peak, que con 8051 m es el 12.º pico más alto del mundo, se alza junto al macizo con la enorme cresta de 1,5 km que le da nombre (pico Ancho).

Tras progresar por el glaciar Godwin-Austen, con sus morrenas esparcidas, el senderista presencia una de las escenas más estupendas del planeta: el colosal pico piramidal del K2. El tamaño del monte es completamente apabullante. A pesar de ser más pequeño que el Everest, el K2 muestra una armonía y una simetría que lo hacen más impresionante.

Cuando se llega al modesto montón de piedras que señala el campo base, la mole de piedra y hielo de 8611 m hace que las cordilleras del oeste de Europa parezcan meras colinas. De hecho, el campo base está a mayor altura que cualquier lugar de los Alpes e, inexplicablemente, 3500 m por debajo de la cumbre del K2.

Esta ruta quizás sea el viaje más gratificante que se pueda realizar. Se trata de una formidable empresa en una de las regiones más remotas del planeta. Pero las cargas del recorrido se funden como el hielo cuando se ve por primera vez el techo del Karakórum. Es un lugar que deja al senderista boquiabierto e inmóvil ante tal escena de humildad. Ese es el poder y la magnificencia del K2.

CON GANAS DE MÁS

Puerto de Gondogoro La

En vez de regresar por el valle del Braldu, los montañeros más experimentados pueden afrontar el desafío del puerto de Gondogoro La, de 5560 m de altitud. Está al sur del campo base del K2 y requiere el uso de piolets y crampones. Esta variante recorta la distancia en el viaje de vuelta, pero a la vez amplía su duración dos días debido a la dificultad del terreno.

CURIOSIDADES

Salvar al tigre

Hay pocos animales tan emblemáticos como el tigre de Bengala. Este bello depredador está entre las criaturas más queridas –y amenazadas– del mundo. Los proyectos de conservación han hecho que la población de tigres se haya doblado en la India desde 2010, pero en Chhattisgarh sigue en disminución, así que la lucha debe continuar.

Observa cómo flotan en la superficie las flores de loto rosas del **TEDIYABAANDH,** un precioso y tranquilo lago cercano al punto de partida, en Ramgarh.

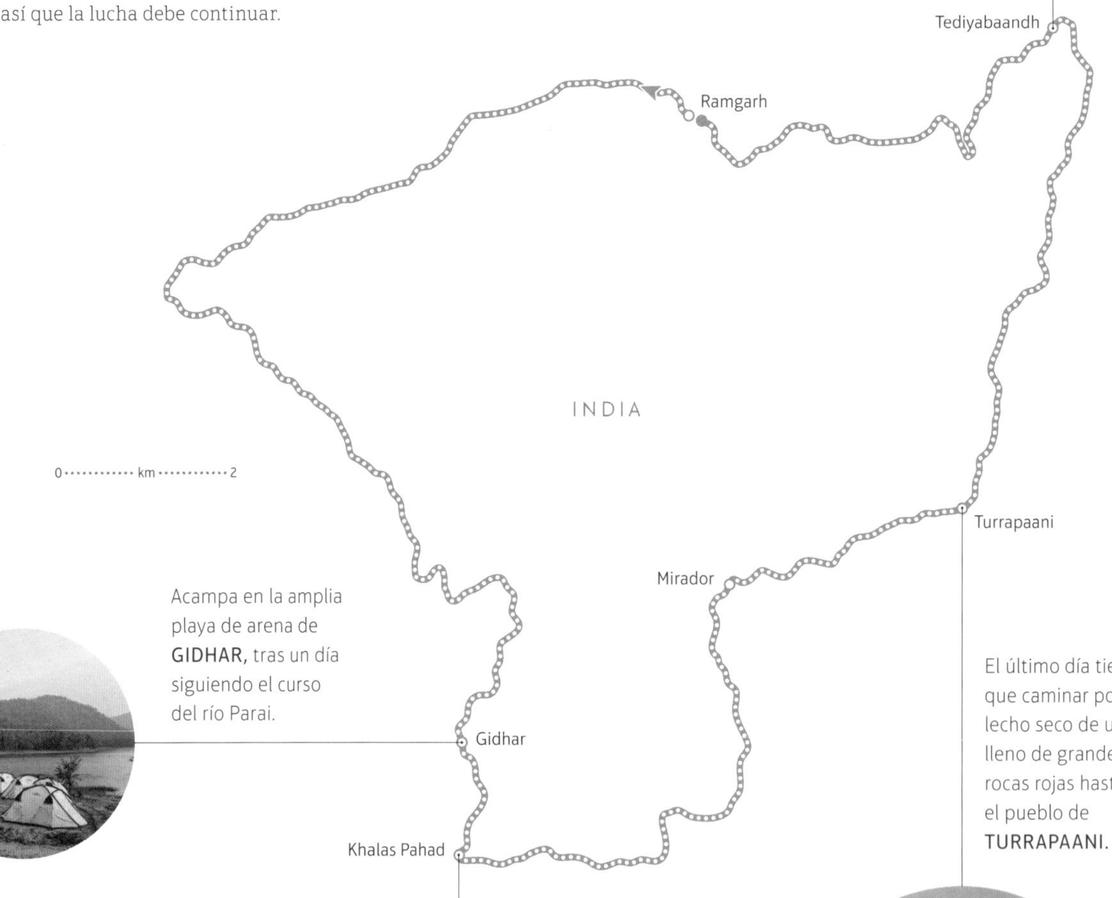

Acampa en la amplia playa de arena de **GIDHAR,** tras un día siguiendo el curso del río Parai.

El último día tienes que caminar por el lecho seco de un río lleno de grandes rocas rojas hasta el pueblo de **TURRAPAANI.**

A mitad de camino, asciende durante diez minutos a la pequeña colina de **KHALAS PAHAD,** cuyas rocas parecen de mármol rosa, para disfrutar de las vistas del Parque Nacional de Guru Ghasidas.

96

Chhattisgarh Jungle Trek

PARQUE NACIONAL DE GURU GHASIDAS, INDIA

Conocido como la Ruta del Libro de la Selva, este recorrido de cuatro días serpentea por los densos bosques del Parque Nacional de Guru Ghasidas, contemplando los paisajes que inspiraron a Rudyard Kipling en la creación de su obra maestra.

46 KM
863 M
4 DÍAS (CIRCULAR)

Chhattisgarh es una tierra olvidada por el tiempo. Casi la mitad de este estado indio está cubierta de jungla y lo que se oculta dentro estimula la imaginación: cascadas turquesas que se precipitan por vastos corredores de roca, playas fluviales de arena dorada y árboles centenarios cubiertos de enredaderas que se elevan 30 m y forman un fresco dosel. No es de extrañar que el lugar encendiera la creatividad del autor Rudyard Kipling –que pasó su infancia en la India– y proporcionara el escenario para su clásico *El libro de la selva*.

Esta ruta por Chhattisgarh ofrece la rara oportunidad de recorrer a pie un parque nacional indio (en este caso el de Guru Ghasidas). Solo puede hacerse en forma de ruta guiada a razón de 10 a 14 km diarios y durmiendo en tiendas en lo más profundo del bosque, rodeados –como escribió Kipling– de «los sonidos de la noche, que, juntos, crean un gran silencio». Los senderos son variados y a veces hay que vadear ríos. No es una ruta difícil desde el punto de vista técnico, pero hay que estar en forma. Los requisitos más importantes, sin embargo, son la receptividad y la curiosidad, virtudes correspondidas por sus habitantes, que han forjado una vida en comunión con el peligro, la belleza y la prodigalidad de esta tierra selvática.

A lo largo del camino, como en los famosos relatos de Kipling, los animales de Chhattisgarh son los compañeros de viaje: el sambar vigila cauteloso entre los árboles, los varanos se deslizan por las rocas de los ríos y las pitas indias despliegan sus plumas irisadas mientras buscan insectos en el suelo. Pero lo más intrigante son los rastros de los habitantes más esquivos del bosque: las huellas de garras que deja el leopardo indio y, por supuesto, el tigre de Bengala, el rey de la jungla. Con mucha suerte quizás se pueda vislumbrar a uno de ellos, una experiencia que acompañará al afortunado viajero el resto de su vida.

PERFIL DE RUTA

2000 m
0
0
46 km

Sendero bordeado de flores en el espectacular Valley of Flowers indio

Contempla las especies alpinas endémicas del **VALLEY OF FLOWERS**, como la *Brahma kamal*, la campanilla del Himalaya y el lirio cobra.

Alójate en **GHANGARIA** para experimentar el modo de vida rural al pie del Himalaya y probar la cocina garhwali, punyabí y china.

Desde **GOVINDGHAT** sigue el caudaloso río Lakshman Ganga por el valle de Bhuyandar.

0 km 3

Valley of Flowers National Park

Ghangaria

Hemkund Sahib

Lago Hemkund

Bhuyandar

Lakshman Ganga

INDIA

Govindghat

97

Valley of Flowers

GOVINDGHAT, INDIA

Esta ruta recorre el parque nacional más bonito de la India, conocido por sus prados llenos de coloridas flores alpinas.

41 KM

2933 M

4 DÍAS (IDA Y VUELTA)

En 1931, un grupo de montañeros y botánicos británicos que se perdieron tras una exitosa expedición al monte Kamet fueron a parar a un valle cubierto de flores. Cuando compartieron la anécdota, el valle de las Flores alcanzó fama internacional. Hoy es el escenario de una de las mejores rutas de senderismo de la India. Afortunadamente, no es necesario ser un experto explorador para disfrutar de la ruta: es lo bastante fácil para senderistas principiantes gracias al suave terreno y al camino bien mantenido.

PERFIL DE RUTA

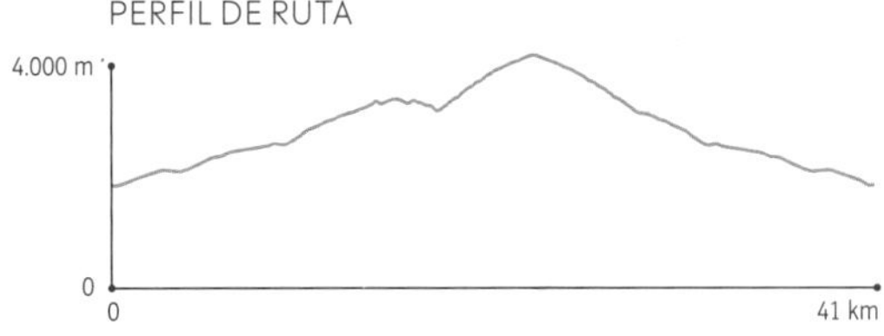

Siguiendo un verde valle, el sendero atraviesa un frondoso bosque, cruza ríos y pasa por varias cascadas. El paisaje es impresionante, pero son las flores las que acaparan la atención. En verano, en particular en julio y agosto, la colorida paleta de la naturaleza se extiende por el valle con el delicado púrpura de las orquídeas, el azul intenso de las amapolas y el naranja vivo de las caléndulas. En el valle hay 498 especies de plantas florales, muchas de las cuales son autóctonas de la región. Un agradable aroma perfuma el aire mientras se observan las flores; entre las más bellas están las delicadas cabezuelas del tomillo del Himalaya, las diminutas campanillas del sello de Salomón y los discos dorados de la énula, cuyos pétalos parecen rayos de sol.

98

World's End y Baker's Falls

HORTON PLAINS NATIONAL PARK, SRI LANKA

Hay pocas vistas como las que brinda esta ruta poco exigente que serpentea por un bosque envuelto en niebla, pasa por varias cascadas y se asoma a los fértiles cultivos de té de las tierras altas centrales de Sri Lanka.

8 KM

219 M

MEDIO DÍA (CIRCULAR)

Puede que se llame el Fin del Mundo, pero no hay nada apocalíptico en las vistas que ofrece este despeñadero del Parque Nacional de las Llanuras de Horton, en Sri Lanka. De hecho, el valle verde que se extiende abajo, donde el bosque nuboso da paso a las plantaciones de té y a los pueblos, hace pensar en las maravillas del mundo y en toda la vida que alberga, sobre todo en las mañanas despejadas, cuando las vistas alcanzan el océano Índico.

Lo mismo podría decirse del camino al mirador, que atraviesa un bosque cubierto de musgo donde las flores doradas de las sennas se asoman desde el suelo y los raros langures de cara púrpura miran curiosos desde las ramas. Desde el mirador, una corta subida lleva a la Baker's Falls, donde el río Belihul Oya se divide en finos hilos de agua y se precipita por una ancha pared de roca. Aquí no está permitido bañarse, pero la rociada de la catarata es perfecta para refrescarse tras una tonificante caminata matinal.

PERFIL DE RUTA

2.500 m

1.000 m

0 — 8 km

Oficina del

Belihul Oya

Chimney Pool

Haz una parada final en la **BAKER'S FALLS**, donde las aguas del Belihul Oya caen por una roca de 20 m.

Baker's Falls

0 ···········• km ···········• 1

SRI LANKA

Mini World's End

Disfruta del punto culminante de la ruta, el incomparable **WORLD'S END VIEWPOINT**, a medio camino.

World's End Viewpoint

Realiza un primer descanso en **MINI WORLD'S END**, donde el bosque se abre para revelar los picos circundantes.

ASIA

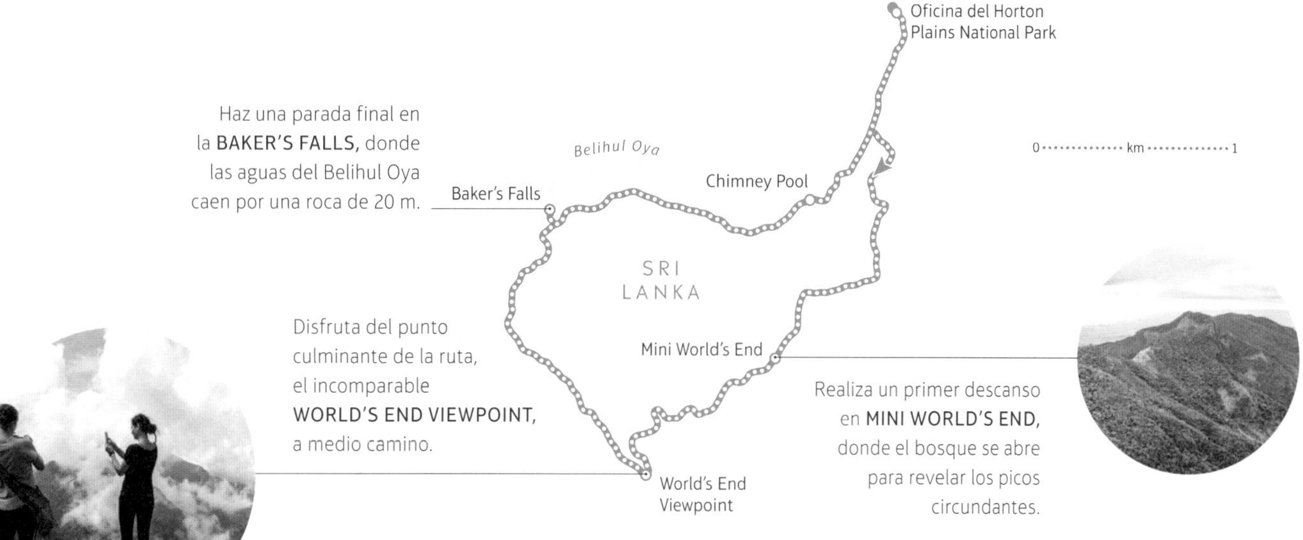

En **GHORA TABELA** haz una parada para tomar un té y celebrar que has superado los 3000 m de altura.

0 km 3

Ghora Tabela

Gumnachok

Syabru Besi

Rimche

Lama Hotel

Domen

Pasa la noche en el emblemático **LAMA HOTEL,** toma un buen plato de *dal bhat* (lentejas estofadas y arroz hervido) y comparte anécdotas con otros viajeros.

99

Valle de Langtang

SYABRU BESI, NEPAL

Esta ruta avanza a la sombra de algunas de las montañas más altas del mundo y se adentra en el corazón del valle nepalí de Langtang.

56 KM

2948 M

5-7 DÍAS (IDA Y VUELTA)

El remoto valle de Langtang, situado unos 150 km al norte de Katmandú, es un lugar de una belleza excepcional. Esta ruta serpentea a lo largo del valle y pasa de un bosque subtropical a un macizo montañoso lleno de glaciares en cuestión de días.

A pesar de discurrir por el lecho del valle, el camino es exigente. El desnivel positivo es de casi 3000 m y se asciende a una altitud de casi 4000 m. Afortunadamente, en la ruta abundan los salones de té –la mayoría regentados por vecinos de la etnia tamang–, que ofrecen camas cálidas y platos tan revitalizantes como los adictivos *momos* (bolas de masa rellenas y hervidas).

El estrecho sendero sale de Syabru Besi –una localidad al final de una carretera– y atraviesa un bosque de robles, abetos y rododendros cuyo denso follaje alberga divertidos langures. Luego avanza junto a un impetuoso río de glaciar y, a medida que asciende, el paisaje se transforma: el bosque se reduce y da paso a irregulares praderas alpinas y montañas cada vez más elevadas.

PERFIL DE RUTA

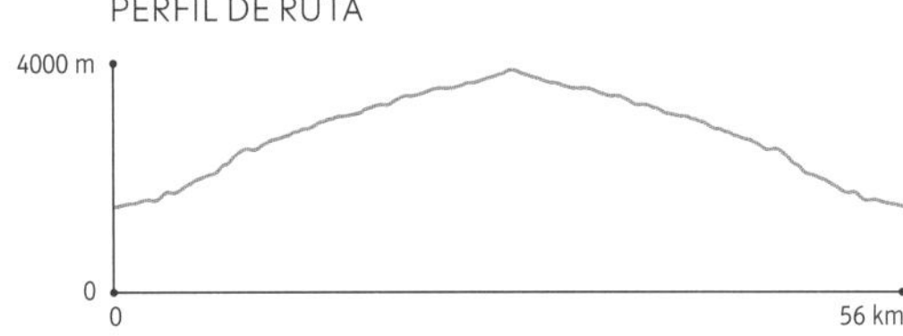

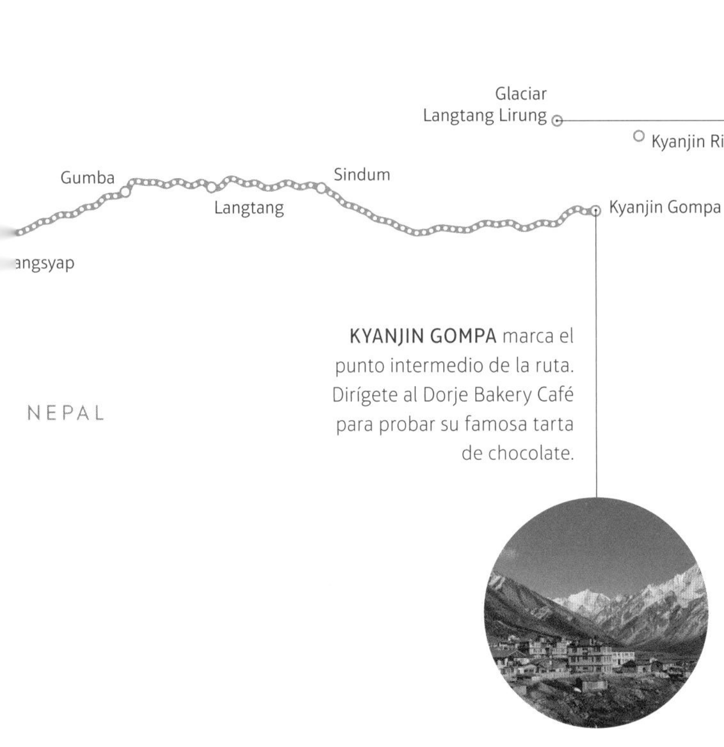

Contempla la majestuosidad del **GLACIAR LANGTANG LIRUNG,** un descomunal río helado que desciende por el monte homónimo.

KYANJIN GOMPA marca el punto intermedio de la ruta. Dirígete al Dorje Bakery Café para probar su famosa tarta de chocolate.

CURIOSIDADES

El terremoto de 2015

El valle de Langtang quedó muy dañado por el devastador terremoto de magnitud 7,8 que azotó Nepal el 25 de abril de 2015. Un gran desprendimiento de millones de toneladas de roca y hielo mató a unas 250 personas y destruyó casi por completo la localidad de Langtang. Un nuevo pueblo se reconstruyó 100 m por encima del antiguo y se erigió un muro *mani* conmemorativo con los nombres inscritos de los que perdieron la vida.

Pero no es solo el paisaje lo que llama la atención. A lo largo de la ruta el caminante se topa con pastores de yaks que llevan a sus animales a pastos más frescos –ambos con mantequilla en la cabeza para tener buena suerte– y reatas de mulas cargadas con provisiones. En todas partes hay muestras de la fe budista de la región: coloridas banderas de plegaria agitadas por el viento, solitarias estupas con sus doradas cúpulas apuntando al cielo e intrincados muros *mani* junto al sendero.

Senderistas cruzando un puente colgante en el nevado valle de Langtang

Al acercarse al pequeño asentamiento de Kyanjin Gompa, punto de inflexión de la ruta, el paisaje se hace mucho más rocoso: un anfiteatro de montañas cubiertas de nieve rodea al viajero. Los picos más pequeños tienen la misma altura que el Mont Blanc y el monte más alto del valle –el Langtang Lirung, de 7227 m, cubierto por un glaciar– supera en casi 3000 m la altura del famoso pico alpino europeo.

Por tanto, no es de extrañar que la mayoría de las montañas del lugar estén fuera del alcance del común de los senderistas, excepto el Kyanjin Ri. Este majestuoso pico de 4773 m merece un desvío desde Kyanjin Gompa (hay que añadir un día al viaje), pues desde su cumbre se obtienen unas vistas increíbles de los afilados picos cercanos y los glaciares grises azulados. ¿Hay un clímax más apropiado para una ruta por el Himalaya que hollar la cima de una majestuosa montaña?

100

Camino del Druk

DE PARO A THIMPHU, BUTÁN

Se puede descubrir la cultura budista de Bután en una antigua ruta comercial por el montañoso reino del Dragón del Trueno.

45 KM
3019 M
6 DÍAS (IDA)

No es de extrañar que Bután sea considerado uno de los países más felices del mundo. Este diminuto reino budista de bosques inmaculados y montañas enormes es ideal para caminar y es más que probable vivir momentos de felicidad mientras se recorre el Camino del Druk, un antiguo camino de herradura que une las ciudades históricas de Paro y Thimphu, capital del país.

Toda la caminata transcurre a gran altitud, de modo que el paisaje de montañas nevadas, lagos alpinos y bosques de pinos azules y rododendros es espectacular. También es la ruta ideal para conocer la vida religiosa de Bután, ya que permite visitar *dzongs* (monasterios fortificados), *lhakhangs* (templos) y *chortens* (estupas). Los más llamativos son los *dzongs*, inmensos complejos encalados, encaramados en cabeceras de valles y estribaciones montañosas. Pero los *lhakhangs* pueden causar una impresión aún más fuerte, especialmente si se recibe la bendición del monje de turno (esto supone recibir un golpe en la cabeza con un gran falo de madera, un talismán contra los malos espíritus).

PERFIL DE RUTA

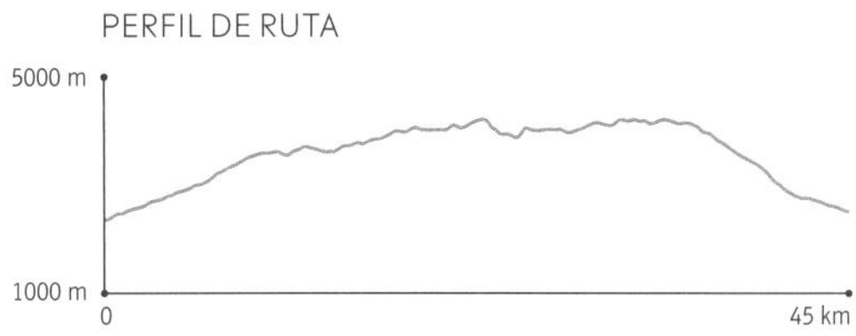

Tradicionales banderas de plegaria
en el monasterio budista de Phajoding

En comparación con las rutas del cercano Nepal, más conocidas, las de Bután reciben pocos visitantes, lo cual significa que solo se ha de compartir el camino con unos pocos viajeros y con algún que otro pastor de yaks en busca de mejores pastos. El sendero sí que está más concurrido al aproximarse a Thimphu, donde los turistas hacen escala para visitar el monasterio de Phajoding, un revoltijo de *lhakhangs* y salas de meditación del siglo XIII. El monasterio flota sobre una colcha de nubes a primera hora de la mañana y los días despejados ofrece vistas del Himalaya Oriental. Gracias a esa visión, el tramo hasta Thimphu se hace con una sonrisa de oreja a oreja.

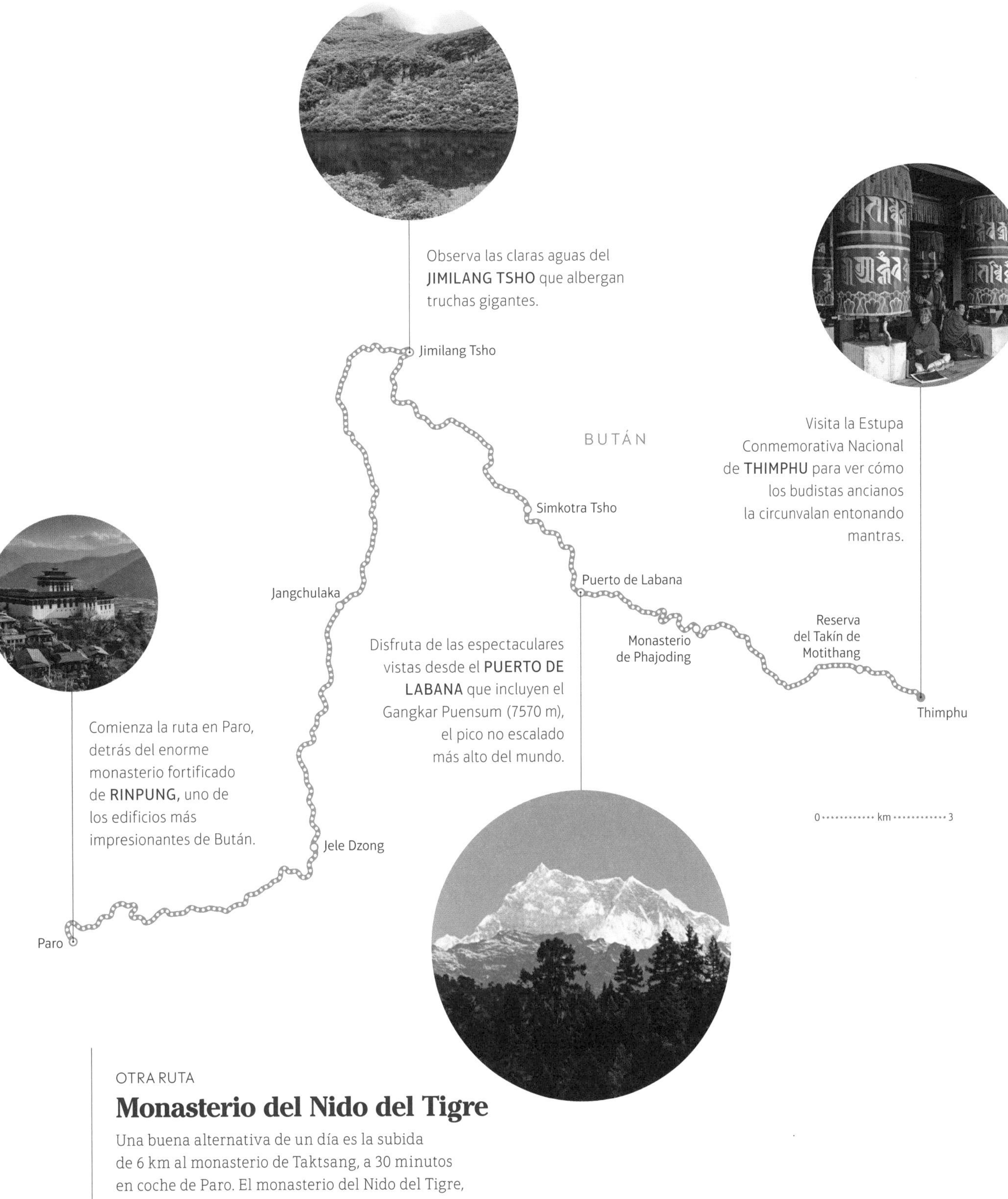

Observa las claras aguas del **JIMILANG TSHO** que albergan truchas gigantes.
Jimilang Tsho
BUTÁN
Visita la Estupa Conmemorativa Nacional de **THIMPHU** para ver cómo los budistas ancianos la circunvalan entonando mantras.
Simkotra Tsho
Puerto de Labana
Jangchulaka
Monasterio de Phajoding
Reserva del Takín de Motithang
Thimphu
Disfruta de las espectaculares vistas desde el **PUERTO DE LABANA** que incluyen el Gangkar Puensum (7570 m), el pico no escalado más alto del mundo.
Comienza la ruta en Paro, detrás del enorme monasterio fortificado de **RINPUNG,** uno de los edificios más impresionantes de Bután.
0 km 3
Jele Dzong
Paro

OTRA RUTA

Monasterio del Nido del Tigre

Una buena alternativa de un día es la subida de 6 km al monasterio de Taktsang, a 30 minutos en coche de Paro. El monasterio del Nido del Tigre, como es más conocido, se halla en la pared de un acantilado sobre el valle de Paro y parece desafiar las leyes de la física.

Playa de Tubkaek

Arroyo

Al poco de empezar la ruta pasarás por un **ARROYO** que cae sobre unas rocas formando una diminuta cascada. Es perfecto para refrescarse a la vuelta.

Hacia la mitad de la ruta, un claro en la jungla revela el **PRIMER MIRADOR**, donde puedes posar para una foto en un pedrusco y admirar las verdes llanuras y las formaciones cársticas de Krabi y la bahía de Phang Nga.

Primer mirador

0 km 0,5

TAILANDIA

Ngon Nak

Montaña de la Cresta del Dragón

Una señal a **NGON NAK** lleva al segundo mirador, donde puedes subir por una escalera a una gran roca para reflexionar sobre la caminata.

101

Sendero Tab Kak Hang Nak

PLAYA DE TUBKAEK, TAILANDIA

Este sendero se aleja del meollo turístico y asciende por una colina cubierta de jungla hasta su cima, que se asoma a las exuberantes llanuras de Krabi.

7 KM

489 M

MEDIO DÍA (IDA Y VUELTA)

En un país cuyos tesoros naturales y culturales son tan notorios, el atractivo de esta ruta por la región tailandesa de Krabi es que permanece fuera del radar turístico, así que no hay que compartir las flores, la jungla y las amplias vistas con mucha gente.

El espíritu aventurero sale a relucir cuando se trepa por rocas lisas y raíces de árboles. A veces estas se confabulan para formar una práctica escalera natural; otras veces son menos serviciales. Pero puede decirse que, en general, la naturaleza es hospitalaria: enormes peñascos que parecen desafiar la gravedad para proporcionar un lugar sombreado donde descansar y cascadas que caen en pozas ideales para remojar los pies cansados. Y en la cumbre de la montaña de la Cresta del Dragón, un saliente de roca permite sentarse en soledad y gozar de las vistas de la jungla color esmeralda.

PERFIL DE RUTA

1000 m

0

0

7 km

Vista de la exuberante jungla en el sendero Tab Kak Hang Nak

102

Phnom Kulen

PAGODA DE PREAH ANG CHOUB, CAMBOYA

Las montañas Kulen son un tesoro oculto de la historia jemer antigua. Esta ruta pasa por espectaculares cascadas y lugares sagrados invadidos por la jungla en un solo día.

8 KM
258 M
1 DÍA (IDA Y VUELTA)

La historia antigua de Camboya no termina, ni empieza, en Angkor Wat. A solo 45 km de este famoso lugar se encuentran las montañas Kulen, donde se fundó el Imperio jemer en el siglo IX. Sus laderas están llenas de reliquias culturales y religiosas, y muchas de ellas se hallan cerca de un camino forestal relativamente fácil que serpentea por bosques de anacardos y pasa por la idílica cascada de Phnom Kulen. Los lugares más destacados son el Kbal Spean o valle de los 1000 Lingam –un tramo de lecho fluvial cuyas rocas lucen elaboradas tallas de *lingam* y escenas mitológicas hindúes– y el Prasat Krau Romeas, un templo jemer del siglo IX en ruinas invadido por las higueras y las enredaderas. Lo mejor es que a estos lugares no acuden las multitudes.

CURIOSIDADES

El «lingam»

En el mundo hindú, el símbolo del *lingam* es una representación de Shiva, dios de la destrucción y el renacimiento. Su apariencia varía, pero suele tener forma circular o redondeada. A Shiva se le asocia con la fertilidad y algunos *lingam* tienen forma fálica.

El Buda reclinado es un símbolo clásico de los templos del Sureste Asiático. Observa el más grande de Camboya que se encuentra en la **PAGODA DE PREAH ANG THOM.**

PERFIL DE RUTA

1000 m
0
0
8 km

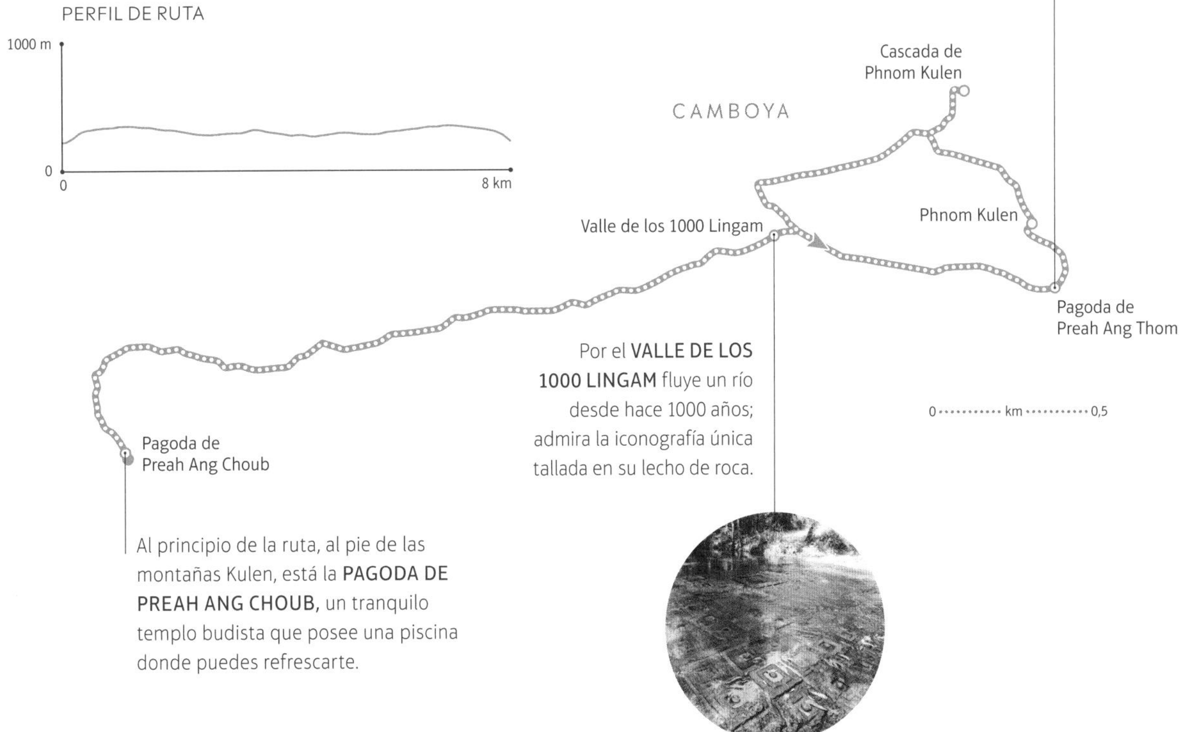

Por el **VALLE DE LOS 1000 LINGAM** fluye un río desde hace 1000 años; admira la iconografía única tallada en su lecho de roca.

Al principio de la ruta, al pie de las montañas Kulen, está la **PAGODA DE PREAH ANG CHOUB,** un tranquilo templo budista que posee una piscina donde puedes refrescarte.

103

Viet Hai

DE LA OFICINA CENTRAL DEL PARQUE NACIONAL DE CAT BA A VIET HAI, ISLA DE CAT BA, VIETNAM

En esta exigente caminata por la jungla se ven macacos, civetas y, con suerte, langures de cabeza blanca.

9 KM
395 M
1 DÍA (IDA)

Siguiendo senderos abruptos, esta ruta atraviesa el corazón del Parque Nacional de Cat Ba, declarado reserva de la biosfera por la Unesco. No es una ruta fácil, ya que avanza por una auténtica jungla: el ambiente es caluroso y húmedo, se tiene una constante sensación de sed, y el terreno es irregular y resbaladizo. El camino, atravesado por gruesas raíces, sube y baja. En algunos tramos empinados incluso es necesario trepar.

Pero, sin duda, el esfuerzo vale la pena. Las flexibles civetas, los ágiles macacos y las ardillas gigantes negras corretean por los árboles, los insectos palo se camuflan para no ser vistos y multitud de coloridas mariposas revolotean en el denso aire. Si la suerte está de cara es posible ver algún langur de cabeza blanca, el primate más amenazado del mundo: solo unas 60 de estas criaturas únicas viven en esta jungla.

PERFIL DE RUTA

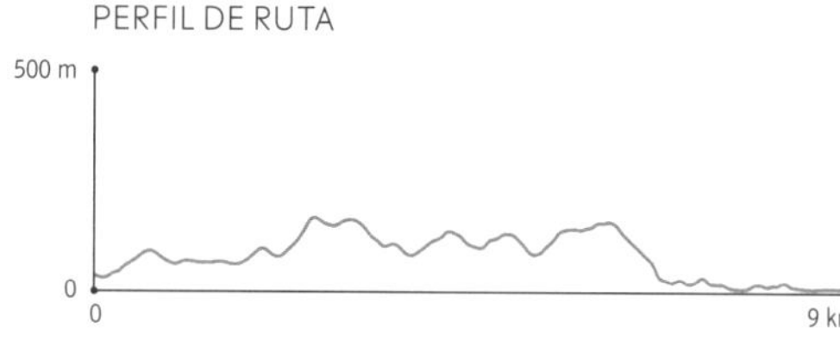

Archipiélago de Cat Ba, donde se halla la isla homónima y su parque nacional

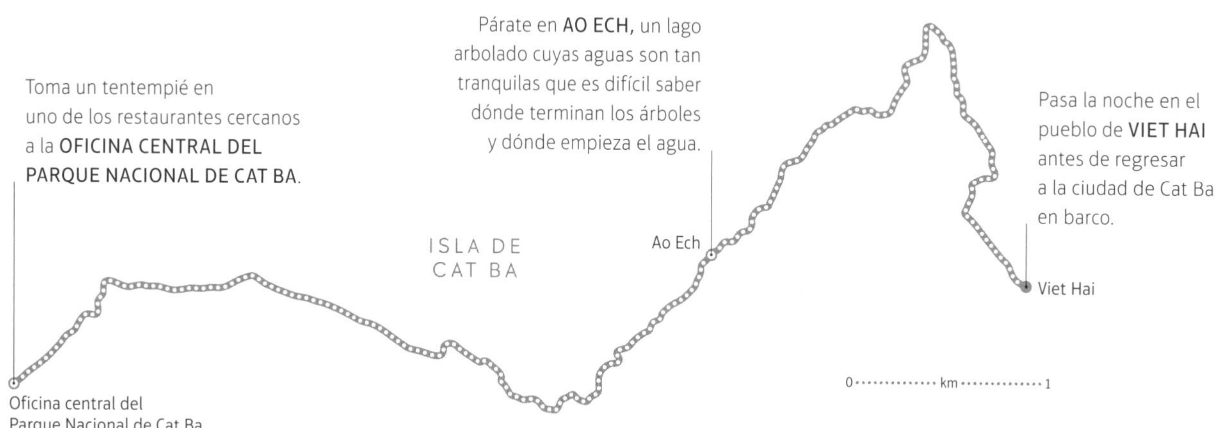

0 km 2
Pula
FILIPINAS
Cambulo
Cascada de Tappiya
Batad
Mirador de Banaue
Arrozales en terrazas de Banaue
Banaue
Admira los **ARROZALES EN TERRAZAS DE BANAUE,** para muchos, la octava maravilla del mundo.
Comienza la ruta en un escenario magnífico, **BATAD,** una aldea famosa por sus arrozales escalonados, que cubren las laderas de un espectacular valle.

Date un chapuzón para combatir el calor tropical en la piscina natural de la **CASCADA DE TAPPIYA.**

104

Arrozales de Batad

DE BATAD A BANAUE, FILIPINAS

Relucientes arrozales verdes dispuestos en terrazas forman el paisaje de este agradable recorrido de dos días por la cultura rural milenaria filipina.

30 KM
2264 M
2 DÍAS (IDA)

No es habitual que las tierras de cultivo figuren en la lista del Patrimonio Mundial de la Unesco, pero los arrozales de Batad no son unos cultivos normales. Tallados a mano en las laderas hace unos dos milenios, fueron –y son– todo un logro de la ingeniería del pueblo ifugao, que sigue cuidándolos hoy en día.

PERFIL DE RUTA

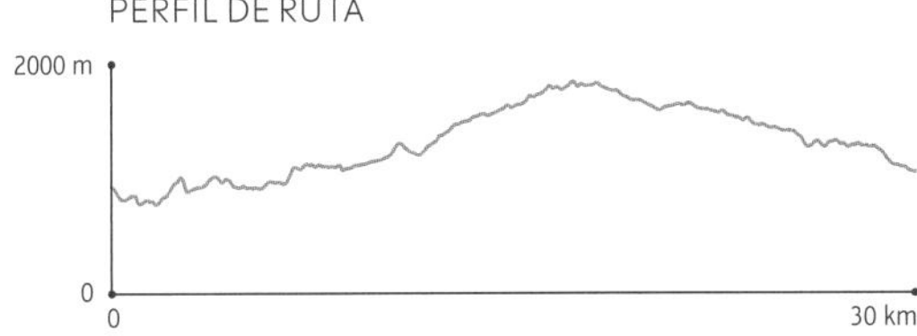

Esta ruta de dos días serpentea entre anfiteatros esmeraldas formados por bancales superpuestos de arroz, pasa por cascadas ideales para refrescarse y por pueblos tradicionales en los que se puede tomar una taza de té o un vaso de vino de arroz. Pero en los arrozales no solo hay arroz: si se mira de cerca se ven carpas y caracoles viviendo en las someras aguas.

Aunque se trata de una ruta fácil, algunos tramos son empinados. Para caminar seguros conviene hacer reverencias ante los *bulul*, las estatuas de ancestros que custodian en silencio los preciados cultivos.

Para en el pueblo punti semiabandonado de **CHEK KENG** para buscar la capilla católica de la Sagrada Familia, fundada por misioneros en el siglo XIX.

CON GANAS DE MÁS

La ruta completa

El MacLehose Trail serpentea unos 100 km por los Nuevos Territorios de Hong Kong, desde el Sai Kung East hasta Tuen Mun, en el oeste. Lleva el nombre del gobernador británico Murray MacLehose, entusiasta del senderismo, que fundó los parques rurales.

Pak Tam Au

Chek Keng

Tai Long Au

HONG KONG

Ham Tin Wan

0 km 1

Quítate las botas para darte un chapuzón en las aguas turquesas de **HAM TIN WAN,** una bonita playa de arena blanca.

Sai Wan

Sai Wan Shan

En la subida a **SAI WAN SHAN** –el punto más alto de la ruta, con 314 m– puedes disfrutar de preciosas vistas de la playa de Long Ke y las islas de la bahía.

Long Ke Wan

Al principio de la ruta desvíate por el **HIGH ISLAND GEO TRAIL** para admirar las enormes columnas hexagonales de basalto del Unesco Global Geopark.

High Island Reservoir East Dam

105

MacLehose Trail

DE LA HIGH ISLAND RESERVOIR EAST DAM A PAK TAM AU, HONG KONG

El MacLehose Trail explora la parte más silvestre de los Nuevos Territorios de Hong Kong, pasando por preciosas playas y aldeas en ruinas.

15 KM

779 M

1 DÍA (IDA)

Hay más de un Hong Kong. Por supuesto, está el alto bosque de hormigón, acero y vidrio que brota de Kowloon y la isla de Hong Kong, con neones y tráfico, puertos ajetreados y bullicio. Pero al norte están los Nuevos Territorios, una región exuberante y ondulada que se extiende por una península.

Aquí es donde se halla la mayoría de los Country Parks (parques rurales), creados en la década de 1970 con fines conservacionistas y recreativos. Hoy, las colinas repobladas albergan puercoespines, pangolines y pitones de Birmania, además de unos 230 tipos de mariposas y cientos de especies de aves. También hay pueblos abandonados por sus habitantes tras emigrar a las áreas urbanas, así como cementerios tradicionales y trincheras y fortines de la Segunda Guerra Mundial.

Por uno de esos parques rurales, el Sai Kung East, discurren las dos primeras etapas del MacLehose Trail, que con 100 km es la ruta de senderismo más larga de Hong Kong. Esas dos primeras etapas son un buen aperitivo, ya que forman un itinerario de lo más variado que se puede recorrer en un día. Además es muy accesible, gracias a la eficiente red de transporte público.

Para empezar, hay que saltarse los primeros kilómetros de la primera etapa. El tramo desde Pak Tam Chung sigue una carretera sin sombra y llena de turistas, en especial los fines de semana, de modo que es preferible empezar la ruta en la presa este del embalse de High Island.

La primera mitad de la ruta pone a prueba los gemelos y las rodillas con empinadas subidas y bajadas, aunque el camino es bueno (algunos tramos son de hormigón). Hay varios miradores, muchos de ellos con agradables pabellones bajo los que se puede descansar. Luego el sendero desciende y pasa por una serie de playas de arena blanca bañadas por las templadas aguas del mar del Sur de China.

A medida que pasa el día y el camino avanza hacia el oeste, el paisaje se vuelve cada vez más boscoso y las mariposas revolotean como si fueran confeti. Entre el follaje surgen aldeas, algunas abandonadas y cubiertas de maleza, otras habitadas y tranquilas; en estas se venden tentempiés y bebidas a los excursionistas que siguen su camino hasta el final de la segunda etapa, donde se puede decidir si se continúa hacia el este de Hong Kong para gozar de su bella naturaleza.

PERFIL DE RUTA

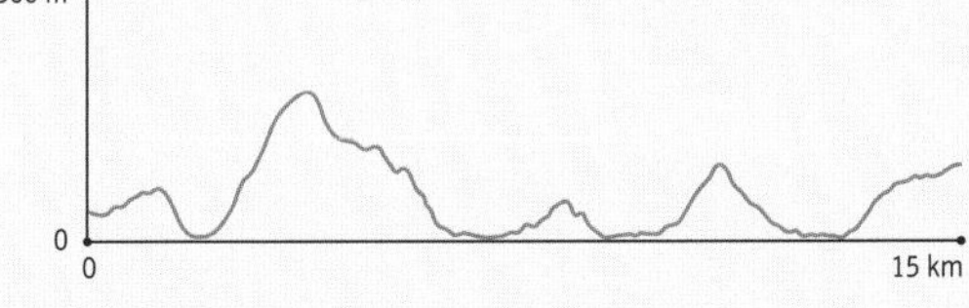

0 km 0,2

Haz fotos en el **PABELLÓN DE JINGUASHI GUANHAI,** con impresionantes vistas de la bahía.

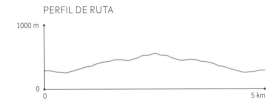

Una vez acabada la ruta visita el **MUSEO DEL ORO** para conocer la geología de Taiwán y su historia minera.

Templo de Chuen Ji

Pabellón de Jinguashi Guanhai

TAIWÁN

Museo del Oro

Jinguashi

Montaña de la Tetera

Sube a la cumbre de la **MONTAÑA DE LA TETERA** a través de una pequeña cueva para disfrutar de increíbles vistas.

106

Teapot Mountain Trail

JINGUASHI, TAIWÁN

El sendero, que asciende a una montaña de nombre encantador, ofrece paisajes de postal de un reluciente mar azul y exuberantes picos verdes.

5 KM

328 M

MEDIO DÍA (IDA Y VUELTA)

Si se pregunta a cualquier taiwanés dónde se obtienen las mejores vistas de la isla muchos dirán que en Wu Er Cha Hu Shan, la montaña de la Tetera. Este pico de 600 m domina la espectacular costa norte de Taiwán, comparable en belleza natural a las más famosas costas de Hawái y California.

La ruta empieza en el Museo del Oro de la ciudad de Jinguashi y sigue un camino bien conservado que serpentea hasta la cima de la montaña. Hay algunos tramos escarpados que calientan los muslos, en especial varias escaleras de piedra que forman parte del recorrido. Afortunadamente, hay dos pabellones junto al camino que permiten descansar las piernas a la sombra.

PERFIL DE RUTA

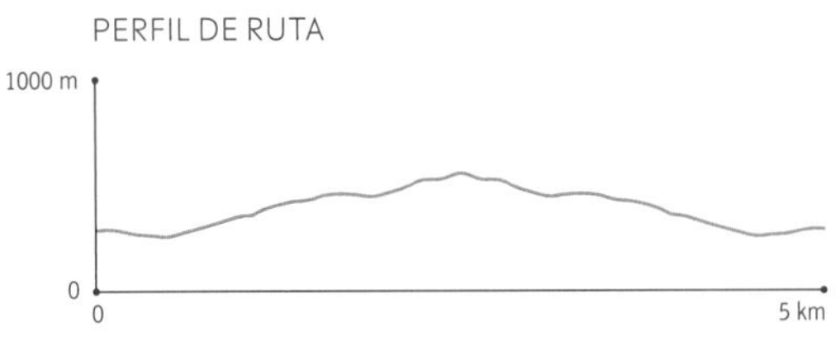

Vistas al mar desde la cumbre de la montaña de la Tetera

En cierto punto de la subida surge la montaña, cuya rocosa cumbre parece una tetera sin asa. Vale la pena detenerse a mirar la curiosa forma del pico antes de girarse para contemplar las montañas esmeraldas que descienden hasta toparse con el Yin Yang Sea –una bahía rica en minerales donde el mar es de color azul y amarillo– y, más allá, el reluciente océano.

107

La Gran Muralla

JINSHANLING, CHINA

Esta ruta recorre una sección de la muralla más emblemática del mundo, que serpentea por el noreste de China.

5 KM · 307 M · MEDIO DÍA (IDA)

Reconforta saber que no es necesario recorrer toda la Gran Muralla (Chang Cheng) para apreciar esta increíble proeza de la ingeniería, que tiene unos 21 000 km de longitud. Ni siquiera hay que alejarse mucho de Pekín para dar esquinazo a los numerosos turistas que a veces atascan las secciones más cercanas a la capital, donde las tiendas de recuerdos y las restauraciones demasiado entusiastas dan a la muralla un aire de parque temático. Solo hay que dirigirse a la sección de Jinshanling, en la frontera entre las provincias de Pekín y Hebei, donde la muralla está excepcionalmente bien conservada. Aquí, un tramo almenado gris azulado se abre camino zigzagueando por las montañas.

Empezando en la puerta Oeste de Jinshanling, el visitante sube y baja de una atalaya a otra para acabar saliendo de la muralla en la torre de las Cinco Ventanas Este, a un corto paseo de la puerta Este de Jinshanling. A pesar de que es un tramo relativamente corto de la Gran Muralla, recorrer esta enorme fortificación en soledad es una experiencia difícil de olvidar.

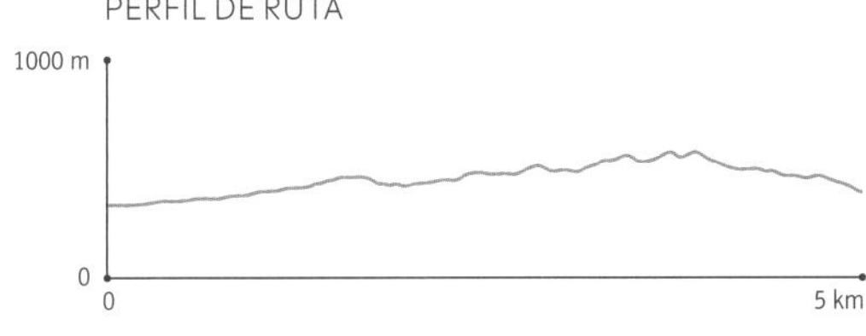

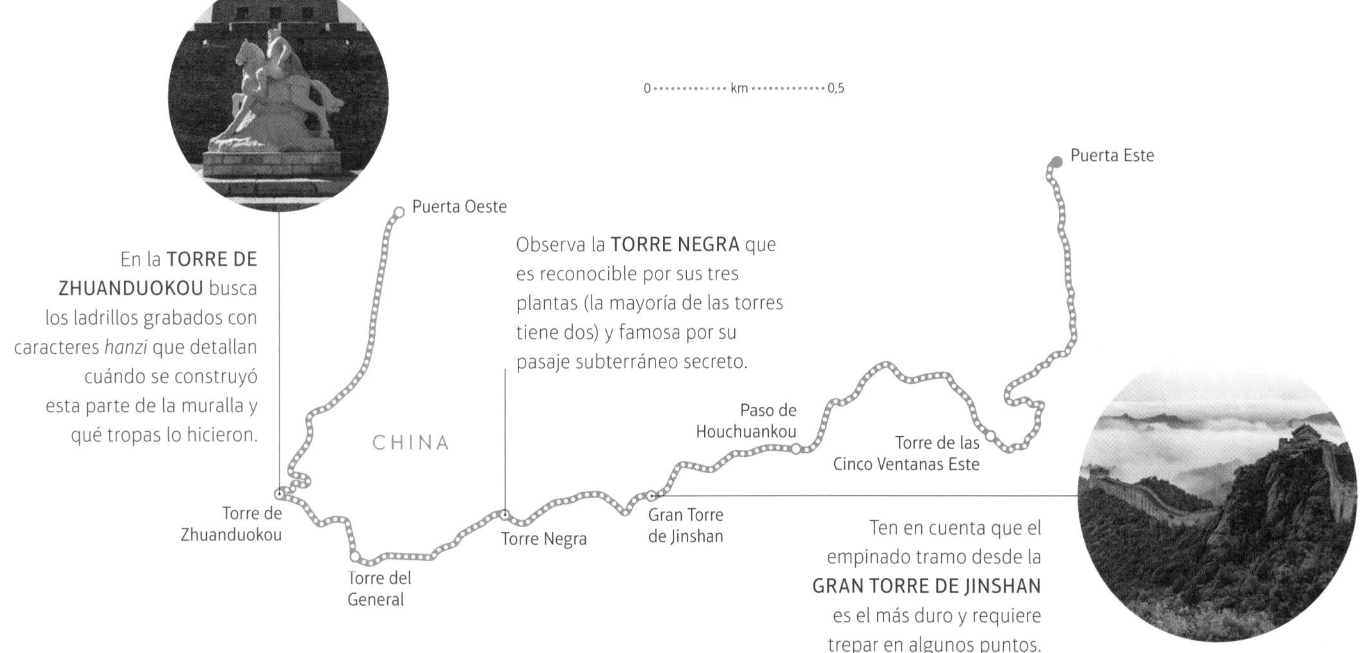

En la **TORRE DE ZHUANDUOKOU** busca los ladrillos grabados con caracteres *hanzi* que detallan cuándo se construyó esta parte de la muralla y qué tropas lo hicieron.

Observa la **TORRE NEGRA** que es reconocible por sus tres plantas (la mayoría de las torres tiene dos) y famosa por su pasaje subterráneo secreto.

Ten en cuenta que el empinado tramo desde la **GRAN TORRE DE JINSHAN** es el más duro y requiere trepar en algunos puntos.

108

Garganta del Salto del Tigre

DE QIAOTOU AL MIRADOR DE LA GARGANTA DEL SALTO DEL TIGRE, CHINA

El viaje a través de un profundo cañón labrado por un río y rodeado de picos descubre uno de los paisajes más increíbles de China.

28 KM
1640 M
2 DÍAS (IDA)

Situada en la provincia china de Yunnan, la garganta del Salto del Tigre (Hu Tiao Xia) es uno de los cañones más profundos del mundo, con 3790 m desde el río hasta el punto más alto. Es fruto del potente río Jinsha, afluente del Yangtsé, y toma su nombre de una leyenda del folclore local según la cual un tigre, huyendo de un cazador, cruzó la parte más estrecha de la garganta saltando a una gran roca que hay en medio del río.

Esta ruta por la monumental garganta empieza en Qiaotou y recorre su sección norte. La mayor parte del camino es bastante fácil, sin grandes desniveles, pero hay algunos tramos complicados, como las famosas 28 Curvas, una serie de rampas *rompepiernas* que zigzaguean por la pared de la garganta en la primera parte de la ruta. Además, el sendero es estrecho en ciertos tramos y en otros bordea el precipicio (quienes tengan miedo a las alturas deben mentalizarse).

Sin embargo, esos inconvenientes no tardan en olvidarse al contemplar el paisaje. El potente caudal del río Jinsha ruge muy abajo, en el lecho del cañón, y alrededor se alzan varios picos puntiagudos, incluidos dos que superan los 5000 m: la Montaña Nevada del Dragón de Jade y la Montaña Nevada del Haba. A medida que se avanza van apareciendo bosques y cultivos en terrazas. El camino serpentea entre bonitas cascadas, pequeños pueblos y aldeas de la etnia naxi, un pueblo descendiente de nómadas tibetanos que se asentó en estas tierras hace siglos, vive de la agricultura y se organiza según un modelo matriarcal.

La ruta termina en el mirador de la garganta del Salto del Tigre, un poco más allá del final del camino. A esta enorme roca, dominada por las imponentes paredes del cañón y rodeada por las revueltas aguas del río, saltó el legendario tigre para vivir en libertad.

Sendero de la espectacular garganta del Salto del Tigre

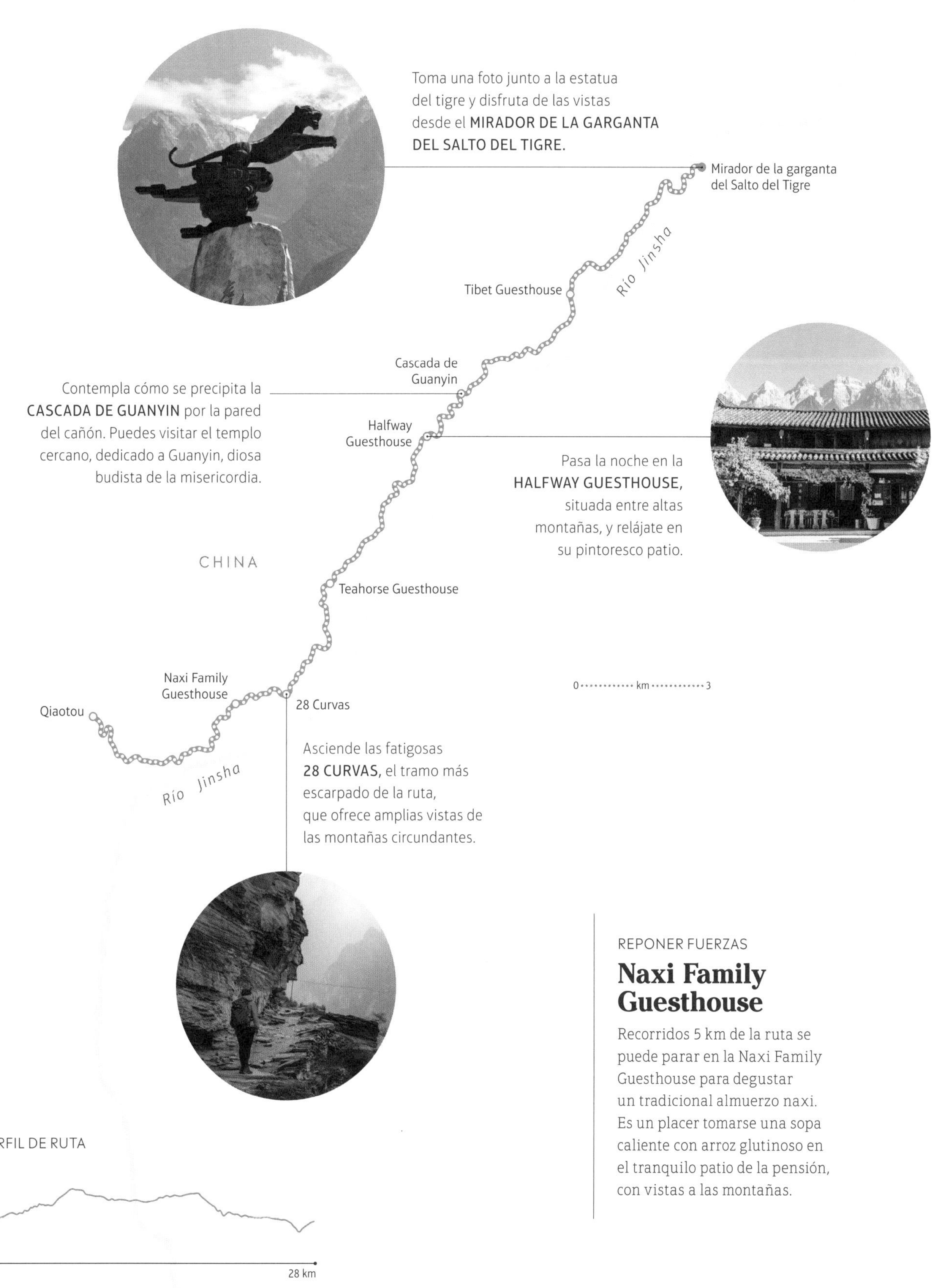

Toma una foto junto a la estatua del tigre y disfruta de las vistas desde el **MIRADOR DE LA GARGANTA DEL SALTO DEL TIGRE.**

Contempla cómo se precipita la **CASCADA DE GUANYIN** por la pared del cañón. Puedes visitar el templo cercano, dedicado a Guanyin, diosa budista de la misericordia.

Pasa la noche en la **HALFWAY GUESTHOUSE,** situada entre altas montañas, y relájate en su pintoresco patio.

Asciende las fatigosas **28 CURVAS,** el tramo más escarpado de la ruta, que ofrece amplias vistas de las montañas circundantes.

REPONER FUERZAS

Naxi Family Guesthouse

Recorridos 5 km de la ruta se puede parar en la Naxi Family Guesthouse para degustar un tradicional almuerzo naxi. Es un placer tomarse una sopa caliente con arroz glutinoso en el tranquilo patio de la pensión, con vistas a las montañas.

Consejo
Lleva mangas y pantalones largos para protegerte de las garrapatas.

109

Bolshaya Baikalskaya Tropa

DE LISTVYANKA AL CABO SKRIPER, RUSIA

El Gran Sendero del Baikal atraviesa bosques de abedules y bordea las cristalinas aguas del lago más emblemático de Rusia, situado en Siberia.

25 KM
1057 M
1-2 DÍAS (IDA)

Unos pioneros del ecoturismo diseñaron esta red de caminos de 500 km en torno al lago de agua dulce más grande y profundo del mundo, para que los senderistas conocieran la belleza natural de Siberia. Si no se tiene tiempo para recorrerlo entero, la primera sección –de Listvyanka al cabo Skriper– ofrece una sublime muestra de la naturaleza y la vida rural siberianas.

La ruta empieza en la turística Listvyanka y la primera parte requiere energía: se caminan 4 km salvando un desnivel de 400 m por un sendero estrecho y ondulado a través de un bosque de abedules que rebosa vida. Vale la pena pararse a escuchar el trino de los ruiseñores y, en primavera, a admirar la flora siberiana, con especies como los lirios enanos y los *trollius*, de color naranja.

Al final los árboles dejan ver un mirador que se asoma al brillante lago Baikal. Con más de 300 afluentes, esta gran masa de agua alberga decenas de especies autóctonas de peces y cientos de tipos de aves, como la grulla y el raro ánsar cisne, aunque la criatura más llamativa es la juguetona nerpa, una pequeña foca a la que suele verse dando volteretas en las aguas añiles del lago.

La altura ganada antes puede ser una desventaja en el siguiente tramo para los senderistas que sufren vértigo: a partir del mirador, el estrecho sendero serpentea al borde de unos acantilados. También hay que tener precaución en el tramo

PERFIL DE RUTA

1000 m
0
0
25 km

Caminando entre abedules a orillas del lago Baikal

Antes de salir visita el **MUSEO DEL BAIKAL**, en Listvyanka, para conocer el ecosistema único del lago.

«Gatos grandes» no es la única traducción posible del nombre **BOLSHIYE KOTY.** También podría significar «botas grandes», en alusión al calzado que llevaban los buscadores de oro del pueblo.

0 km 5

RUSIA

Bolshiye Koty

Cabo Skriper

Museo del Baikal

Playa de guijarros

Listvyanka

Disfruta desde el **CABO SKRIPER** de las vistas más memorables del lago Baikal, una inmensa masa de agua azul.

Relájate tras recorrer el sinuoso y accidentado sendero que atraviesa los bosques de abedules de Listvyanka en la tranquila **PLAYA DE GUIJARROS** con vistas a las relucientes aguas del lago Baikal.

de guijarros que lleva a Bolshiye Koty (Gatos Grandes). Este pueblo aún muestra rastros de su pasado minero, pero es un lugar tranquilo, aislado y rodeado de bosque, al que solo se puede llegar a pie o por vía acuática. La ausencia de carreteras le confiere un silencio especial, solo alterado por algunos pequeños negocios y unas cuantas *dachas* (residencias de verano).

El tramo final hasta el cabo Skriper –un escarpado promontorio que ofrece bellas vistas del lago– es exigente, por lo que conviene pasar la noche en Bolshiye Koty y empezar frescos al día siguiente. Habrá quien tenga energía suficiente para aventurarse más allá del cabo; a fin de cuentas, solo se ha recorrido el 6 % del Gran Sendero del Baikal.

CON GANAS DE MÁS

Hasta Bolshiye Goloustnoye

¿Aún quedan ganas de recorrer el Gran Sendero del Baikal? La siguiente sección, desde el cabo Skriper hasta Bolshiye Goloustnoye, tiene 30 km y atraviesa bosques de álamos temblones y playas lacustres. A no ser que se esté en buena forma, es demasiado larga para hacerla en un día; mejor llevar tienda y dividirla en dos.

El bello Gyeongbokgung, un palacio del siglo XIV situado cerca de la muralla de Seúl

110

Muralla de Seúl

SEÚL, COREA DEL SUR

Siguiendo las crestas de las cuatro montañas que guardan Seúl, este itinerario rememora capítulos de la historia regia, religiosa y cotidiana de la ciudad.

Hoy Seúl es un lugar pacífico donde los vanguardistas edificios de acero y vidrio de esta moderna megalópolis conviven en armonía con templos antiguos y palacios con tejados de gabletes. Todo lo que queda de las dinastías guerreras de hace siglos son ruinas, incluidas las de la muralla de Seúl, que constituye un marco evocador para una gratificante caminata. Desde las almenas y los miradores se ven residencias reales, como el poderoso Gyeongbokgung, y *daldongnae* (pueblos lunares), antes habitados por campesinos y llamados así por su altura y sus vistas privilegiadas del cielo nocturno.

Con un 70 % de la muralla aún en pie o reconstruida, la ruta permite hacerse una idea de cómo era Seúl en el siglo XIV. Por otra parte, los históricos santuarios chamánicos y los paisajes montañosos circundantes, con sus peñascos diseminados, hablan de un pasado aún más ancestral. Y todo contrasta con la resplandeciente y moderna metrópolis, que nunca se pierde de vista.

21 KM

882 M

1 DÍA (CIRCULAR)

Disfruta de las vistas panorámicas de Seúl, incluido el bonito Gyeongbokgung desde el mirador situado en la cima del **BUKAKSAN.**

Visita **IHWA MAEUL,** un pueblo lunar afligido por la pobreza que hoy es famoso por sus murales.

Explora el **INWANGSAN GUKSADANG,** un santuario chamánico donde las sacerdotisas celebran ritos para atraer la buena suerte.

Bukaksan

Parque de Waryong

Changuimun

Hyehwamun

Iwangsan

Parque de Naksan

Inwangsan Guksadang

Ihwa Maeul

SEÚL

Dongdaemun

Sungnyemun

Namsan

0 km 2

PERFIL DE RUTA

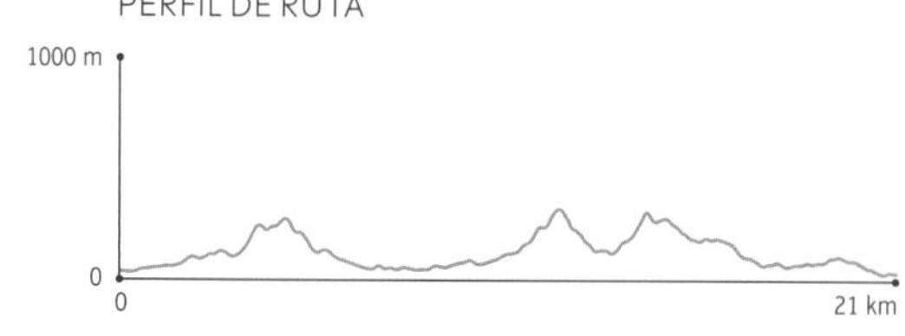

Disfruta del ascenso relativamente suave a la cumbre del **MIYANOURADAKE**.

111

Monte Miyanoura

DE YODOGAWA A ARAKAWA, JAPÓN

El tranquilo sendero de montaña discurre por un paisaje sagrado de santuarios y formaciones rocosas.

21 KM | 862 M | 2 DÍAS (IDA)

Para el sintoísmo japonés, las montañas son sagradas. Esto puede comprobarse en la isla de Yakushima, donde las montañas son dioses, y el Miyanoura, el pico más alto de la isla, ocupa el puesto más alto del panteón.

Este itinerario de dos días sigue una ruta de peregrinación que sube a la cima del venerado monte tras atravesar un exuberante paisaje. El sendero pasa por bosques centenarios donde el ciervo sica pasta entre antiguos cedros cubiertos de musgo y torcidos por la edad, y donde el granito ha adquirido extrañas formas que, según se dice, son personas y animales petrificados por el tiempo.

Naturaleza y cultura han crecido juntas a través de los milenios. Los macacos de Yakushima observan a los senderistas desde santuarios ubicados en viejos tocones. La naturaleza le ha ganado la partida a Kosugidani, un antiguo pueblo maderero del que se está reapropiando el bosque. Lugares como estos, aparte de acercarnos a la naturaleza, hacen darnos cuenta de que siempre fuimos parte de ella.

CON GANAS DE MÁS

Kuromidake

Si una cumbre no es suficiente se puede hacer una ruta de 10 km al Kuromidake antes de subir al Miyanouradake. Tras cruzar varios ríos cristalinos, unas cuerdas fijas ayudan a llegar a la cima, donde hay unos bloques de granito perfectamente colocados al estilo japonés, como un *mochi* troceado por los dioses.

PERFIL DE RUTA

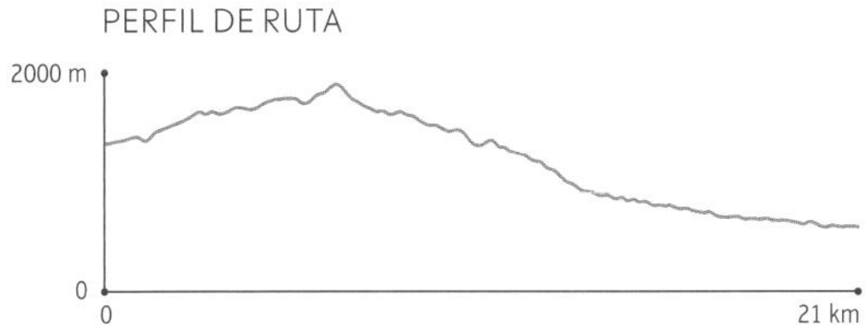

Formaciones rocosas de Jodogahama, en el Sendero Costero de Michinoku

112

Sendero Costero de Michinoku

DE HACHINOHE A SOMA, JAPÓN

La vida se concentra en esta ruta: una naturaleza pródiga, una deliciosa cocina y, en las ciudades diezmadas por el maremoto de 2011, los ecos de la tragedia y las cenizas del resurgimiento.

995 KM
20 600 M
45 DÍAS (IDA)

Hace siglos, la región de Tohoku era conocida como Michinoku –que significa «el final de la carretera»– por su lejanía. Hoy el apodo da nombre a esta épica ruta de 995 km que bordea el indómito litoral de Tohoku.

Aunque el Sendero Costero de Michinoku se inauguró en 2019, el senderismo de larga distancia es una venerable tradición en Japón desde hace miles de años, sobre todo por motivos religiosos. La región de Tohoku ha atraído a poetas vagabundos y peregrinos piadosos desde la Antigüedad, y nada más poner un pie en esta bella y agreste tierra se entiende por qué. ▶

PERFIL DE RUTA

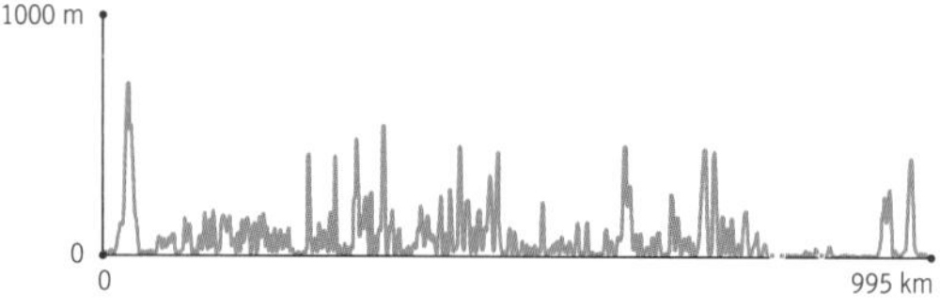

Consejo

La ruta atraviesa el territorio del oso negro; es un animal huidizo, pero conviene llevar cascabel antiosos.

REPONER FUERZAS

Manjares locales

Uno de los grandes placeres de la ruta es probar la cambiante cocina a medida que se avanza. Cerca del inicio hay exquisito *sashimi* de atún, en Fukushima se come una sustanciosa sopa de marisco y en Iwate se sirven interminables boles de *soba*. No faltan restaurantes, pero conviene planear bien la ruta y comprar comida si es necesario.

Este es un mundo aparte. Incluso en la era del turismo masivo, solo el 2 % de quienes visitan Japón se acercan al extremo noreste de la principal isla del país, Honshu. Se hacen largos tramos de la ruta con la única compañía del espeso bosque a un lado y el interminable y azulado océano Pacífico al otro.

En particular, el océano tiene una presencia dominante. El incesante ritmo de sus olas no solo ha dado forma a la costa, sino también a las comunidades que la habitan. Estas gentes viven en consonancia con el mar desde tiempos inmemoriales, tanto las *ama* de la costa de Kosode –buceadoras que llevan buscando perlas sin oxígeno ni equipos de buceo desde hace unos 2000 años–, como las incontables generaciones de pescadores que capturan delicias como la oreja de mar, la ascidia y el erizo.

Pero el océano también significa peligro además de sustento, tal como atestigua la historia reciente de la región. El 11 de marzo de 2011, el terremoto más fuerte jamás registrado en Japón causó un catastrófico tsunami que destruyó la costa este de Tohoku, mató a 20 000 personas, hirió a miles más y obligó a muchas otras a abandonar sus hogares. El coste humano, económico y emocional fue devastador para la región y para todo Japón.

El Sendero Costero de Michinoku ofrece muchas oportunidades para reflexionar sobre los efectos del desastre. Son especialmente conmovedores los restos de las escuelas de Okawa y Arahama, conservados como monumentos, y las «piedras de tsunami» grabadas que jalonan la ruta, como una de 3 m de altura en el pueblo de Aneyoshi que exhorta a los habitantes a no construir casas por debajo de ese punto.

Pero la ruta también transmite con la misma claridad el inspirador resurgimiento que siguió a ese acontecimiento, la resistencia y el espíritu de las personas forzadas a reconstruir sus vidas destrozadas. ▶

Tranquilo tramo de costa cerca de la ciudad de Hachinohe

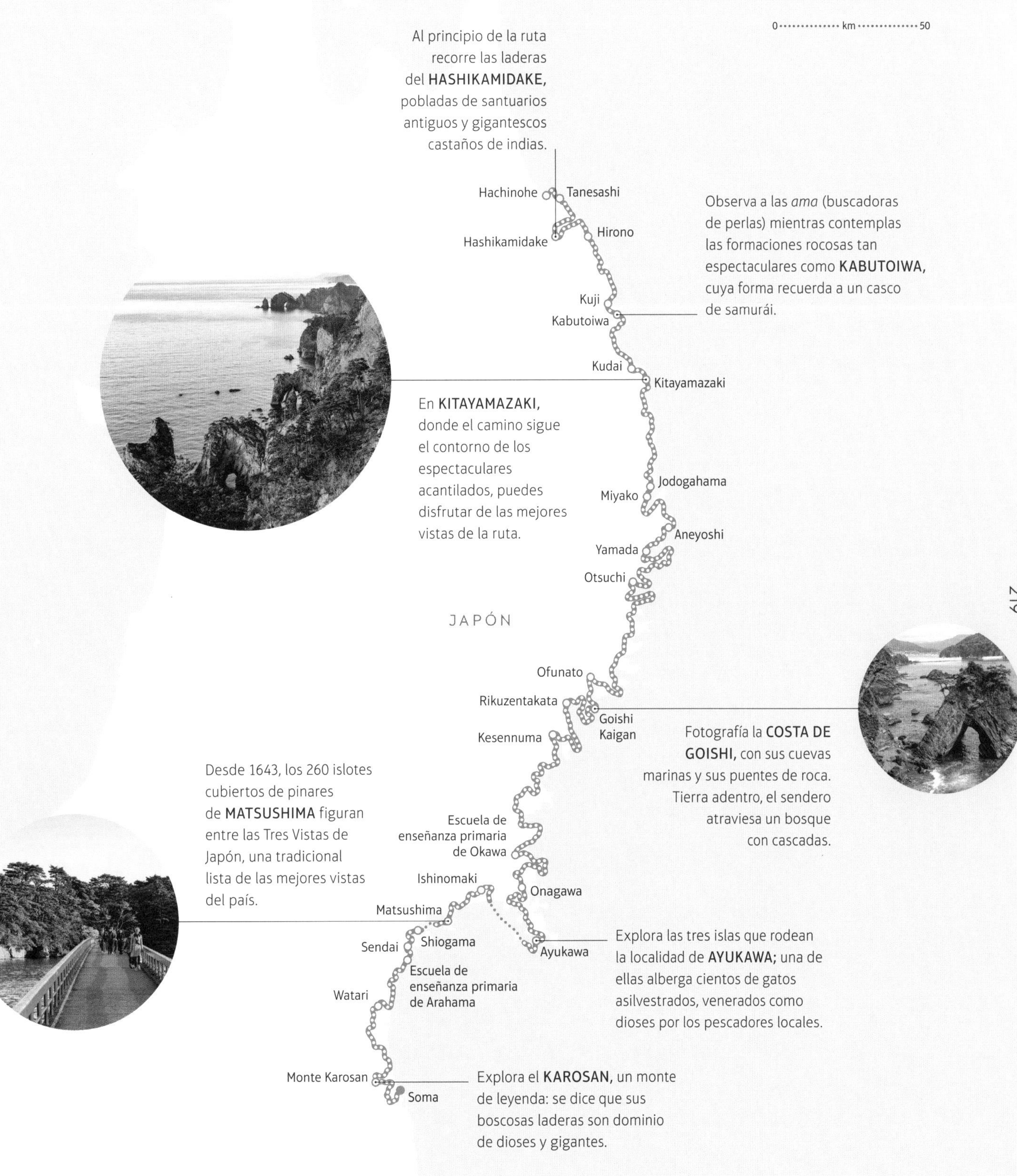
0 km 50
Al principio de la ruta recorre las laderas del **HASHIKAMIDAKE,** pobladas de santuarios antiguos y gigantescos castaños de indias.
Hachinohe
Tanesashi
Hashikamidake
Hirono
Observa a las *ama* (buscadoras de perlas) mientras contemplas las formaciones rocosas tan espectaculares como **KABUTOIWA,** cuya forma recuerda a un casco de samurái.
Kuji
Kabutoiwa
Kudai
Kitayamazaki
En **KITAYAMAZAKI,** donde el camino sigue el contorno de los espectaculares acantilados, puedes disfrutar de las mejores vistas de la ruta.
Jodogahama
Miyako
Aneyoshi
Yamada
Otsuchi
JAPÓN
Ofunato
Rikuzentakata
Goishi Kaigan
Kesennuma
Fotografía la **COSTA DE GOISHI,** con sus cuevas marinas y sus puentes de roca. Tierra adentro, el sendero atraviesa un bosque con cascadas.
Desde 1643, los 260 islotes cubiertos de pinares de **MATSUSHIMA** figuran entre las Tres Vistas de Japón, una tradicional lista de las mejores vistas del país.
Escuela de enseñanza primaria de Okawa
Ishinomaki
Onagawa
Matsushima
Sendai
Shiogama
Ayukawa
Explora las tres islas que rodean la localidad de **AYUKAWA;** una de ellas alberga cientos de gatos asilvestrados, venerados como dioses por los pescadores locales.
Escuela de enseñanza primaria de Arahama
Watari
Monte Karosan
Soma
Explora el **KAROSAN,** un monte de leyenda: se dice que sus boscosas laderas son dominio de dioses y gigantes.

Árboles mecidos por el viento al borde de la arena dorada de Shirahama

La naturaleza es parte esencial de la cultura nipona, tanto espiritual como físicamente, y se cree en su poder restaurador. No es de extrañar, por tanto, que gran parte del sendero discurra inmerso en la bella naturaleza de Tohoku. Nada más salir de la ciudad de Hachinohe, el caminante recorre los prados costeros de Nakasuka, un festival de flores amarillas y púrpuras, y las arenas de la playa de Osuka, que chirrían melodiosamente a cada paso. Otra clase de belleza natural más silenciosa aguarda en los caminos de Tanesashi, bordeados de robles mongoles y pinos rojos japoneses. Más adelante, en la costa de Shiofukiana, un espectacular bufadero expulsa chorros de agua de 30 m desde una cueva.

Nada más salir de la ciudad de Hachinohe, el caminante recorre los prados costeros de Nakasuka, un festival de flores amarillas y púrpuras, y las arenas de la playa de Osuka.

También llama la atención la hilera de rocas puntiagudas como dientes de tiburón que emergen del mar en Jodogahama; parecen trasplantadas de los Alpes japoneses o arrancadas de la boca de algún leviatán.

Las localidades por las que pasa la ruta mezclan pasado y presente. La vida cotidiana transcurre tranquilamente. Los mercados se desbordan con productos de temporada del mar y la tierra –fresas, salmón, cerezas– y los evocadores *ryokan* acogen a los fatigados senderistas con su tradicional hospitalidad y su comida caliente. Muchos *ryokan* tienen *onsen* (baños termales colectivos), pilar de la vida social nipona y bálsamo para los pies maltrechos. Recorridos tres cuartos de la ruta, la ciudad de Onagawa brinda la inusual oportunidad de visitar un *onsen*

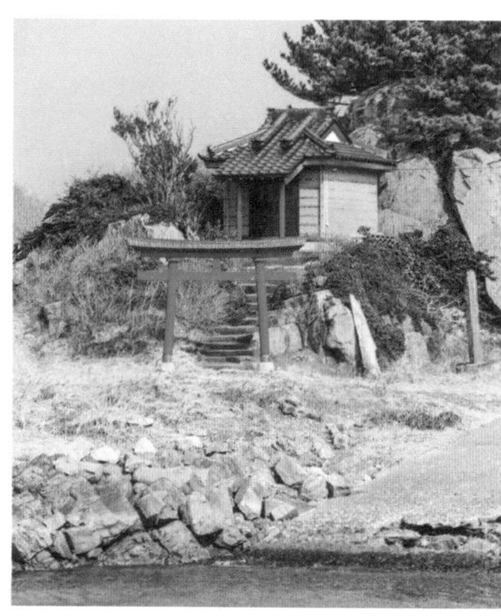

Uno de los santuarios situados junto al Sendero Costero de Michinoku

en una estación de tren, en cuyas aguas termales naturales se disipa cualquier dolor persistente.

Tras pasar por Sendai, la mayor ciudad de Tohoku, el camino lleva al final de la ruta, Soma. Esta ciudad costera, muy afectada por el tsunami de 2011, alberga una sala conmemorativa donde se exponen imágenes de la región antes del desastre. Milagrosamente, el cercano santuario de Tsu-jinja salió indemne del terremoto que provocó el tsunami (así como de otros dos catastróficos terremotos en 869 y 1611). Es un testimonio de la resistencia de Tohoku ante la tragedia y un símbolo de la continuidad de la vida.

UNA RUTA MÁS CORTA

Por secciones

No todo el mundo tiene tiempo o energía para recorrer la ruta entera, pero es muy fácil hacerla en tramos más cortos. Los mejores paisajes costeros están en la sección del norte al centro de Miyako (13 km) y la naturaleza más salvaje se encuentra en la sección de Ishinomaki al sur de la península de Oshika (12 km).

Vista de las islas de Matsushima desde el monte Otakamori

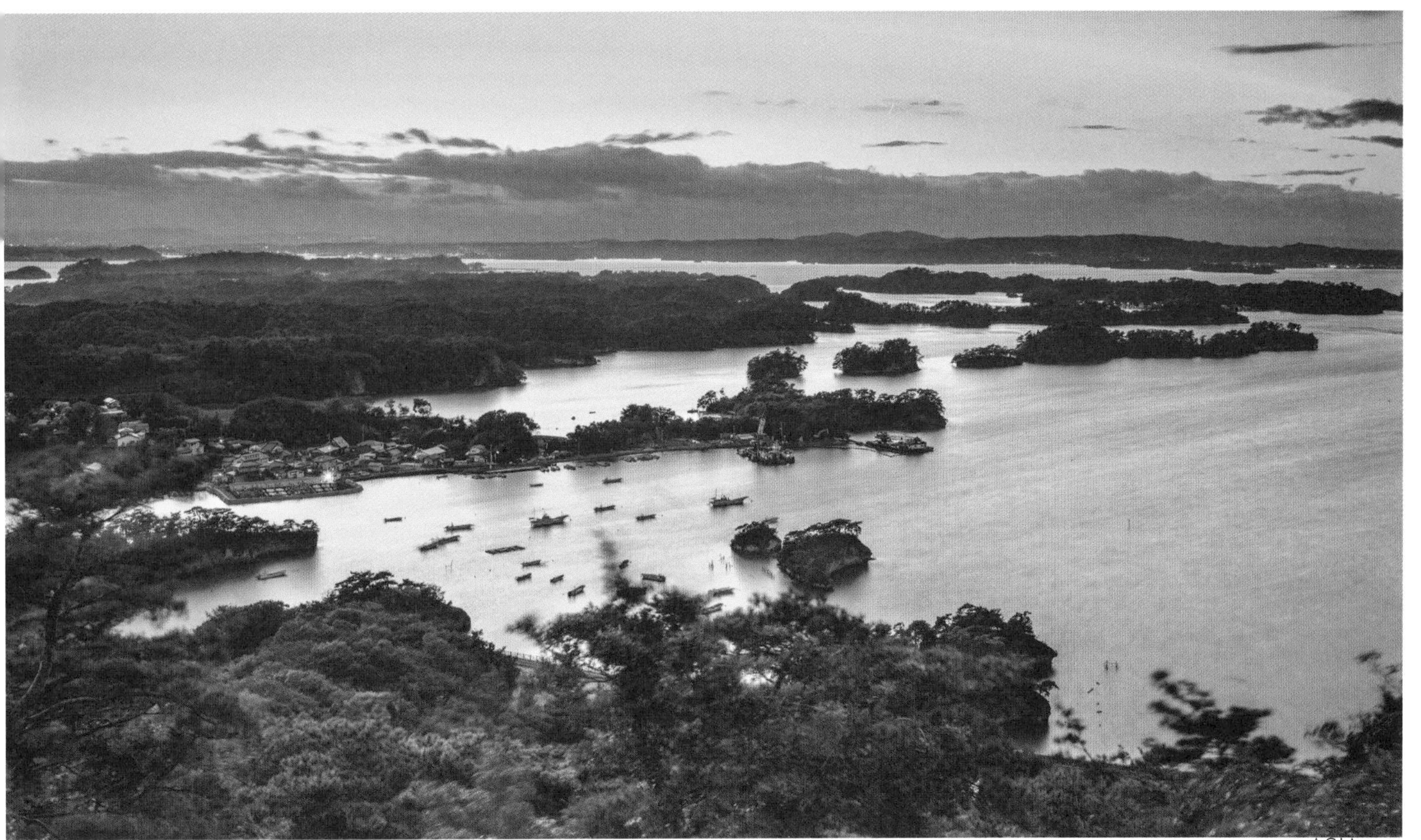

(113) Cape to Cape *(p. 224)*

(114) Barrk Sandstone Walk *(p. 225)*

(115) Heysen Trail *(p. 226)*

(116) Grampians Peak Trail *(p. 232)*

(117) Dove Lake-Cradle Mountain *(p. 233)*

(118) K'gari (Fraser Island) Great Walk *(p. 234)*

(119) Solitary Islands Coastal Walk *(p. 238)*

(120) Rakiura Track *(p. 240)*

(121) Hooker Valley Track *(p. 241)*

(122) Milford Track *(p. 242)*

(123) Queen Charlotte Track *(p. 244)*

(124) Tongariro Alpine Crossing *(p. 246)*

(125) Lake Waikaremoana Track *(p. 247)*

AUSTRALASIA

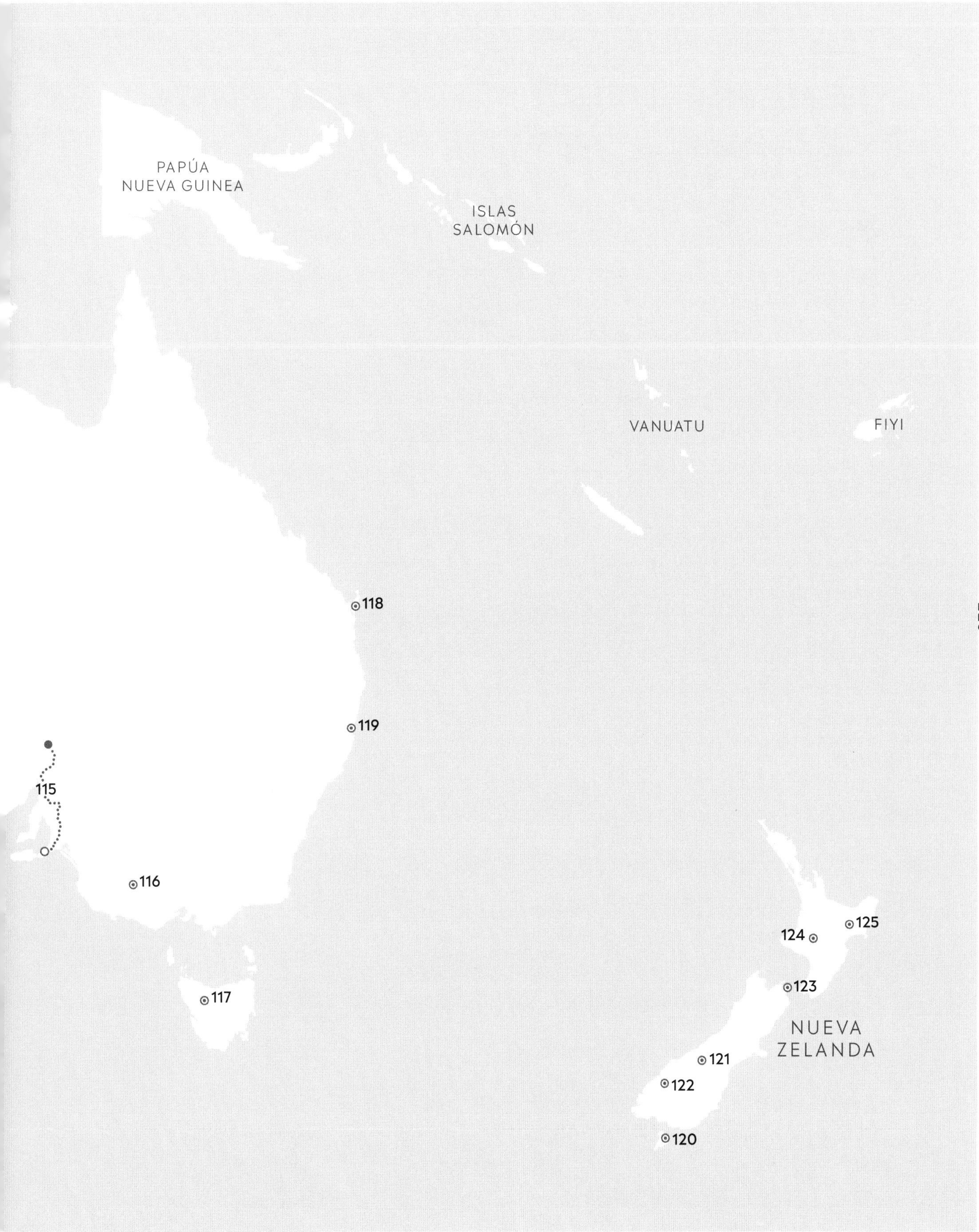

PAPÚA
NUEVA GUINEA

ISLAS
SALOMÓN

VANUATU

FIYI

118

119

115

116

117

NUEVA
ZELANDA

124

125

123

121

122

120

113

Cape to Cape

DEL CAPE NATURALISTE AL CAPE LEEUWIN, AUSTRALIA

Esta ruta costera recorre la pintoresca región de Margaret River y abraza las relucientes aguas del océano Índico.

Hay una satisfactoria simetría en el hecho de empezar una ruta en un faro situado al borde de un promontorio y terminarla en otro casi una semana después. Pero el resto de esta caminata por la bella región de Margaret River, en la costa oeste de Australia, es salvaje y variado.

El itinerario discurre por antiguas pistas para todoterrenos y bordea playas de arena blanca. El litoral está lleno de acantilados de caliza y promontorios de granito modelados por el oleaje oceánico y los vientos predominantes del suroeste. Los matorrales costeros, cubiertos de flores de arroz rosas y flores de abanico azules, se convierten en bosques al llegar a la cresta de Leeuwin-Naturaliste, donde las casuarinas dan paso a enormes eucaliptos a medida que se avanza rumbo al sur. Los loris coronipúrpuras y las cacatúas colirrojas son habituales (y ruidosos) compañeros de viaje, aunque también es posible toparse con algún mamífero de nombre curioso, como la rata llamada *quenda* o el gato conocido como *chuditch*. A lo largo de todo el camino, el océano de color cobalto está presente a la derecha.

127 KM

2218 M

6 DÍAS (IDA)

PERFIL DE RUTA

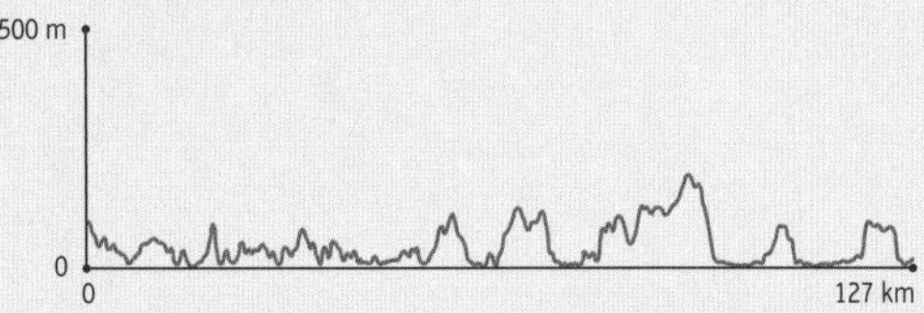

Puedes avistar delfines desde lo alto de los **WILYABRUP CLIFFS.**

Cape Naturaliste
Yallingup
Wilyabrup Cliffs
Gracetown
Cape Mentelle
AUSTRALIA
Boranup Forest
Boranup Beach
Hamelin Bay
Deepdene Beach
Cape Leeuwin

Descansa bajo la sombra de los altos eucaliptos *(karri)* del **BORANUP FOREST** tras recorrer acantilados expuestos y playas.

Termina tu épica ruta en el faro del **CAPE LEEUWIN,** el punto más suroccidental de Australia, donde se encuentran los océanos Índico y Antártico.

0 km 20

CON GANAS DE MÁS

Tierra adentro

Quien pueda soportar alejarse de la costa tiene varias opciones que valen la pena. Los viñedos de la región de Margaret River no quedan lejos y el permeable terreno calcáreo de la zona ha dado lugar a más de 100 sistemas de cuevas a lo largo del risco, entre las que destacan las de Jewel, Mammoth y Ngilgi.

114

Barrk Sandstone Walk

KAKADU NATIONAL PARK, AUSTRALIA

La exigente caminata pasa por uno de los rincones más hermosos de Kakadu y permite admirar arte rupestre aborigen declarado Patrimonio Mundial.

10 KM
282 M
1 DÍA (CIRCULAR)

Esta destacada ruta de un día por un parque nacional lleno de excelentes senderos toma su nombre de la palabra que usa el pueblo bininj para referirse al macho del walaró negro, un tipo de canguro autóctono. El itinerario rodea un afloramiento rocoso conocido como Burrungkuy (Nourlangie) que se eleva sobre el soleado matorral. El camino, señalado con triángulos naranjas, es un tanto exigente, pero el esfuerzo tiene recompensa. Avanzando por el campo, con los walarós saltando entre los arbustos y los halcones peregrinos sobrevolando el camino, se encuentran dos galerías de arte rupestre aborigen: Anbangbang y Nanguluwur. Sobre la arenisca de color rojo óxido se ven representaciones de lo más variado: antiguos espíritus, escenas de la vida cotidiana e incluso un barco europeo. Algunas de las pinturas tienen al menos 12 000 años.

Admira en la **NANGULUWUR GALLERY** la representación de los primeros contactos entre los aborígenes y los europeos con un velero de dos mástiles.

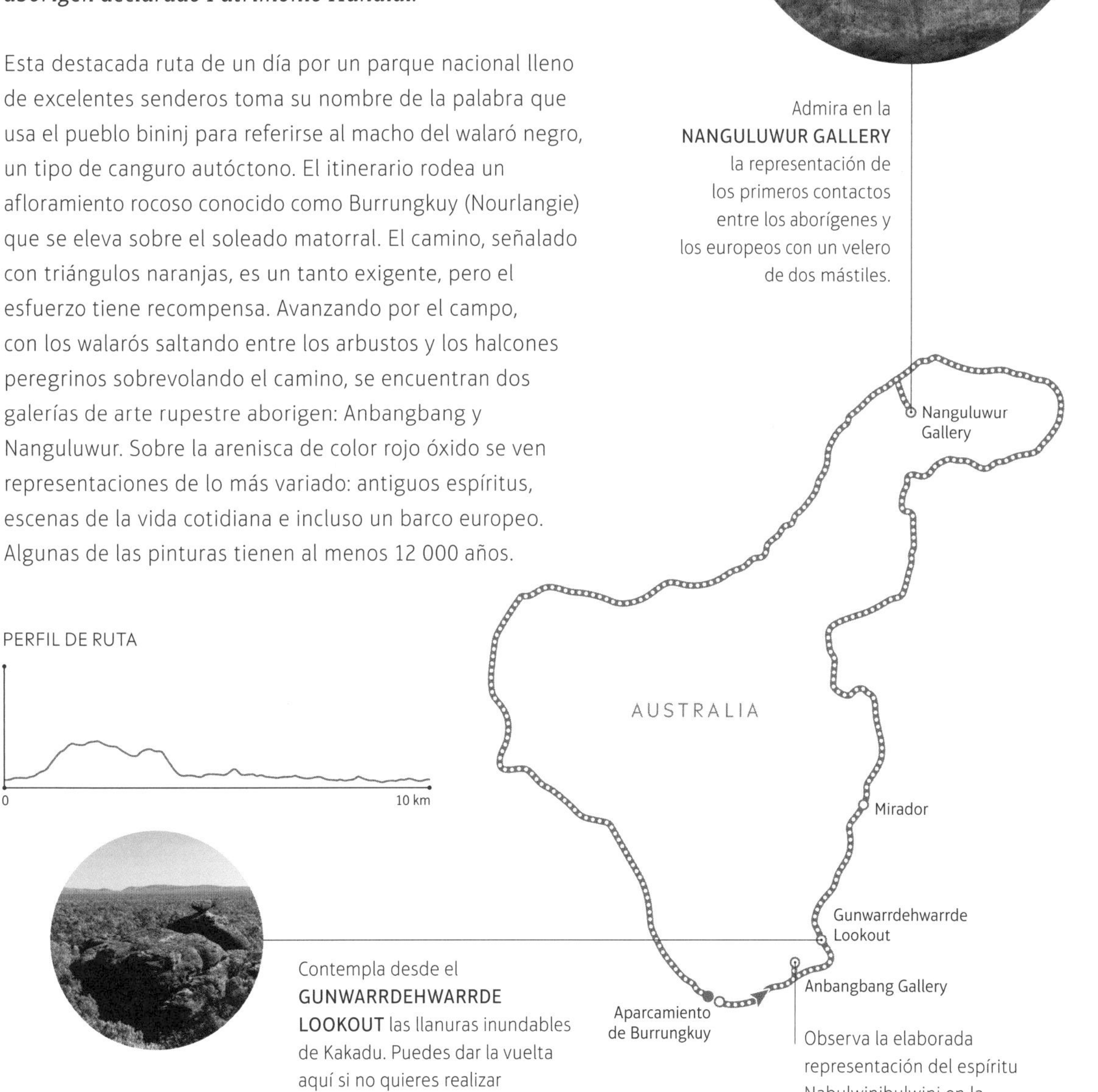

Contempla desde el **GUNWARRDEHWARRDE LOOKOUT** las llanuras inundables de Kakadu. Puedes dar la vuelta aquí si no quieres realizar el circuito completo.

Observa la elaborada representación del espíritu Nabulwinjbulwinj en la **ANBANGBANG GALLERY.**

Camino sinuoso en el Ikara-Flinders Ranges National Park

115

Heysen Trail

DEL CAPE JERVIS A LA PARACHILNA GORGE, AUSTRALIA

La ruta de senderismo más larga de Australia serpentea por espectaculares acantilados, playas desiertas, colinas onduladas y montañas abruptas antes de pisar el polvo rojo del* outback *meridional.

1116 KM

20 755 M

2 MESES

Decir que el Heisen Trail es variado no le hace justicia. Cada día ofrece algo diferente: recorrer una playa desierta, abrirse paso en el denso matorral autóctono, serpentear entre suaves colinas cubiertas de vides, bañarse en las aguas cristalinas de una cascada o unirse al alboroto de un *pub* de pueblo.

Pero no es tan fácil como parece. El sendero está cerrado durante el húmedo y caluroso verano australiano y solo abre entre abril y noviembre. Debido a esta limitación temporal, a la larga duración de la ruta y a la falta de agua y recursos en algunas de las partes más remotas, pocos se plantean hacer el itinerario entero. ▸

PERFIL DE RUTA

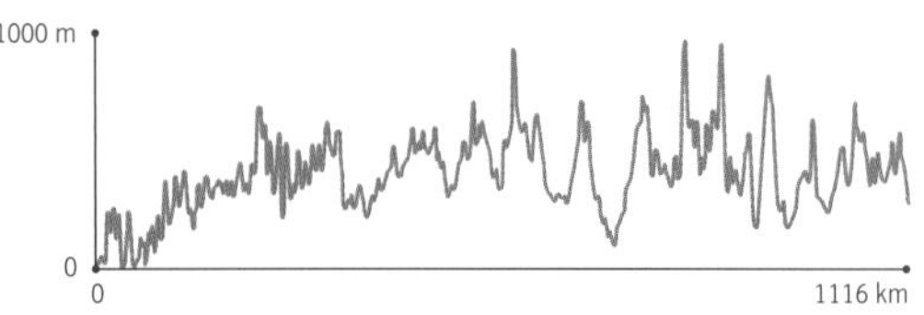

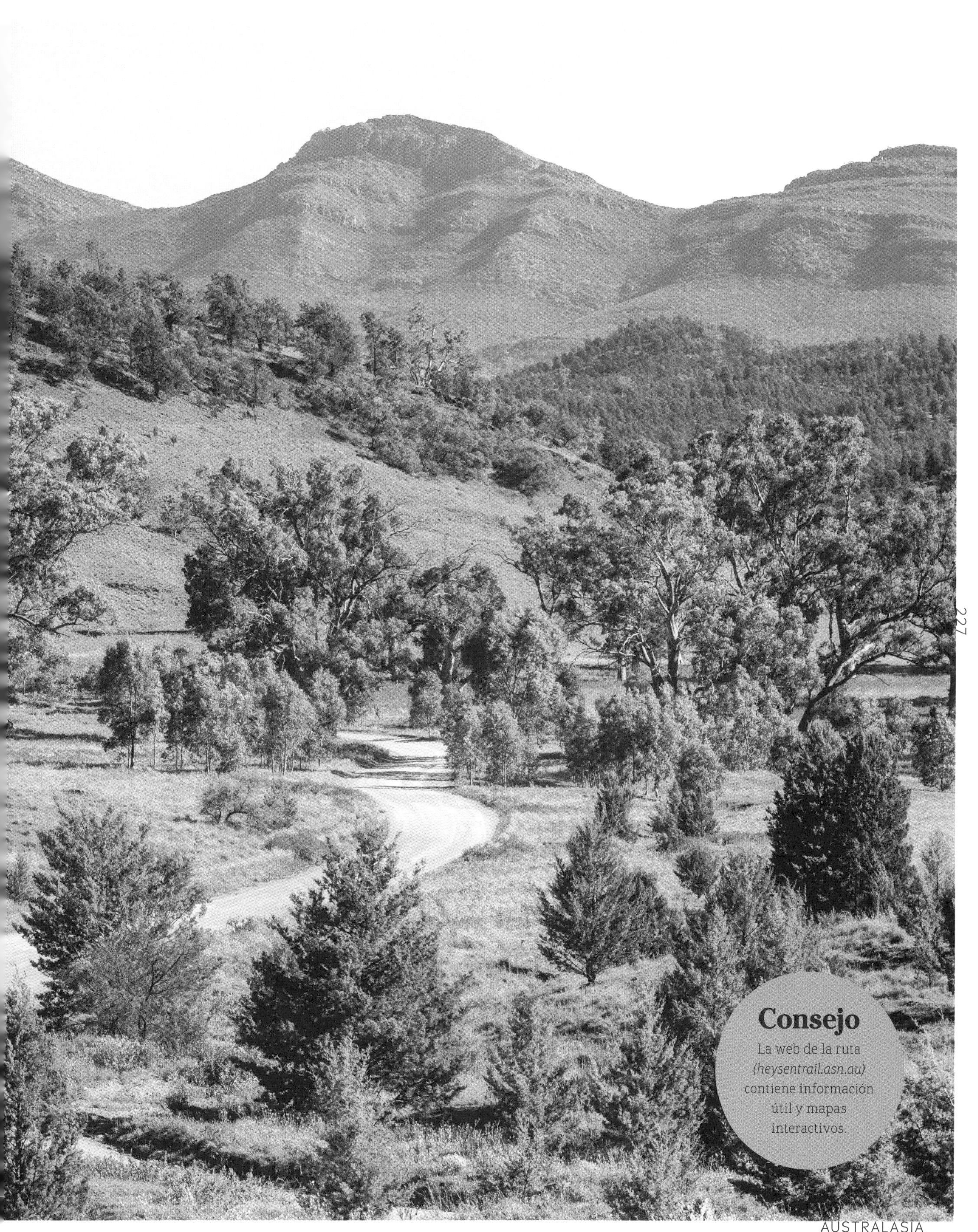

Consejo
La web de la ruta *(heysentrail.asn.au)* contiene información útil y mapas interactivos.

Parachilna Gorge
Ikara-Flinders Ranges National Park
Wilpena Pound
Mount Arden
Quorn
Monte Remarkable
Crystal Brook
Burra
AUSTRALIA
0 km 50
Kapunda
Valle de Barossa
Mount Crawford
Rocky Hill
Monte Lofty
Hahndorf
Monte Magnificent
Cape Jervis
Waitpinga

Para y haz una foto en **PARACHILNA GORGE** para celebrar el final del gran logro.

Admira el impresionante **WILPENA POUND/IKARA** que se eleva desde la llanura como un fascinante muro de montañas que se extiende varios kilómetros.

Visita la peculiar e histórica ciudad de **QUORN,** escenario de películas como *Gallipoli* y *Tres vidas errantes*.

REPONER FUERZAS

Prairie Hotel

Para celebrar el final de la ruta se puede comer en el Prairie Hotel *(prairiehotel.com.au),* en Parachilna, situado a unos 14 km de donde termina oficialmente la ruta. Es famoso por manjares tan inusuales como el emú, el canguro y frutas y verduras de la tierra como los *bush tomatoes* y el autóctono *quandong*.

Prueba el vino y los excelentes productos del **VALLE DE BAROSSA** antes de afrontar las duras etapas del norte.

Repón fuerzas en **HAHNDORF.** A pesar de su pequeño tamaño, este pueblo de raíces alemanas atesora una larga historia.

Desvíate del camino para subir al **MONTE LOFTY** y gozar de las vistas de las Adelaide Hills y las Lofty Ranges.

El tramo de **WAITPINGA** a Tugwell Road es uno de los más espectaculares de la parte costera donde puedes ver ballenas, focas y delfines.

Se trata de una empresa reservada para los más resistentes. Quienes aceptan el reto deben ser autosuficientes y estar preparados para vivir sin comodidades. Es necesario planear bien el viaje, asegurarse de que se lleva agua y comida suficiente y pertrecharse para dormir en campamentos básicos o utilizar la pequeña red de refugios de la ruta (los refugios son tan básicos como los campamentos, con un catre, un espacio para cocinar y, con suerte, la compañía de otro senderista). Si todo esto hace que recorrer los 1116 km de la ruta suene un tanto abrumador, no hay que tener ninguna duda de que merece la pena. Siempre se cuenta con las comodidades de alguna localidad donde se puede reponer fuerzas, avituallarse y disfrutar de la hospitalidad *Aussie*, y quizás del lujo de una ducha y una cama confortable en un motel, *bed and breakfast* o aparcamiento de autocaravanas.

Siguiendo la escarpada espina dorsal del sur de Australia, la mayoría de los que hacen la ruta entera optan por caminar de sur a norte, desde el mar azul y las arenas doradas del Cape Jervis hasta la espectacular Parachilna Gorge, en el Ikara-Flinders Ranges National Park. Así se empieza recorriendo un terreno más suave antes de afrontar las exigentes etapas del aislado desierto. De cualquier manera, el viaje suele durar unos dos meses.

Cuando al fin la ruta vira al interior, los tonos dorados y turquesas de la costa abren paso a tierras de cultivo onduladas y verdes pastos.

Coloridas flores en el Mount Lofty Botanic Gardens

La ruta, bien señalizada, parte del Cape Jervis y discurre por arenosas sendas costeras bordeadas por laderas de color jade. Las olas rompen contra los acantilados, las focas se posan en las rocas y los delfines juguetean en las olas. A veces se ven ballenas en su migración anual a lo largo de la costa australiana.

Cuando al fin la ruta vira al interior, los tonos dorados y turquesas de la costa abren paso a tierras de cultivo onduladas y verdes pastos, bosques altos y masas de flores autóctonas y *grass trees (Xanthorrhoea australis)*. Incluso cuando el camino atraviesa zonas más urbanas se las arregla para parecer rural. El Mount Lofty Botanic Gardens ofrece un anticipo de la flora que se verá si se sigue rumbo al norte. De hecho, esta es una de las partes más pintorescas de la sección meridional del Heysen: con 710 m de altura, el monte Lofty es la joya de la corona de las onduladas colinas de Adelaida. En este tramo hay desvíos a localidades interesantes, como Hahndorf. Lo fundaron colonos alemanes en 1838 y hoy es un pueblo de artesanos con multitud de lugares atractivos para descansar y reabastecerse. ▶

CURIOSIDADES

De otro planeta

Comparar los montes Flinders-Ikara con Marte no es una exageración. La región ha sido escenario de varios proyectos de investigación relacionados con Marte por su similitud geológica (en la región se han hallado fósiles de 500 millones de años). Aquí se probó la tecnología del vehículo *Perseverance* de la NASA, que aterrizó en el planeta rojo a principios de 2021.

Cuanto más se avanza al norte, mayor es la sensación de lejanía. Pero aún es posible darse un capricho en la región vinícola del emblemático valle de Barossa antes de que la ruta se endurezca. Con la perspectiva de catar su famoso *syrah* tras un largo día de camino, se hace difícil no prolongar la estancia. Pero hay que despedirse, dejar atrás los exuberantes viñedos de Barossa y explorar el vasto interior.

Finalmente, tras un mes de caminata, los paisajes verdes empiezan a teñirse de rojo, señal de que estamos a punto de hincarle el diente al plato principal del Heysen Trail: los montes Flinders-Ikara. Atravesando un paisaje de unos 800 millones de años es lógico sentirse en el lugar más antiguo de la Tierra.

Los días se suceden en este paisaje semiárido, casi sobrenatural, que recuerda a la roja, polvorienta y estéril superficie de Marte. Aquí es posible pasar días enteros sin ver a nadie. Caminando en soledad se establece una rutina familiar, con el crujido de los pasos en el suelo enmarcado por el cálido resplandor de los bellos amaneceres y ocasos. Los picos escabrosos y las gargantas rocosas no dejan de impresionar.

A priori puede pensarse que un paisaje como el de los montes Flinders carece de flora y fauna, pero en realidad rebosa de vida animal. Los emúes vagan por las llanuras, las siluetas de los canguros y los ualabíes se recortan en el horizonte y las águilas sobrevuelan el desierto. Una neblina rojiza cubre el resistente matorral y el sendero rocoso se adentra en las montañas.

Sin duda, la estrella de la cordillera es el Wilpena Pound, también conocido por su nombre adnyamathanha, Ikara, que significa «lugar de encuentro». De la nada aparecen unas imponentes

Un emú en las áridas estribaciones de los montes Flinders

Wilpena Pound/Ikara, un anfiteatro natural en el Ikara-Flinders Ranges National Park

montañas que se elevan abruptamente desde la árida llanura hasta formar un anfiteatro natural de 17 km de longitud y 8 km de anchura. La sección final del Heysen se ha ideado concienzudamente para aprovechar al máximo las vistas de este antiguo y humilde lugar, y para dejar un recuerdo espectacular de una aventura que siempre acaba demasiado pronto.

Recorrer el Heysen Trail es una experiencia única en la vida que muestra la lejanía, la diversidad y la historia de Australia en su máxima expresión. La llegada a Parachilna –donde los picos rocosos de la cordillera de Flinders-Ikara dan paso al *outback* bermellón– es un momento que se queda grabado para siempre.

OTRA RUTA

Mawson Trail

Si no hay tiempo para hacer el Heysen Trail a pie se puede optar por recorrer en bicicleta el Mawson Trail. Esta ruta de 900 km para bicicleta de montaña sigue un itinerario similar al Heysen, pero se completa en menos de tres semanas.

116

Grampians Peak Trail

DE LA MOUNT ZERO PICNIC AREA A DUNKELD, AUSTRALIA

El popular recorrido de varios días por el centro-oeste de Victoria sigue la espina dorsal de una cordillera famosa por su accidentado paisaje y su patrimonio aborigen.

El Grampians Peak Trail, abierto en 2021, es una exigente ruta de un extremo al otro del Grampians National Park. Esta área montañosa, en la que abundan alimentos tradicionales –desde *wattleseed* (semillas de acacia) hasta ualabí–, agua y refugio, es fundamental en el llamado Sueño aborigen, el conjunto de creencias y relatos sobre la creación. La zona es importante para los pueblos djab wurrung y jardwadjali, que la conocen con el nombre de Gariwerd.

El abrupto terreno hace que el sendero sea duro, con multitud de tramos empinados. Afortunadamente, hay campamentos modernos para descansar. Tampoco faltan distracciones para olvidar el dolor de piernas: se puede visitar al menos uno de los cinco yacimientos de arte rupestre aborigen abiertos al público, así como observar algunas de las 975 especies de plantas del parque, muchas de ellas usadas por los aborígenes por sus propiedades medicinales. Si se le añaden las cascadas, las vistas espectaculares y la abundante fauna, es fácil entender por qué esta es una de las rutas más populares de Australia.

155 KM

7134 M

13 DÍAS (IDA)

PERFIL DE RUTA

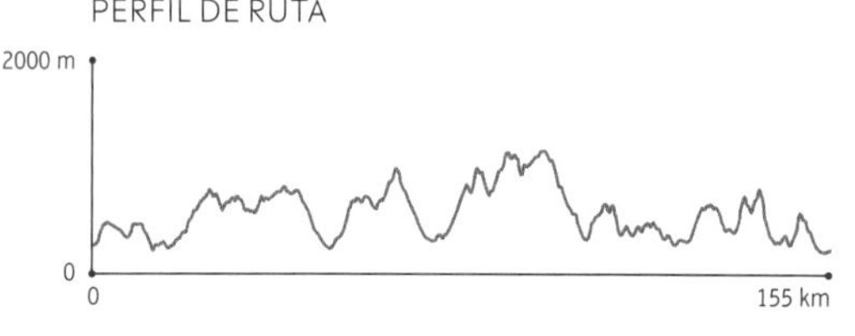

Admira las huellas de manos infantiles y las pinturas de huellas de emú del **GULGURN MANJA SHELTER**, a poca distancia del punto de partida.

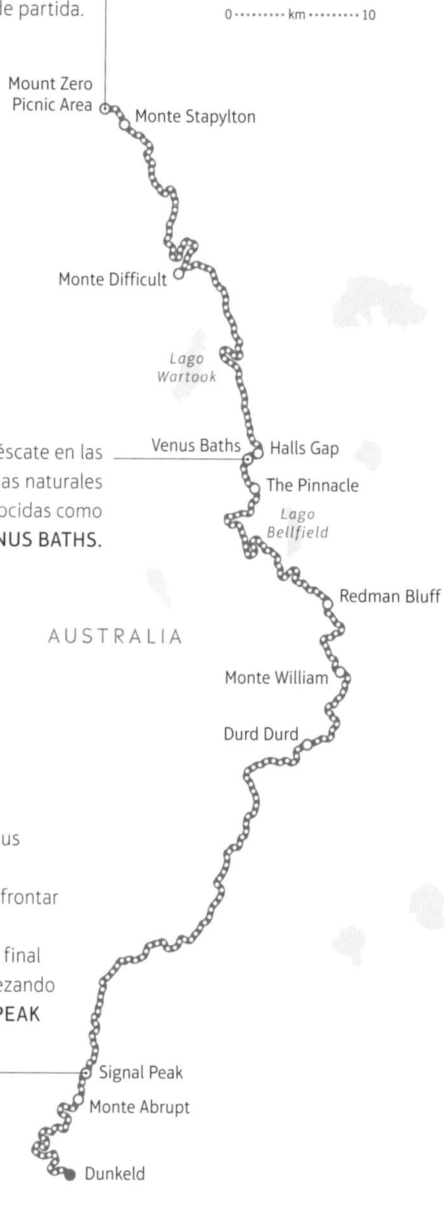

0 km 10

Mount Zero Picnic Area
Monte Stapylton
Monte Difficult
Lago Wartook
Venus Baths
Halls Gap
The Pinnacle
Lago Bellfield
Redman Bluff
AUSTRALIA
Monte William
Durd Durd
Signal Peak
Monte Abrupt
Dunkeld

Refréscate en las piscinas naturales conocidas como **VENUS BATHS.**

A estas alturas tus piernas estarán en forma para afrontar las pintorescas ascensiones del final de la ruta, empezando por el **SIGNAL PEAK** (780 m).

Ronny Creek

Si prestas atención, cerca de **RONNY CREEK** puedes ver wómbats, ualabíes de Bennett y pademelones; si tienes paciencia y suerte quizás veas algún equidna u ornitorrinco.

Crater Falls

Lago Lilla

Crater Lake

Lago Dove

Desde **MARIONS LOOKOUT,** disfruta de las vistas panorámicas del reluciente Crater Lake y de la despedazada cresta de la Cradle Mountain.

Marions Lookout

Hansons Peak

TASMANIA

Cradle Mountain

117

Dove Lake-Cradle Mountain

RONNY CREEK, TASMANIA, AUSTRALIA

A través de un bello paisaje lacustre, esta exigente ruta conquista el pico más emblemático de Tasmania.

15 KM

838 M

1 DÍA (CIRCULAR)

Con sus variados paisajes y su abundante vida salvaje, Tasmania es un paraíso para los senderistas. En el corazón de la isla está el Cradle Mountain-Lake St Clair National Park, que alberga tentadores senderos. Esta gratificante ruta de una jornada combina algunos de esos senderos en un memorable paisaje de lagos alpinos y crestas abruptas.

Se empieza a caminar por una pasarela sobre un páramo herbáceo habitado por wómbats y luego se recorre una hondonada cubierta por un bosque templado húmedo. Después se bordean las resplandecientes aguas del Crater Lake y Kathleens Pool antes de llegar al pie de la Cradle Mountain. Con 1545 m, no es el pico más alto de la isla, pero sí el más espectacular y fotogénico. La dura ascensión por gigantescos pedruscos se compensa con las extensas vistas del paisaje alpino. El camino de vuelta bordea la orilla oriental del lago Dove, habitada por espinosos equidnas; desde su extremo norte se contempla el pico de Cradle reflejado en las aguas del lago más perfecto de Tasmania.

Asciende por los peñascos que forman las laderas de la **CRADLE MOUNTAIN** para disfrutar de las extensas vistas del parque nacional homónimo.

PERFIL DE RUTA

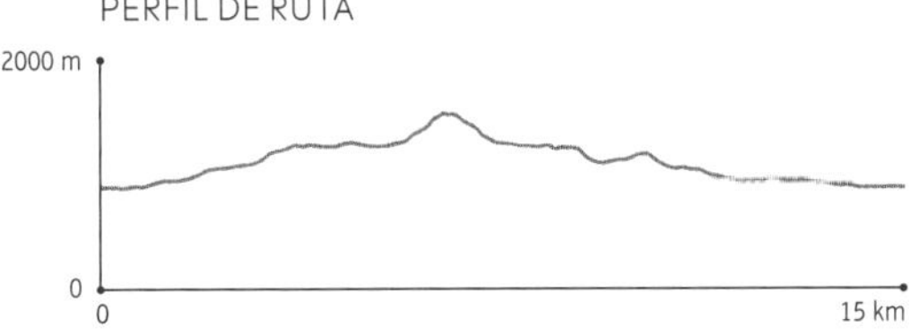

CON GANAS DE MÁS

Overland Track

La ruta incluye parte de la primera etapa del Overland Track, un itinerario de 65 km y 6 días desde el valle del Cradle hasta el lago St Clair a través de altos páramos alpinos.

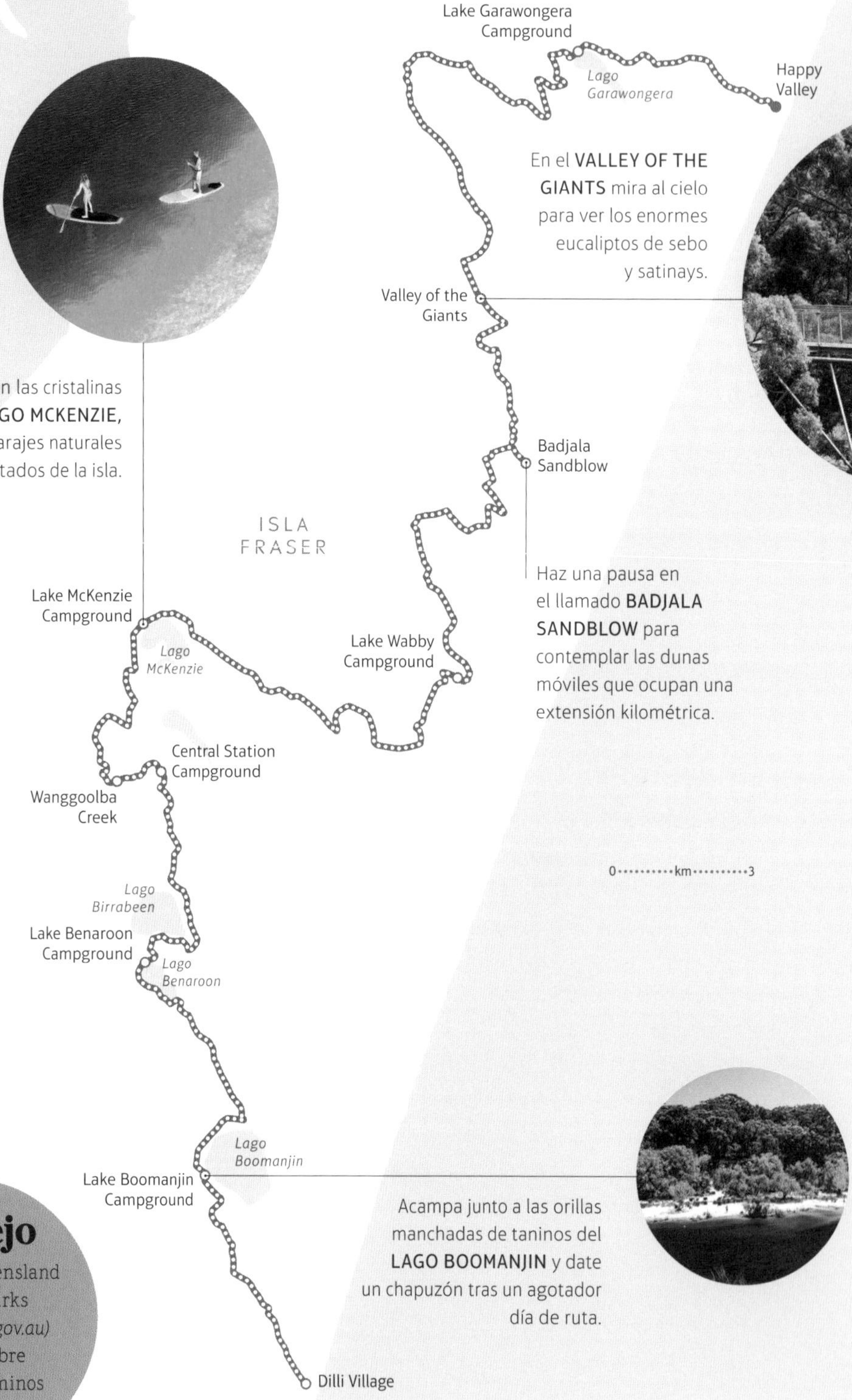

Lake Garawongera Campground
Happy Valley
Lago Garawongera

En el **VALLEY OF THE GIANTS** mira al cielo para ver los enormes eucaliptos de sebo y satinays.

Valley of the Giants

Báñate en las cristalinas aguas del **LAGO MCKENZIE,** uno de los parajes naturales más visitados de la isla.

Badjala Sandblow

ISLA FRASER

Haz una pausa en el llamado **BADJALA SANDBLOW** para contemplar las dunas móviles que ocupan una extensión kilométrica.

Lake McKenzie Campground
Lago McKenzie
Lake Wabby Campground

Central Station Campground
Wanggoolba Creek

0 km 3

Lago Birrabeen
Lake Benaroon Campground
Lago Benaroon

Lago Boomanjin
Lake Boomanjin Campground

Acampa junto a las orillas manchadas de taninos del **LAGO BOOMANJIN** y date un chapuzón tras un agotador día de ruta.

Consejo

La web de Queensland National Parks (*parks.des.qld.gov.au*) informa sobre cierres de caminos e incendios.

Dilli Village

118

K'gari (Fraser Island) Great Walk

DE DILLI VILLAGE A HAPPY VALLEY, ISLA FRASER, AUSTRALIA

En esta remota ruta por la mayor isla de arena del mundo se puede descubrir un paraíso explorando selvas milenarias, escalando dunas gigantes y nadando en relucientes lagos.

72 KM
1631 M
5-7 DÍAS (IDA)

Con 123 km de longitud y 22 km de anchura, la isla de Fraser –conocida como K'gari (Paraíso) por el pueblo indígena butchulla– es la mayor isla de arena del mundo, que forma parte del Great Sandy National Park de Queensland. Sus prístinas playas, sus lagos de aguas cristalinas, sus enormes dunas y sus exuberantes selvas la convierten en una pequeña maravilla.

El K'gari (Fraser Island) Great Walk zigzaguea por la parte oriental de esta idílica isla. La ruta no es especialmente difícil en lo que respecta al terreno y al desnivel, pero supone un desafío por su carácter remoto. No hay restaurantes ni hoteles, de modo que los visitantes deben ser autosuficientes y cargar con la tienda de campaña y los víveres. Puede ser duro y hay que arreglárselas sin comodidades, pero el variado y espectacular paisaje de la isla compensa el esfuerzo.

La ruta empieza cerca de la 75 Mile Beach Highway, una franja de arena dorada aparentemente interminable, frecuentada por entusiastas de los todoterrenos y los vuelos sin motor. Pero el camino no permanece aquí mucho tiempo y pronto deja la costa atrás, adentrándose en la isla, muy lejos de donde se divierten los turistas.

A partir de aquí, el itinerario sigue una combinación de senderos butchulla y antiguos caminos forestales, serpenteando por paisajes tan diversos que resultan sorprendentes en una isla de arena. ▸

PERFIL DE RUTA

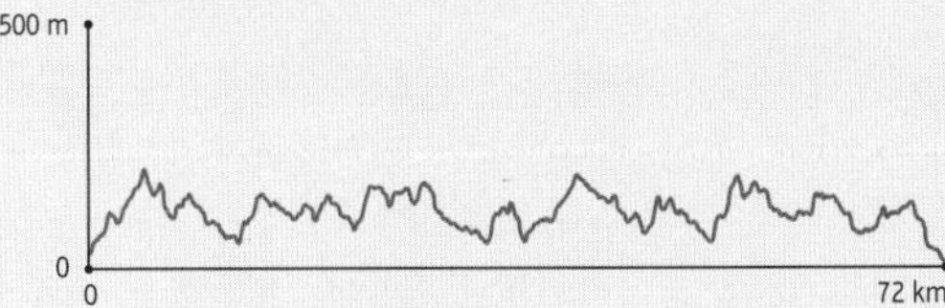

CURIOSIDADES

Una isla con muchos nombres

El nombre original de la isla, K'gari, se debe al pueblo indígena butchulla, que habitó la región durante unos 5500 años. Tras la llegada de los europeos, fue conocida brevemente como Great Sandy Island (Gran Isla Arenosa) antes de rebautizarse como isla Fraser en el siglo XIX en honor a Eliza Fraser, que naufragó aquí en 1836.

Izquierda Imponentes satinays en la selva de K'gari (isla Fraser)

Un día se ascienden escarpadas crestas boscosas y se sale de los árboles para disfrutar de un increíble paisaje de dunas kilométricas contra las que rompen las olas en la distancia. Al día siguiente se camina por cómodas pasarelas sobre arroyos bordeados de helechos, como el Wanggoolba, cuyas aguas son tan claras que casi son invisibles. Para terminar se atraviesa el Valley of the Giants, en el corazón de la isla, donde crecen altísimos satinays de 6 m de anchura y más de 1000 años de edad.

A lo largo de toda la ruta se suceden los lagos de agua dulce, que invitan a bañarse.

A lo largo de toda la ruta se suceden los lagos de agua dulce, que invitan a bañarse (las temperaturas en la isla pueden ser muy altas). Primero está el lago Boomanjin, cuyas orillas están teñidas de un color marrón rojizo por los árboles del té cercanos. En la mitad de la ruta se hallan las inmaculadas arenas blancas y las aguas turquesas del popular lago McKenzie y las aguas esmeraldas del lago Wabby, bordeado por el dorado Hammerstone Sandblow, un sistema dunar que está invadiendo el agua lentamente; es probable que en unos 100 años el lago haya desaparecido.

Con un poco de suerte es posible toparse con algunos amigos con pelo o plumas de camino al norte. La isla alberga algunos animales emblemáticos de la fauna australiana, como el canguro y el ualabí, y cientos de especies de aves autóctonas.

Centro Lago Wabby, bordeado por el Hammerstone Sandblow

Derecha Uno de los muchos dingos que habitan la isla

Pero quizás el más atractivo sea el dingo. Este bello pero impredecible perro salvaje vaga por la isla buscando alimento entre las dunas y dormitando a la sombra en la selva. Al amanecer y al anochecer se puede oír su aullido lobuno resonando en toda la isla.

Cada jornada, al atardecer, hay que montar la tienda en uno de los sencillos campamentos de la ruta (previa reserva) para dormir bajo un cielo lleno de estrellas. Y cada mañana, al despertar, el canto de los pájaros llena el aire. Al final, la ruta vuelve a encaminarse a la costa y termina en Happy Valley (Valle Feliz). Este alegre pueblo costero posee una singular variedad de hoteles, restaurantes y lugares de retiro, además de unas preciosas vistas del océano. Es el lugar perfecto para descansar tras una intrépida caminata.

UNA RUTA MÁS CORTA

Lago Birrabeen

Quien no desee hacer la ruta entera puede optar por el itinerario de 13 km que va desde Central Station, antiguo núcleo de la industria maderera de la isla, hasta el lago Birrabeen. El camino serpentea por un espeso bosque autóctono y bordea el azulado lago Jennings antes de llegar a la orilla de arena blanca del lago Birrabeen.

119

Solitary Islands Coastal Walk

DE RED ROCK A SAWTELL, AUSTRALIA

Este recorrido, que une una serie de playas de arena dorada, reservas naturales y lugares de interés histórico y cultural del litoral de Nueva Gales del Sur, también ofrece magníficas vistas de la costa.

Consejo

El camino tiene poca sombra, así que conviene protegerse contra el sol y llevar mucha agua.

57 KM

502 M

3-4 DÍAS (IDA)

Las cálidas aguas de la corriente de Australia Oriental se topan con las aguas templadas del mar de Tasmania en el Solitary Islands Marine Park, congregando una abundante vida marina. Los juguetones delfines, las ballenas migrantes y las aves buceadoras son algunos de los protagonistas de esta ruta, que recorre un tramo de gran belleza y relevancia cultural del litoral de Nueva Gales del Sur.

Localizado en las tierras tradicionales del pueblo aborigen gumbaynggir, este itinerario de 57 km relativamente fácil puede recorrerse con holgura en cuatro días (por lo general, de norte a sur). Abundan los bellos paisajes naturales: preciosas playas de arena suave, promontorios rocosos barridos por el viento y exuberantes bosques subtropicales. Es un placer sentir el sol en la espalda y las rociadas de agua salada en la cara mientras se recorren estos variados paisajes costeros. Vale la pena detenerse a observar a animales autóctonos como el águila pescadora y el canguro gigante. Con prismáticos se puede ver a los pigargos orientales abatirse alrededor de las islas que dan nombre a la ruta.

Pero la naturaleza no es lo único interesante: la historia aborigen también está muy presente. A lo largo del camino salen al paso variados elementos culturales, como los concheros, antiguos montones de conchas y huesos que dan fe de los festines que se daban los gumbaynggir. En la playa de Corindi vale la pena desviarse para conocer la historia y la cultura de los aborígenes locales en el Yarrawarra Aboriginal Cultural Centre. En el propio camino hay numerosos paneles con información sobre las raíces aborígenes de la región. También hay rastros del pasado colonial europeo. En la playa de Woolgoolga se encuentra el esqueleto del *Buster*, un navío de 39 m de eslora arrastrado por la marea en 1893. Y en la playa de Moonee se puede conocer la historia de los Dammerel, una familia de pioneros que se hizo cargo del faro de la South Solitary Island en 1884 y lo operó durante 40 años. Al llegar a Sawtell, el final de la ruta, cada caminante tendrá una historia que contar.

PERFIL DE RUTA

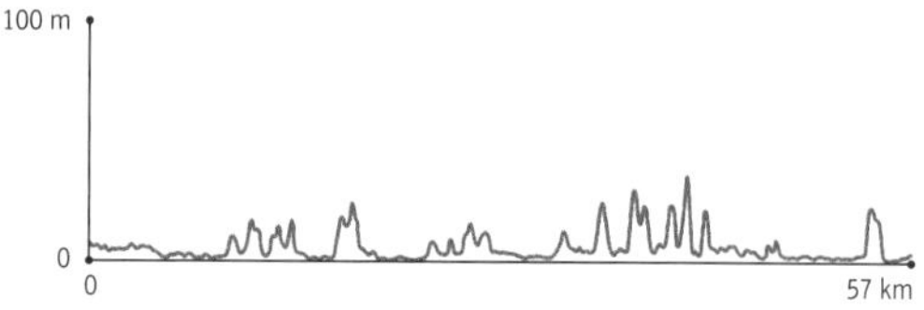

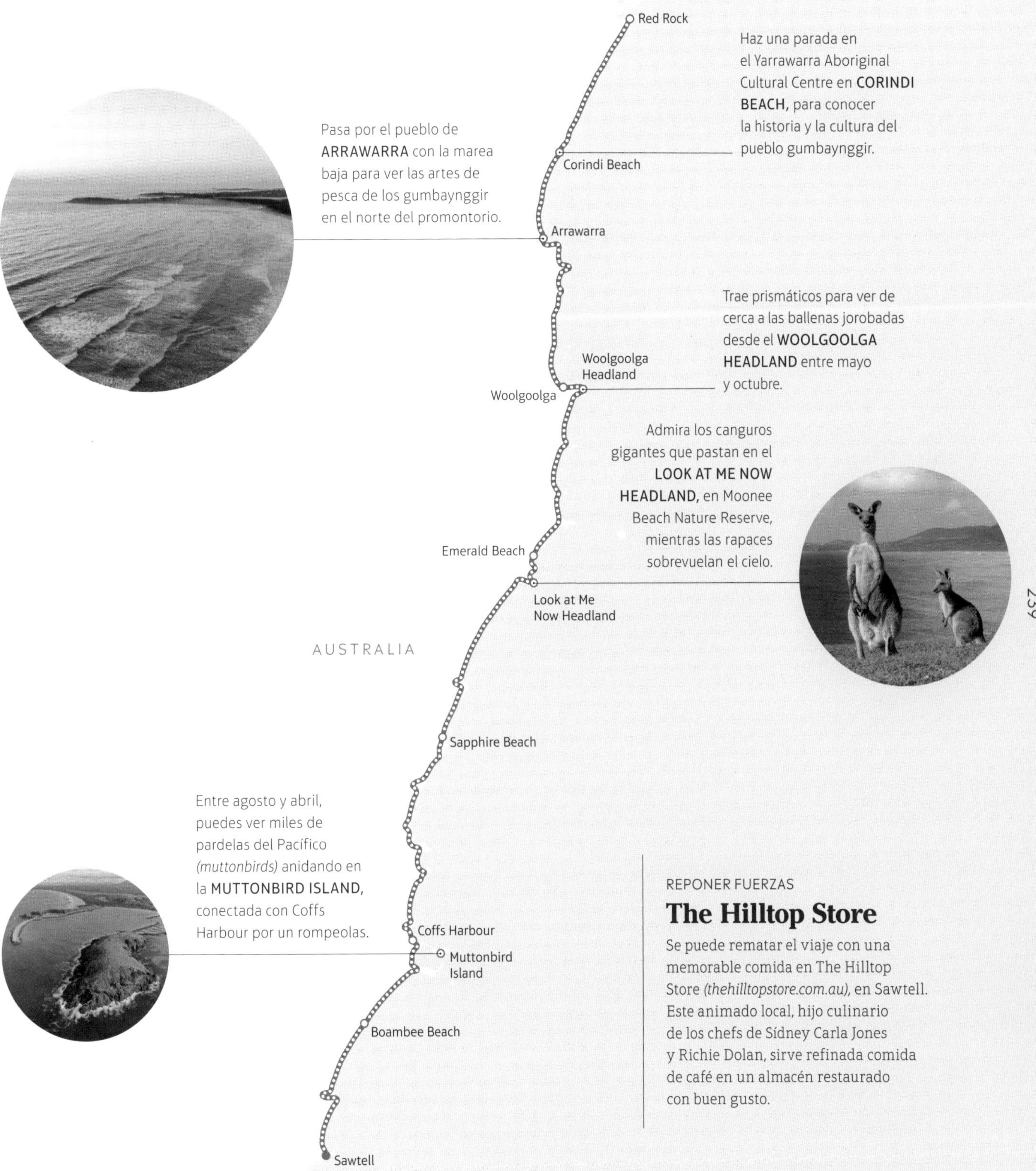

Haz una parada en el Yarrawarra Aboriginal Cultural Centre en **CORINDI BEACH,** para conocer la historia y la cultura del pueblo gumbaynggir.

Pasa por el pueblo de **ARRAWARRA** con la marea baja para ver las artes de pesca de los gumbaynggir en el norte del promontorio.

Trae prismáticos para ver de cerca a las ballenas jorobadas desde el **WOOLGOOLGA HEADLAND** entre mayo y octubre.

Admira los canguros gigantes que pastan en el **LOOK AT ME NOW HEADLAND,** en Moonee Beach Nature Reserve, mientras las rapaces sobrevuelan el cielo.

Entre agosto y abril, puedes ver miles de pardelas del Pacífico *(muttonbirds)* anidando en la **MUTTONBIRD ISLAND,** conectada con Coffs Harbour por un rompeolas.

REPONER FUERZAS

The Hilltop Store

Se puede rematar el viaje con una memorable comida en The Hilltop Store *(thehilltopstore.com.au)*, en Sawtell. Este animado local, hijo culinario de los chefs de Sídney Carla Jones y Richie Dolan, sirve refinada comida de café en un almacén restaurado con buen gusto.

120

Rakiura Track

DE LEE BAY A FERN GULLY ROAD, ISLA DE RAKIURA/STEWART, NUEVA ZELANDA

Es posible atisbar al raro kiwi o incluso la más esquiva aurora austral en uno de los lugares más remotos de Nueva Zelanda: la isla de Rakiura/Stewart.

Esta ruta da una vuelta de 27 km a la isla de Rakiura/Stewart, un paraje intacto en la costa meridional de Nueva Zelanda. Se trata de un camino fácil de seguir. El senderista recorre playas de arena dorada y anda bajo las sombras moteadas de los árboles autóctonos al compás del rítmico canto de los pájaros.

Pero no toda la diversión tiene lugar durante el día. De hecho, después del ocaso es cuando el camino cobra vida. La isla es un santuario internacional de cielo oscuro y de noche millones de estrellas relucen en el cielo. Incluso es posible ver el mágico resplandor de la aurora austral danzando en el horizonte.

La noche también es el mejor momento para toparse con el kiwi, una de las aves más raras del país. Puede escucharse su agudo graznido procedente del bosque mientras se observan las estrellas en cualquier refugio o campamento. A pesar de ostentar el sobrenombre de kiwis, pocos neozelandeses han visto a esta huidiza ave.

La idílica costa de la isla de Rakiura/Stewart desde el Rakiura Track

PERFIL DE RUTA

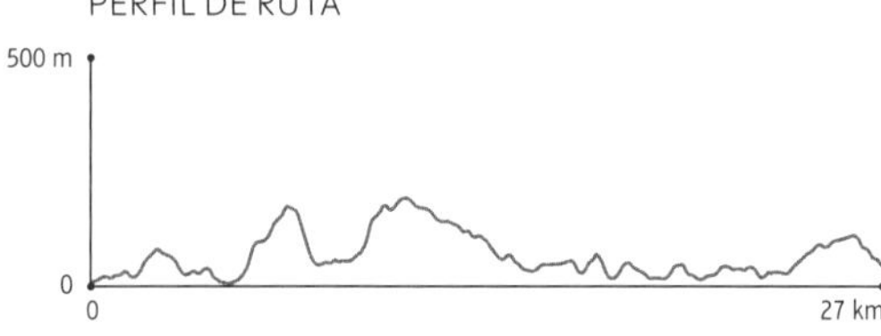

27 KM

893 M

3 DÍAS (IDA)

Si hace calor date un revitalizante baño en las aguas de la bella **MĀORI BEACH**, rodeada de bosque.

Busca al raro kiwi en los alrededores de **NORTH ARM HUT** (o Port William); los mejores momentos son después del ocaso y antes del amanecer.

Māori Beach

Lee Bay

ISLA DE RAKIURA/ STEWART

En **LEE BAY**, observa una gran escultura de eslabones que hace referencia al mito maorí según el cual la isla de Rakiura/ Stewart es el muerto de la canoa del semidiós Māui.

North Arm Hut

Fern Gully Road

0 km 1,5

Consejo

Para ver un kiwi hay que evitar moverse, usar una linterna con luz roja y seguir su estridente graznido.

121

Hooker Valley Track

AORAKI/MOUNT COOK NATIONAL PARK, NUEVA ZELANDA

Este paseo atraviesa algunos de los paisajes más espectaculares de Nueva Zelanda para contemplar el pico más alto del país, el monte Cook.

10 KM
177 M
MEDIO DÍA (IDA Y VUELTA)

El Hooker Valley Track tiene fama de ser uno de los más espectaculares de Nueva Zelanda, y está claro por qué: este camino llano y fácil recorre el corazón de los Alpes del Sur. Puede hacer que el excursionista más joven o tímido se sienta como un intrépido aventurero, cruzando puentes giratorios, vadeando arroyos alpinos y pasando ante imponentes picos y glaciares.

A finales de primavera y principios de verano el valle se llena de preciosos ranúnculos blancos. En invierno la nieve y el hielo convierten el paisaje en un blanco país de las maravillas. Sea cual sea la estación, hay que procurar llegar al lago Hooker al atardecer (no hay que olvidar llevar una linterna frontal para la vuelta). Ver cómo los últimos rayos de sol tiñen la cara sur del monte Cook de dorado y rosa es algo difícil de mejorar.

PERFIL DE RUTA

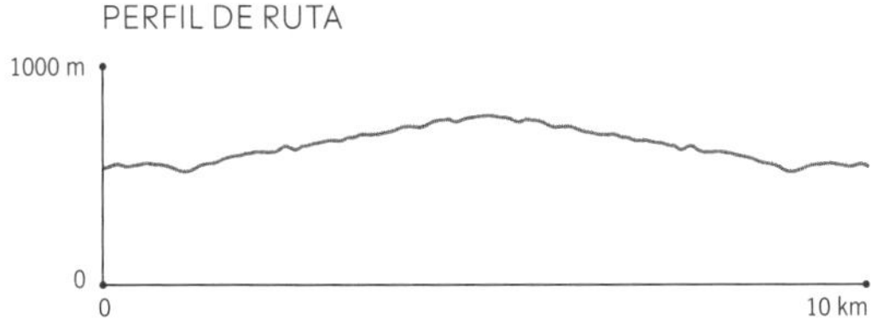

Al final de la ruta contempla el bello **LAGO HOOKER,** al pie del imponente monte Cook/Aoraki.

Prepara la cámara de fotos para captar la increíble vista de los Alpes del Sur desde el final del **SEGUNDO PUENTE GIRATORIO.**

Contempla el **LAGO MUELLER** desde el primero de los tres puentes giratorios.

Explora el **ALPINE MEMORIAL** y la **FREDA'S ROCK** que recuerdan, respectivamente, a los montañeros que han perdido la vida en el parque y a la primera mujer que escaló el monte Cook/Aoraki, en 1910.

Lago Hooker
Tercer puente giratorio
0 km 0,5
NUEVA ZELANDA
Río Hooker
Segundo puente giratorio
Lago Mueller
Primer puente giratorio
Freda's Rock
Alpine Memorial
Whitehorse Hill Campground

Consejo

Es vital reservar con antelación: las instalaciones abren de octubre a abril y el cupo es de 40 personas al día.

122

Milford Track

DEL GLADE WHARF A SANDFLY POINT, NUEVA ZELANDA

La famosa ruta recorre algunos de los paisajes más espectaculares de la isla del Sur: montañas envueltas en neblina, fiordos de origen glaciar y densos bosques esmeraldas.

54 KM

1438 M

4 DÍAS (IDA)

En 1908, la revista *The Spectator* declaró que el Milford Track era «la mejor ruta del mundo», una afirmación que sigue vigente hoy, 100 años después. Este sendero de varios días bien señalizado –uno de los Great Walks neozelandeses– no escatima en bellos paisajes, ya que propone un viaje al corazón del remoto Fiordland National Park.

Una advertencia antes de empezar: lo más probable es que llueva, así que no hay que olvidar el impermeable. Después de todo, Fiordland es una de las regiones más húmedas del mundo. Afortunadamente, la lluvia realza el espectacular paisaje envolviendo los innumerables picos en neblina, dando vida a los exuberantes bosques y aportando caudal a las cascadas que adornan tan imponente escenario. No hay que preocuparse por las tiendas que se empapan, ya que no está permitido acampar en el Milford Track: se duerme en los cálidos y confortables –aunque básicos– refugios de la ruta.

PERFIL DE RUTA

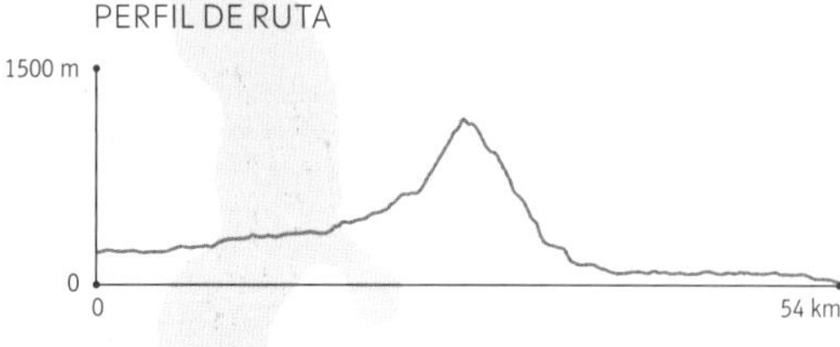

Uno de los exuberantes bosques que atraviesa el Milford Track

El viaje empieza con un trayecto en barco por el lago Te Anau. Desde un sencillo muelle de madera, el camino se interna en un húmedo y musgoso bosque en el que las hayas rojas y plateadas se alzan sobre un sotobosque de recios helechos. Esta primera sección sigue caminos de grava y pasarelas de madera por un terreno relativamente llano. Sin embargo, el sendero se pone cuesta arriba y se torna más rocoso, estrecho y escarpado a medida que sube. El paisaje también cambia y el denso bosque da paso a una alfombra alpina de hierba áspera, margaritas y ranúnculos. Subiendo hacia el MacKinnon Pass, el punto más alto de la ruta,

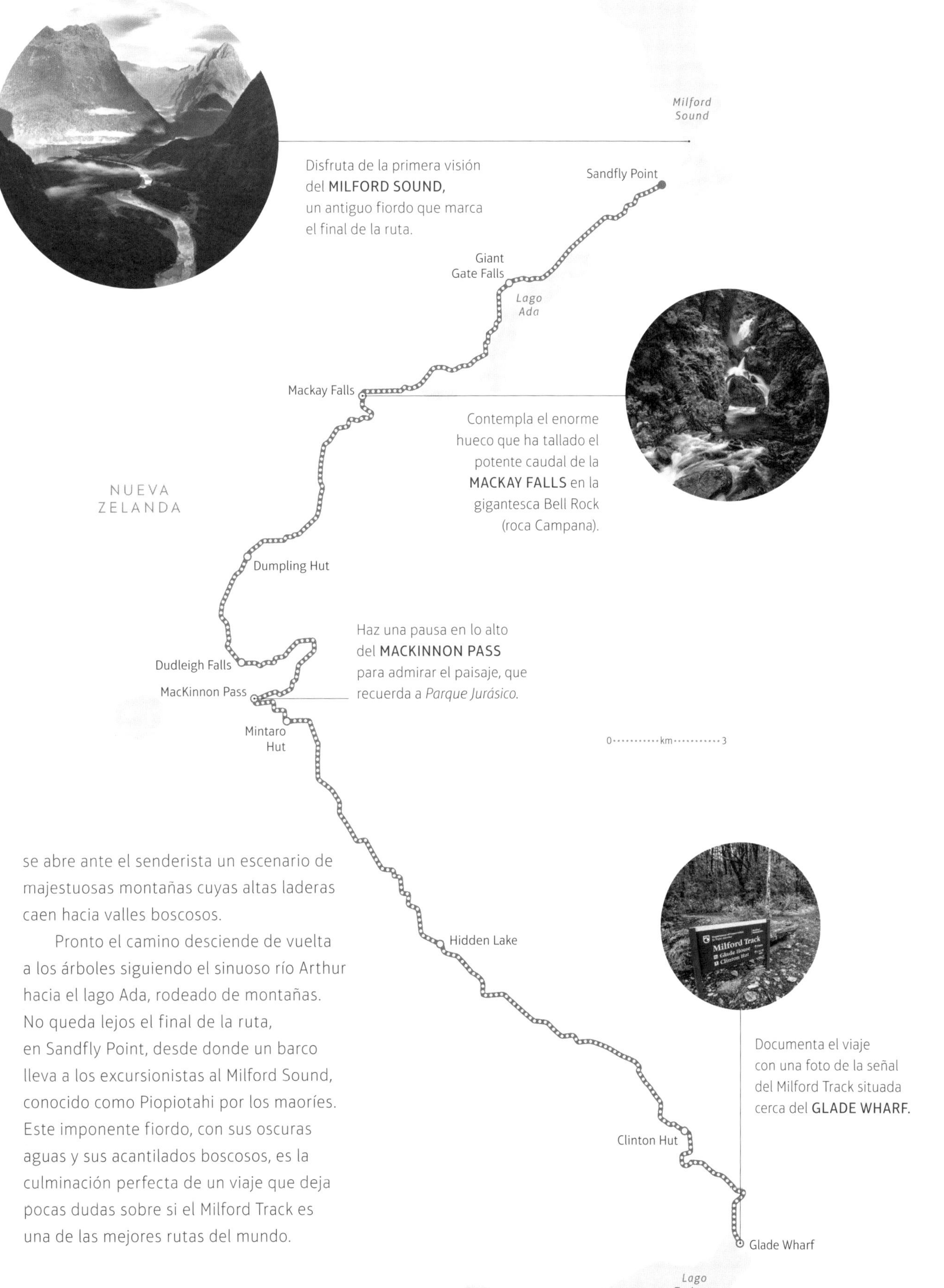

se abre ante el senderista un escenario de majestuosas montañas cuyas altas laderas caen hacia valles boscosos.

Milford Sound
Disfruta de la primera visión del **MILFORD SOUND,** un antiguo fiordo que marca el final de la ruta.
Sandfly Point
Giant Gate Falls
Lago Ada
Mackay Falls
Contempla el enorme hueco que ha tallado el potente caudal de la **MACKAY FALLS** en la gigantesca Bell Rock (roca Campana).
NUEVA ZELANDA
Dumpling Hut
Haz una pausa en lo alto del **MACKINNON PASS** para admirar el paisaje, que recuerda a *Parque Jurásico.*
Dudleigh Falls
MacKinnon Pass
Mintaro Hut
0 km 3
Hidden Lake
Documenta el viaje con una foto de la señal del Milford Track situada cerca del **GLADE WHARF.**
Milford Track
Glade House
Clinton Hut
Clinton Hut
Glade Wharf
Lago Te Anau

Pronto el camino desciende de vuelta a los árboles siguiendo el sinuoso río Arthur hacia el lago Ada, rodeado de montañas. No queda lejos el final de la ruta, en Sandfly Point, desde donde un barco lleva a los excursionistas al Milford Sound, conocido como Piopiotahi por los maoríes. Este imponente fiordo, con sus oscuras aguas y sus acantilados boscosos, es la culminación perfecta de un viaje que deja pocas dudas sobre si el Milford Track es una de las mejores rutas del mundo.

123

Queen Charlotte Track

DE LA MERETOTO/SHIP COVE A ANAKIWA, NUEVA ZELANDA

El clásico Queen Charlotte Track atraviesa el exuberante bosque costero de los Marlborough Sounds, una región dotada de una rica historia y fauna aviar.

69 KM
2936 M
3-4 DÍAS (IDA)

Consejo
La localidad más cercana a la ruta es Picton; en qctrack.co.nz se pueden reservar los barcos.

En este épico país de fuego y hielo, la región de los Marlborough Sounds no tiene ni volcanes ni glaciares. En cambio, está bendecida con una costa laberíntica. Los dedos torcidos de la extremidad más nororiental de la isla del Sur arañan el estrecho de Cook dejando una huella casi fractal: las penínsulas se encogen formando promontorios y luego puntas, y entre ellas hay brazos de mar que incluyen ensenadas, bahías y calas. Basta decir que los caminos no siguen líneas rectas.

Este es el atractivo del Queen Charlotte Track. No es una ruta de A a B, sino que se ha creado uniendo históricos caminos de herradura entre puntos de observación marítima y atractivos fondeaderos. El hecho de que el punto de partida solo sea accesible en barco le añade encanto, al igual que su relativo anonimato. A diferencia de las grandes rutas que figuran en las listas de deseos de los senderistas –Milford, Routeburn, Kepler–, el número de visitantes es escaso y no es necesario reservar con antelación. Dicho esto, la ruta cuenta con una buena oferta de alojamientos y restaurantes que hace innecesario acampar (aunque se puede).

La ruta empieza tras desembarcar en la ensenada de Meretoto, rebautizada como Ship Cove por el capitán inglés James Cook, que fondeó en ella en su primera visita a la isla del Sur en 1770 para revisar el HMS *Endeavour* y reaprovisionarlo. Las repetidas visitas de Cook a Meretoto en los años posteriores supusieron los primeros contactos continuos entre europeos

PERFIL DE RUTA

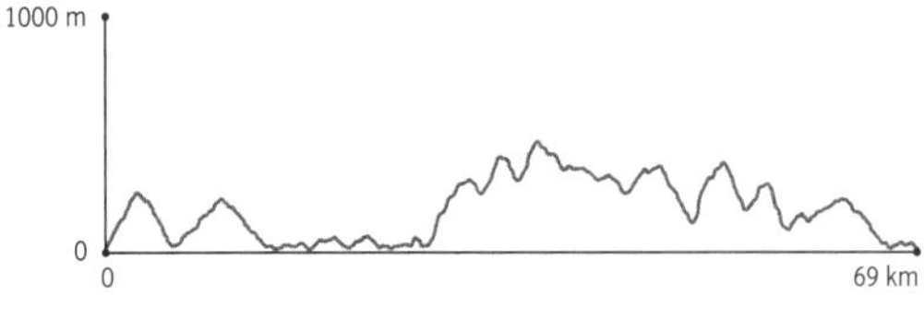

Las aguas turquesas y las orillas boscosas del Queen Charlotte Sound vistas desde el camino

Meretoto/
Ship Cove
Haz un pícnic o date un chapuzón en **PUNGA COVE,** uno de los lugares más bonitos de la ruta.
Punga Cove
Resolution Bay
Endeavour Inlet
Admira los *pouwhenua* (postes tallados maoríes) en **MERETOTO/SHIP COVE,** después adéntrate en el bosque de podocarpos y latifolios.
Desvíate al **ONAHAU LOOKOUT,** el mirador más espectacular de la ruta, que ofrece vistas del Queen Charlotte Sound al este y sur, y del Kenepuru Sound al oeste.
NUEVA ZELANDA
Kenepuru Sound
Bay of Many Coves
Blackwood Bay
Onahau Lookout
Torea Bay
0 km 3
Queen Charlotte Sound
Onahau Bay
Anakiwa
Disfruta de un relajante final de ruta con un paseo por un hayedo hasta **ANAKIWA,** desde donde salen taxis acuáticos a Picton, siempre acompañados por delfines.

OTRA RUTA

Nydia Track

Si se prefiere una introducción más breve a la belleza de los Marlborough Sounds se puede optar por el Nydia Track, una ruta de 27 km de dos días entre Shag Point y Duncan Bay a través de bosques vírgenes con cascadas y muchas aves.

y maoríes, en su mayoría de las tribus ngāti kuia y rangitāne, que llevaban siglos pescando en las aguas del Tōtaranui, como llamaban al Queen Charlotte Sound.

El camino serpentea rumbo al oeste hacia Anakiwa por una sucesión de collados y promontorios que bordean bahías con nombres evocadores: Resolution (Determinación), Endeavour (Esfuerzo), etc. La fauna se ve y se oye en el cielo y el mar. Los delfines de Fitzroy y de Héctor están entre los cetáceos que se deslizan por el mar. Aves como el rascón weka, el mielero maorí y el mielero tui se escabullen y revolotean entre los árboles, que ya eran venerables cuando Cook llegó.

La ruta termina a orillas del brazo de mar bautizado con el nombre de la esposa de Jorge III, y no hay duda de que esta caminata es digna de una reina.

124

Tongariro Alpine Crossing

TONGARIRO NATIONAL PARK, NUEVA ZELANDA

El exigente recorrido de un día discurre por un paisaje volcánico en el parque nacional más antiguo de Nueva Zelanda.

Fumarolas, antiguas coladas de lava y cráteres de color carmesí. Hay momentos en esta épica ruta por el Tongariro National Park en los que el visitante cree que está caminando por Marte y no por la isla Norte de Nueva Zelanda. Este espectacular paisaje se formó tras una serie de erupciones volcánicas hace unos 275 000 años. De hecho, el nombre Tongariro significa «llevarse el fuego» en maorí.

El lugar sigue registrando una gran actividad volcánica; se nota en el tufillo a azufre que flota en el aire. Por tanto, conviene informarse antes de ir y no salirse del camino marcado. Aun así, repentinas pinceladas de color dan vida al árido telón de fondo: las vetas marrones y bermellones del Red Crater, las brillantes aguas de los Emerald Lakes y el tono turquesa del Blue Lake. El lugar ofrece magníficas vistas del Kaimanawa Forest Park y, los días despejados, del monte Taranaki.

20 KM

802 M

1 DÍA (IDA)

PERFIL DE RUTA

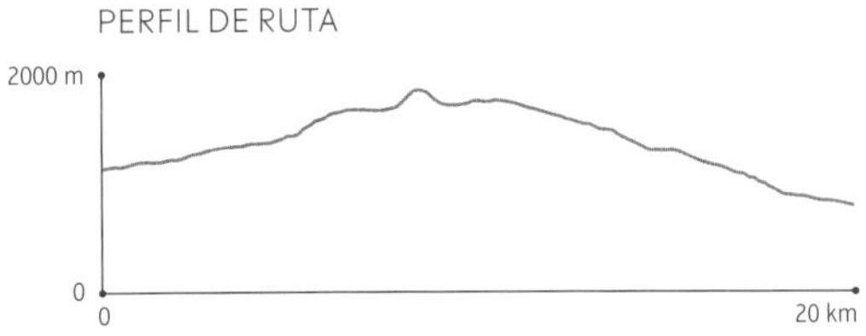

En el descenso, mira al lado izquierdo, para ver las nubes de vapor que salen de las **KETETAHI HOT SPRINGS.**

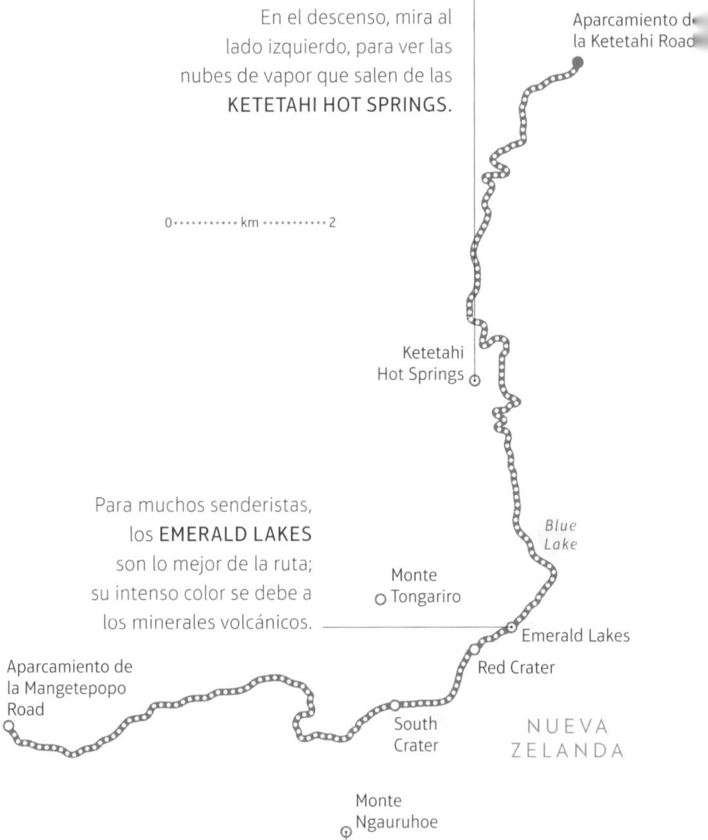

Aparcamiento de la Ketetahi Road

0 km 2

Ketetahi Hot Springs

Para muchos senderistas, los **EMERALD LAKES** son lo mejor de la ruta; su intenso color se debe a los minerales volcánicos.

Blue Lake

Monte Tongariro

Emerald Lakes

Red Crater

Aparcamiento de la Mangetepopo Road

South Crater

NUEVA ZELANDA

Monte Ngauruhoe

Tras ascender al South Crater toma un respiro para disfrutar de las vistas del **MONTE NGAURUHOE,** el monte del Destino en *El Señor de los Anillos*.

125

Lake Waikaremoana Track

DE ONEPOTO BAY AL HOPURUAHINE LANDING, NUEVA ZELANDA

La más tranquila de las grandes rutas neozelandesas explora las espléndidas riberas del lago Waikaremoana y da a conocer la historia única de la región de Te Urewera y los tūhoe.

46 KM
1718 M
3-4 DÍAS (IDA)

El Lake Waikaremoana Track, en la región de Te Urewera, no solo es el más remoto de los nueve Great Walks neozelandeses, sino también el único gestionado por una *iwi* (tribu maorí), los tūhoe. En 2014, Nueva Zelanda hizo historia al dotar a Te Urewera de personalidad jurídica y, por tanto, reconocerle los derechos de una persona. Con ello se devolvió el control de la región a los tūhoe, reconocidos como custodios de su flora y su fauna únicas.

Hoy los visitantes pueden explorar este inmaculado territorio caminando por onduladas crestas, alrededor del lago Waikaremoana y atravesando frondosos bosques. Los momentos más especiales de las caminatas llegan al anochecer, cuando los encargados de los refugios comparten historias y leyendas sobre su tierra natal.

Disfruta de las vistas panorámicas del lago Waikaremoana, tras subir a la empinada cima del **PANEKIRE BLUFF.**

PERFIL DE RUTA

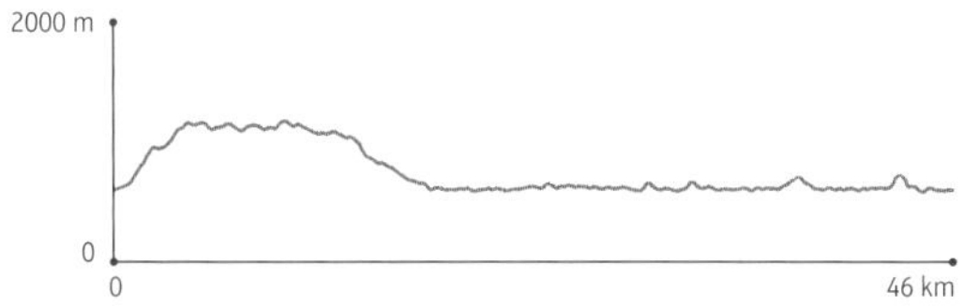

2000 m
0
0
46 km

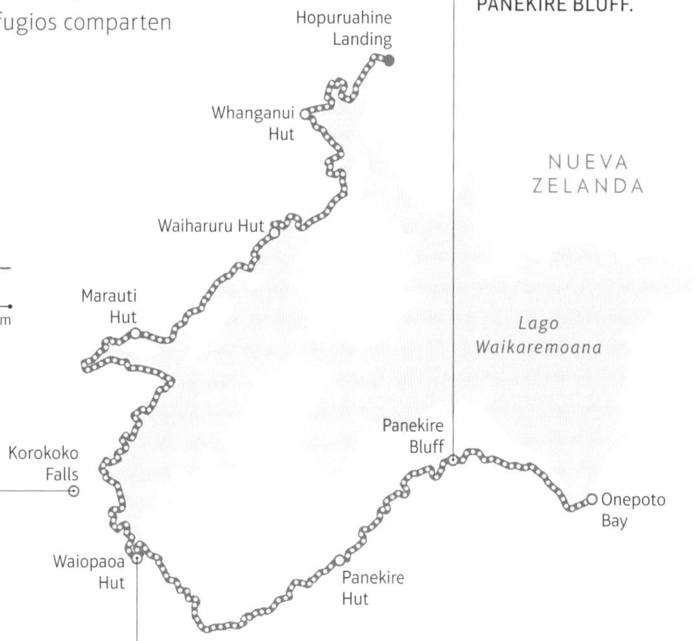

Hopuruahine Landing
Whanganui Hut
Waiharuru Hut
Marauti Hut
NUEVA ZELANDA
Lago Waikaremoana
Korokoko Falls
Panekire Bluff
Onepoto Bay
Waiopaoa Hut
Panekire Hut

Pasea por un bosque y cruza arroyos hasta las **KOROKOKO FALLS;** es un desvío de una hora que vale la pena.

Los tūhoe creen que el lago alberga un *taniwha* (monstruo acuático), pero no tengas miedo a darte un baño. El **WAIOPAOA HUT** tiene una ubicación perfecta para ello.

0 km 3

Índice

28 Curvas (China) 211
100-Mile Wilderness (EE. UU.) 59
270 Degree Overlook (EE. UU.) 51

A

Abbotsbury (Inglaterra) 109
Acaime (Colombia) 77
Adishchala, río (Georgia) 163
Adlerweg (Austria) 130-131
Agia Roumeli (Grecia) 157
Aiguilles de Bavella (Córcega) 143
Ak-Suu Transverse (Kirguistán) 188-189
Al Khitaym (Omán) 171
Alemania
  Heidschnuckenweg 128
  Malerweg 126-127
  Moselsteig 125
Alpine Memorial (Nueva Zelanda) 241
Alto del Perdón (España) 147
Altyn Arashan (Kirguistán) 189
Amethyst, lago (Canadá) 18
Amitsorsuaq, lago (Groenlandia) 69
Amos (Turquía) 159
Amsouzert (Marruecos) 173
Anakiwa (Nueva Zelanda) 245
Anbangbang Gallery (Australia) 225
Ao Ech (Vietnam) 204
Aoraki/Mount Cook National Park (Nueva Zelanda) 241
Appalachian Trail (EE. UU.) 56-61
ʔapsčiik t̓ašii (Canadá) 15
Archemerberg (Países Bajos) 121
Arctic Circle Trail (Groenlandia) 66-69
Argentina: Laguna de los Tres 90
Arrawarra (Australia) 239
Arthur's Stone (Inglaterra) 114
As-Sab (Omán) 171
Australia
  Barrk Sandstone Walk 225
  Cape to Cape 224
  Dove Lake-Cradle Mountain 233-234
  Grampians Peak Trail 232
  Heysen Trail 226-231
  K'gari (Fraser Island) Great Walk 234-237
  Solitary Islands Coastal Walk 238-239
Austria
  Adlerweg 130-131
  Inntåler Höhenweg 129
Ayukawa (Japón) 219
Azib Likemt (Marruecos) 173

B

Badjala Sandblow (Australia) 234
Baker's Falls (Sri Lanka) 197
Baltoro, glaciar (Pakistán) 191
Banaue (Filipinas) 205
Banff National Park (Canadá) 19
Barossa, valle de (Australia) 228
Barranca de Tararecua (México) 72-73
Barrancas del Cobre (México) 73
Barrk Sandstone Walk (Australia) 225
Basílica de la Natividad (Palestina) 166
Bastei (Alemania) 127
Batad, arrozales de (Filipinas) 205-206
Bayir (Turquía) 159
Beilstein (Alemania) 125
Belén (Palestina) 166
Bélgica: Escapardenne Eislek Trail 124
Bermuda Railway Trail (Bermudas) 62
Bernkastel (Alemania) 125
Berry Head Arch (Canadá) 29
Besseggen (Noruega) 99
Bi'r Dakhilya (Omán) 171
Big Salmon River, puente colgante sobre el (Canadá) 26
Biscayne National Park (EE. UU.) 52
Black Elk Peak Trail (EE. UU.) 48
Black Hill (Inglaterra) 114
Bláfjallakvísl (Islandia) 97
Blois (Francia) 139
Bloukrans, río (Sudáfrica) 185
Blue Mountain (Canadá) 21
Blue Mountain Peak Trail (Jamaica) 63
Bogø, molino de (Dinamarca) 104
Bolivia: Isla del Sol 83
Bolshaya Baikalskaya Tropa (Rusia) 212-213
Bolshiye Goloustnoye (Rusia) 213
Bolshiye Koty (Rusia) 213
Boranup Forest (Australia) 224
Boreal Land Region (Canadá) 27
Boscastle (Inglaterra) 108
Bosque caducifolio (EE. UU.) 53
Bosque de las Lianas (Panamá) 75
Bøur-Gásadalur (Islas Feroe) 98
Boz Uchuk, lagos (Kirguistán) 189
Bozburun, península de (Turquía) 161
Brasil
  Circuito Ilha Grande 88-89
  Trilha do Ouro 84-87
Bridge of the Gods (EE. UU.) 38
Bruce, James 23
Bruce Trail (Canadá) 20-23
Bryce Canyon National Park (EE. UU.) 43
Bukaksan (Corea del Sur) 214
Bután: Camino del Druk 200-201

C

Cabanaconde (Perú) 82
Cabo Skriper (Rusia) 213
Cachoeira do Santo Isidro (Brasil) 84
Cachoeira do Veado (Brasil) 84
Cachora (Perú) 80
Calmont (Alemania) 125
Calzado 9
Camboya: Phnom Kulen 203
Camino de Santiago (Francia y España) 146-149
Camino del Druk (Bután) 200-201
Camino Inca (Perú) 80-81
Camino Transcaucásico (Georgia) 163
Camiño dos Faros (España) 149
Camønoen (Dinamarca) 104
Campbell Canyon (EE. UU.) 43
Canadá
  ʔapsčiik t̓ašii 15
  Bruce Trail 20-23
  Canol Heritage Trail 16-17
  Chilkoot Trail 14
  East Coast Trail 28-31
  Fundy Footpath 26
  Pacific Crest Trail 36-41
  Plain of Six Glaciers Trail 19
  Skyline Trail 27
  Tonquin Valley Trail 18
  Traversée de Charlevoix 24-25
Canol Heritage Trail (Canadá) 16-17
Canyon City (EE. UU.) 14
Cape Breton Highlands National Park (Canadá) 27
Cape Leeuwin (Australia) 224
Cape Spear (Canadá) 29
Cape to Cape (Australia) 224
Capuliyoc (Perú) 80
Castel Dracula (Rumanía) 154
Castillo Kemény (Rumanía) 154
Cat Ba, Parque Nacional de (Vietnam) 204
Cat Bells (Inglaterra) 113
Cathedral Spires (EE. UU.) 48
Celle (Alemania) 128
Centro de Mujeres de Tuqu (Palestina) 166
Cerveza de sorgo 177
Chaco Culture National Historical Park (EE. UU.) 49
Champex (Francia) 134
Château d'Azay-le-Rideau (Francia) 139

Château de Villandry (Francia) 139
Chek Keng (Hong Kong) 206
Cheltenham Badlands (Canadá) 21
Chhattisgarh Jungle Trek (India) 194-195
Chile
Circuito Dientes de Navarino 92-93
Te Ara o Te Ao 91
Chilkoot Trail (de EE. UU. a Canadá) 14
China
Garganta del Salto del Tigre 210-211
Gran Muralla 209
Chinese Wall (EE. UU.) 43
Chinon (Francia) 138
Choquequirao (Perú) 80-81
Chugchilán (Ecuador) 79
Circuito del Quilotoa (Ecuador) 78-79
Circuito del Toubkal (Marruecos) 172-173
Circuito Dientes de Navarino (Chile) 92-93
Circuito Ilha Grande (Brasil) 88-89
Claro, río (Costa Rica) 76
Clerveaux (Bélgica) 124
Cley Marshes (Inglaterra) 112
Colca, cañón del (Perú) 82
Colca, río (Perú) 82
Colmena (Perú) 80
Colombia: Valle de Cocora 77
Comportamiento 9
Concordia (Pakistán) 191
Congo Nile Trail (Ruanda) 176-179
Córcega: GR 20 142-143
Corea del Sur: Muralla de Seúl 214
Corindi Beach (Australia) 239
Costa Rica: Parque Nacional Corcovado 76
Courmayeur (Francia) 134
Cradle Mountain (Australia) 233
Craswall Priory (Inglaterra) 114
Crater Lake (Canadá) 14
Crater Lake (Colorado, EE. UU.) 47
Crater Lake (Oregón, EE. UU.) 38
Crno Jezero (Montenegro) 156
Culbone Wood (Inglaterra) 109
Culross (Escocia) 119
Cwm Idwal (Gales) 116

D

Dartmouth (Inglaterra) 109
Death Canyon Shelf (EE. UU.) 44
Devil's Kettle Waterfall (EE. UU.) 51
Dinamarca: Camønoen 104
Domaine de Chaumont-sur-Loire (Francia) 139
Dominica: Waitukubuli National Trail 64-65
Dore Abbey (Inglaterra) 114
Dove Lake-Cradle Mountain (Australia) 233-234
Dover Oak (EE. UU.) 59

E

East Coast Trail (Canadá) 28-31
East Mesa Trail to Observation Point (EE. UU.) 42
Ecuador: Circuito del Quilotoa 78-79
Edith Cavell Meadows (Canadá) 18
El Chaltén (Argentina) 90
El Mirador (Guatemala) 74
El Tintal (Guatemala) 74
Elfin Forest (Jamaica) 63
Elie Chain Walk (Escocia) 119
Elliott Key Harbor (EE. UU.) 52
Emerald Lakes (Nueva Zelanda) 246
Emerald Pool (Dominica) 65
Equipo esencial 10-11
Ermita de Corona (España) 144
Escapardenne Eislek Trail (Luxemburgo y Bélgica) 124
Escocia
Fife Coastal Path 118-119
Great Glen Way 117
España
Camino de Santiago 146-149
Ruta del Cares 144
Estados Unidos
Appalachian Trail 56-61
Black Elk Peak Trail 48
Chilkoot Trail 14
East Mesa Trail to Observation Point 42
Fairyland Loop Trail 43
Hoh River Trail 34
Ka'ena Point Trail 32-33
Lake Chicot Loop 53
Northville-Placid Trail 54-55
Pacific Crest Trail 36-41
Pueblo Alto Loop Trail 49
Rim-to-Rim 46
Spite Highway 52
Superior Hiking Trail 50-51
Teton Crest Trail 45
Wapama and Rancheria Falls Trail 35
West Maroon Pass Trail 47
Estonia: Viru purva taka 152
Etiopía: Parque Nacional de las Montañas Simien 175-176

F

Fairyland Loop Trail (EE. UU.) 43
Farol de Alfanzina (Portugal) 151
Faulhornweg (Suiza) 133
Fazenda das Posses (Brasil) 84
Festung Königstein (Alemania) 127
Fife Coastal Path (Escocia) 118-119
Filipinas: Arrozales de Batad 205-206
Fjällmossen, ciénaga de (Suecia) 101
Forcella Lavaredo (Italia) 132
Fort Augustus (Escocia) 117
Fort Shirley (Dominica) 65
Francia
Camino de Santiago 146-149
Tour du Mont Blanc 134-137
Vallée de la Loire 138-141
Fraser Island (K'gari) Great Walk (Australia) 234-237
Freda's Rock (Nueva Zelanda) 241
French Mountain (Canadá) 27
Freshwater Bay Nature Reserve (Canadá) 29
Frostavallen, área recreativa de (Suecia) 100
Fundy Footpath (Canadá) 26

G

Gales: Cwm Idwal 116
Garganta del Salto del Tigre (China) 210-211
Gásadalsbrekkan (Islandia) 98
Georgia: Zemo Svaneti 162-163
Ghangaria (India) 196
Ghora Tabela (Nepal) 198
Gidhar (India) 194
Gjendesheim (Noruega) 99
Glaciares
Laguna de los Tres (Argentina) 90
Laugavegur (Islandia) 96-97
Plain of Six Glaciers Trail 19
Ruta al campo base del K2 (Pakistán) 190-193
Godlin, río (Canadá) 16
Goishi, costa de (Japón) 219
Gola Rainforest-Tiwai Island (Sierra Leona) 174
Gondogoro La, puerto de (Pakistán) 193
Gornja Ališnica (Montenegro) 156
GR 20 (Córcega) 142-143
Grampians Peak Trail (Australia) 232
Gran Bretaña *ver* Escocia; Gales; Inglaterra
Gran Muralla (China) 209
Gran Torre de Jinshan (China) 209
Grand Canyon National Park (EE. UU.) 46
Grand Tsingy (Madagascar) 182
Grande Randonée 3 (Francia) 141
Great Glen Way (Escocia) 117

Grecia: Samaria 157
Groenlandia: Arctic Circle Trail 66-69
Groningen (Países Bajos) 121
Grossbergspitze (Austria) 130
Guanyin, cascada de (China) 211
Guatemala: El Mirador 74
Gulgurn Manja Shelter (Australia) 232
Gunwarrdehwarrde Lookout (Australia) 225
Gurnard's Head (Inglaterra) 108
Guru Ghasidas, Parque Nacional de (India) 194-195

H

Haas-Weg (Austria) 130
Hahndorf (Australia) 228
Ham Tin Wan (Hong Kong) 206
Hamilton (Canadá) 21
Hamilton Parish (Bermudas) 62
Hanga Roa (Chile) 91
Harpers Ferry National Historical Park (EE. UU.) 59
Hawái: Ka'ena Point Trail 32-33
Hawse End (Inglaterra) 113
Hebrón (Palestina) 166
Heidschnuckenweg (Alemania) 128
Heysen Trail (Australia) 226-231
High Hoh Bridge (EE. UU.) 34
High Island Geo Trail (Hong Kong) 206
Hisham, palacio de (Palestina) 166
Hoh River Trail (EE. UU.) 34
Hong Kong: MacLehose Trail 206-207
Hooker Valley Track (Nueva Zelanda) 241
Horton Plains National Park (Sri Lanka) 197
Houghton on the Hill (Inglaterra) 112
Hunebed Highway (Países Bajos) 121
Hunstanton Cliffs (Inglaterra) 112
Hurricane Pass (EE. UU.) 44

I

Idwal, príncipe 116
Ihwa Maeul (Corea del Sur) 214
India
  Chhattisgarh Jungle Trek 194-195
  Valley of Flowers 196
Indian Garden (EE. UU.) 46
Inglaterra
  Cat Bells 113
  Peddars Way y Norfolk Coast Path 112
  South West Coast Path 106-111
  Twin Valley Ley Line Trail 114-115
Innsbruck (Austria) 130
Inntåler Höhenweg (Austria) 129
Inverness Castle (Escocia) 117
Inwangsan Guksadang (Corea del Sur) 214
Irlanda: National Famine Way 105
Isinliví (Ecuador) 79
Isla de la Luna (Bolivia) 83
Isla de Pascua: Te Ara o Te Ao 91
Isla del Sol (Bolivia) 83
Islandia: Laugavegur 96-97
Islas Feroe: Bøur-Gásadalur 98
Italia: Tre Cime di Lavaredo 132

J

Jackson Stairway (EE. UU.) 49
Jamaica: Blue Mountain Peak Trail 63
Japón
  Monte Miyanoura 215
  Sendero Costero de Michinoku 216-221
Jardín botánico alpino (Suiza) 133
Jasper National Park (Canadá) 18
Jebel Toubkal (Marruecos) 173
Jemrod Gully Ladder (EE. UU.) 34
Jergez, valle de (Kirguistán) 189
Jerling, cascada del río (Sudáfrica) 185
Jeti-Oguz, fuentes termales de (Kirguistán) 189
Jhola, campamento de (Pakistán) 190
Jimilang Tsho (Bután) 201
Jinbar, cascada de (Etiopía) 175
Jinguashi Guanhai, pabellón de (Taiwán) 208
John Muir Trail (EE. UU.) 41
Jökultungur (Islandia) 97
Jomon Sugi (Japón) 215
Jordania: Wadi Ghuweir 170
Jotunheimen, Parque Nacional de (Noruega) 99
Jyrgalan (Kirguistán) 189

K

K'gari (Fraser Island) Great Walk (Australia) 234-237
Ka'ena Point Trail (EE. UU.) 32-33
Kabutoiwa (Japón) 219
Kaiserjochhaus (Austria) 130
Kakadu National Park (Australia) 225
Kangerluatsiarsuaq, playa del lago (Groenlandia) 68
Kangerlussuaq (Groenlandia) 69
Karia Yolu (Turquía) 158-161
Karongi Town (Ruanda) 176
Kasapata (Bolivia) 83
Keawaula Beach (EE. UU.) 33
Kellerjoch (Austria) 129
Kenia: Ngare Ndare 180
Ketetahi Hot Springs (Nueva Zelanda) 246
Khalas Pahad (India) 194
Khoisan (Sudáfrica) 185
Kilpatrick, puente de (Irlanda) 105
Kin Kletso (EE. UU.) 49
Kirguistán: Ak-Suu Transverse 188-189
Kitayamazaki (Japón) 219
Klöva Hallar, garganta de (Suecia) 100
Kong Asgers Høj (Dinamarca) 104
Korokoko Falls (Nueva Zelanda) 247
Kumbya (Ruanda) 176
Kuromidake (Japón) 215
Kwisitis Visitor Centre (Canadá) 15
Kyanjin Gompa (Nepal) 199

L

La Danta (Guatemala) 74
La Florida (Guatemala) 74
La Leona (Costa Rica) 76
La Noyée, puesto de observación de (Canadá) 24
Labana, puerto de (Bután) 201
Lac d'Ifni (Marruecos) 173
Lac de Nino (Córcega) 143
Lacul Colibița (Rumanía) 154
Lago Birrabeen (Australia) 237
Lago Boomanjin (Australia) 234
Lago Louise (Canadá) 19
Lago McKenzie (Australia) 234
Lagoa das 25 Fontes (Madeira) 150
Laguna de los Dientes (Chile) 93
Laguna de los Tres (Argentina) 90
Laguna del Quilotoa (Ecuador) 79
Laguna del Salto (Chile) 93
Lahemaa Rahvuspark (Estonia) 152
Lake Chicot Loop (EE. UU.) 53
Lake Placid (EE. UU.) 54, 55
Lake Solitude (EE. UU.) 44
Lake Waikaremoana Track (Nueva Zelanda) 247
Land's End (Inglaterra) 111
Lassen Volcanic National Park (EE. UU.) 38
Latsumba (Georgia) 162
Laugaharan, campo de lava de (Islandia) 97
Laugavegur (Islandia) 96-97
Le Brévent (Francia) 134
Le Cheslé (Bélgica) 124
Lee Bay (Nueva Zelanda) 240
León (España) 147
Levada das 25 Fontes (Madeira) 150

Lichenya, meseta de (Malaui) 181
Limburg (Países Bajos) 121
Líneas ley 114
Lingam 203
Little Devils Tower (EE. UU.) 48
Little Salmon River (Canadá) 26
Logroño (España) 147
Long Lake (EE. UU.) 54
Longtown Castle (Inglaterra) 114
Look at Me Now Headland (Australia) 239
Loryma (Turquía) 159
Los Quetzales (Panamá) 75
Lower La Manche Pond (Canadá) 29
Luxemburgo: Escapardenne Eislek Trail 124

M

Maccarib Pass (Canadá) 18
Mackay Falls (Nueva Zelanda) 243
Mackinnon Pass (Nueva Zelanda) 243
MacLehose Trail (Hong Kong) 206-207
Macmillan Pass (Canadá) 16
Madagascar: Grand Tsingy 182
Madeira: Levada das 25 Fontes 150
Malaui: Mulanje Grand Traverse 181
Malerweg (Alemania) 126-127
Malosa, piscinas naturales de (Malaui) 181
Māori Beach (Nueva Zelanda) 240
Mar Muerto (Palestina) 169
Marampata (Perú) 80
Marion Lake (EE. UU.) 44
Marions Lookout (Australia) 233
Markarfljótsgljúfur (Islandia) 97
Maroon Bells (EE. UU.) 47
Marruecos: Circuito del Toubkal 172-173
Matsushima (Japón) 219
Mawson Trail (Australia) 231
McAfee Knob (EE. UU.) 59
Memurubu (Noruega) 99
Meretoto/Ship Cove (Nueva Zelanda) 245
Meseta (España) 147
Mestia (Georgia) 163
México: Barranca de Tararecua 72-73
Middleham Falls (Dominica) 65
Milford Track (Nueva Zelanda) 242-243
Mirador Cañón del Toachi (Ecuador) 79
Mirador de Sámara (Tenerife) 145
Mirador del Río de las Vueltas (Argentina) 90
Mirador del Tombo (España) 144
Mirador Las Rocas (Panamá) 75
Miyanouradake (Japón) 215
Møn, acantilados de (Dinamarca) 104
Monasterio del Nido del Tigre (Bután) 201
Mont Blanc (Francia) 134-137
Mont Grands-Fonds (Canadá) 24
Montaña de la Botija (Tenerife) 145
Montaña de Sámara (Tenerife) 145
Monte Cinto (Córcega) 143
Monte Hashikamidake (Japón) 219
Monte Jefferson (EE. UU.) 38
Monte Karosan (Japón) 219
Monte Lofty (Australia) 228
Monte Miyanoura (Japón) 215
Monte Ngauruhoe (Nueva Zelanda) 246
Monte Trudee (EE. UU.) 51
Monte Whitney (EE. UU.) 38
Montenegro: Planinica 156
Monumento de la Hambruna (Irlanda) 105
Moselsteig (Alemania) 125
Mueller, lago (Nueva Zelanda) 241
Múlafossur (Islandia) 98
Mulanje Grand Traverse (Malaui) 181
Muralla de Seúl (Corea del Sur) 214
Musée du Moulin à Eau (Bélgica) 124
Museo del Baikal (Rusia) 213
Museo del Oro (Taiwán) 208
Muttonbird Island (Australia) 239
Mystery Canyon (EE. UU.) 42

N

Nacionalni Park Durmitor (Montenegro) 156
Namibia: Tok Tokkie Trails 183
Nanguluwur Gallery (Australia) 225
National Famine Way (Irlanda) 105
Nature's Valley (Sudáfrica) 184
Naxi Family Guesthouse (China) 211
Nemahungoima (Sierra Leona) 174
Nepal: Valle de Langtang 198-199
Neptune's Staircase (Escocia) 117
Ngare Ndare (Kenia) 180
Niágara, cataratas del (Canadá) 21
Niagara Escarpment (Canadá) 20-24
Nijmegen (Países Bajos) 121
Norfolk Coast Path (Inglaterra) 112
Norman Wells (Canadá) 16
North Arm Hut (Nueva Zelanda) 240
Northern Forest Reserve (Dominica) 65
Northville-Placid Trail (EE. UU.) 54-55
Noruega: Besseggen 99
Nueva Zelanda
  Hooker Valley Track 241
  Lake Waikaremoana Track 247
  Milford Track 242-243
  Queen Charlotte Track 244-245
  Rakiura Track 240
  Tongariro Alpine Crossing 246
Nyamirundi, isla de (Ruanda) 176
Nydia Track (Nueva Zelanda) 245

O

O'Shaughnessy, presa de (EE. UU.) 35
Observation Point (EE. UU.) 42
Olympic National Park (EE. UU.) 34
Olympus Guard Station (EE. UU.) 34
Omán: Wadi An Nakhur 171
Onahau Lookout (Nueva Zelanda) 245
Orientación 9
Orongo (Chile) 91
Otter Trail (Sudáfrica) 184-185
Ouanoukrim (Marruecos) 173
Overland Track (Australia) 233

P

Pacific Crest Trail (de EE. UU. a Canadá) 36-41
Pacific Rim National Park Reserve 15
Páginas web 9
Paintbrush Canyon (EE. UU.) 44
Países Bajos: Pieterpad 120-123
Pakistán: Ruta al campo base del K2 190-193
Palestina: Sendero del Patrimonio Palestino 166-169
Pamachi (México) 73
Panamá: Los Quetzales 75
Panekire Bluff (Nueva Zelanda) 247
Parachilna Gorge (Australia) 228
Parc National des Hautes-Gorges-de-la-Rivière-Malbaie (Canadá) 24
Parc National Tsingy de Bemaraha (Madagascar) 182
Parnaioca (Brasil) 89
Parque Nacional Corcovado (Costa Rica) 76
Parque Nacional de las Montañas Simien (Etiopía) 175-176
Parseierspitze (Austria) 130
Paso Virginia (Chile) 93
Peddars Way (Inglaterra) 112
Percurso dos Sete Vales Suspensos (Portugal) 151

Perú
  Cañón del Colca 82
  Choquequirao 80-81
Petriş, iglesia de madera de (Rumanía) 154
Pfunda Tea Estate (Ruanda) 176
Phnom Kulen (Camboya) 203
Pico do Gavião (Brasil) 86
Pico do Papagaio (Brasil) 89
Piedra del Cadáver (Islandia) 98
Pieterpad (Países Bajos) 120-123
Plain of Six Glaciers Trail (Canadá) 19
Planificación 8-9
Planinica (Montenegro) 156
Playa de guijarros (Rusia) 213
Poisonwood (EE. UU.) 52
Polonia: Szlak Architektury Drewnianej 153-154
Pórtes (Grecia) 157
Portland Gap (Jamaica) 63
Portugal
  Levada das 25 Fontes (Madeira) 150
  Percurso dos Sete Vales Suspensos 151
Praia da Marinha (Portugal) 151
Praia do Aventureiro (Brasil) 89
Praia do Carvalho (Portugal) 151
Praia do Mambucaba (Brasil) 84
Preah Ang Choub, pagoda de (Camboya) 203
Preah Ang Thom, pagoda de (Camboya) 203
Presidential Traverse (EE. UU.) 59
Primeras Naciones
  Appalachian Trail (EE. UU.) 56-61
  ʔapsčiik t̓ašii (Canadá) 15
  Barranca de Tararecua (México) 72-73
  Barrk Sandstone Walk (Australia) 225
  Black Elk Peak Trail (EE. UU.) 48
  El Mirador (Guatemala) 74
  Pueblo Alto Loop Trail (EE. UU.) 49
Pueblo Alto Loop Trail (EE. UU.) 49
Pueblo Bonito (EE. UU.) 49
Puente de los Rebecos (España) 144
Puerto Williams (Chile) 93
Punga Cove (Nueva Zelanda) 245
Punta Salsipuedes (Costa Rica) 76

Q

Queen Charlotte Track (Nueva Zelanda) 244-245
Quorn (Australia) 228

R

Rainforest Trail (Canadá) 15
Rakiura Track (Nueva Zelanda) 240
Rancheria Falls (EE. UU.) 35
Rano Kau (Chile) 91
Raquetas 152
Rarámuri 73
Ras Bwahit (Etiopía) 175
Ras Dashen (Etiopía) 175
Recowata, aguas termales de (México) 73
Reserva Biológica Estadual da Praia do Sul (Brasil) 89
Réserve Naturelle Nationale des Aiguilles Rouges (Francia) 134
Ribbon Falls (EE. UU.) 46
Ribeira da Janela, valle de la (Madeira) 150
Rim-to-Rim (EE. UU.) 46
Rinpung (Bután) 201
Risasporiđ (Islandia) 98
Roan Highlands (EE. UU.) 61
Ronny Creek (Australia) 233
Ropa 8-9, 10-11
Rosenjoch (Austria) 129
Röstånga (Suecia) 100
Ruanda: Congo Nile Trail 176-179
Rubona Bay (Ruanda) 176
Rumanía: Via Transilvanica 154-155
Rusia: Bolshaya Baikalskaya Tropa 212-213
Ruta al campo base del K2 (Pakistán) 190-193
Ruta del Cares (España) 144
Rutas arquitectónicas: Szlak Architektury Drewnianej (Polonia) 153-154
Rutas costeras
  Bermuda Railway Trail (Bermudas) 62
  Camønoen (Dinamarca) 104
  Cape to Cape (Australia) 224
  Circuito Ilha Grande (Brasil) 88-89
  East Coast Trail (Canadá) 28-31
  Fife Coastal Path (Escocia) 118-119
  Fundy Footpath (Canadá) 26
  Karia Yolu (Turquía) 158-161
  Norfolk Coast Path (Inglaterra) 112
  Otter Trail (Sudáfrica) 184-185
  Pacific Crest Trail (de EE. UU. a Canadá) 36-41
  Percurso dos Sete Vales Suspensos (Portugal) 151
  Queen Charlotte Track (Nueva Zelanda) 244-245
  Sendero Costero de Michinoku (Japón) 216-221
  Solitary Islands Coastal Walk (Australia) 238-239
  South West Coast Path (Inglaterra) 106-111
Rutas de humedales
  Lake Chicot Loop (EE. UU.) 53
  Northville-Placid Trail (EE. UU.) 54-55
  Viru purva taka (Estonia) 152
Rutas de montaña
  Adlerweg (Austria) 130-131
  Ak-Suu Transverse (Kirguistán) 188-1890
  Appalachian Trail (EE. UU.) 56-61
  Besseggen (Noruega) 99
  Blue Mountain Peak Trail (Jamaica) 63
  Choquequirao (Perú) 80-81
  Circuito del Toubkal (Marruecos) 172-173
  Dove Lake-Cradle Mountain (Australia) 233-234
  Faulhornweg (Suiza) 133
  GR 20 (Córcega) 142-143
  Grampians Peak Trail (Australia) 232
Rutas de montaña (cont.)
  Inntåler Höhenweg (Austria) 129
  Los Quetzales (Panamá) 75
  Malerweg (Alemania) 126-127
  Monte Miyanoura (Japón) 215
  Mulanje Grand Traverse (Malaui) 181
  Muralla de Seúl (Corea del Sur) 214
  Parque Nacional de las Montañas Simien (Etiopía) 175-176
  Phnom Kulen (Camboya) 203
  Planinica (Montenegro) 156
  Ruta al campo base del K2 (Pakistán) 190-193
  Teapot Mountain Trail (Taiwán) 208
  Teton Crest Trail (EE. UU.) 45
  Tongariro Alpine Crossing (Nueva Zelanda) 246
  Tour du Mont Blanc (Francia) 134-137
  Tre Cime di Lavaredo (Italia) 132
  Trilha do Ouro (Brasil) 84-87
  Valle de Langtang (Nepal) 198-199
  Wadi An Nakhur (Omán) 171
  West Maroon Pass Trail (EE. UU.) 47
  Zemo Svaneti (Georgia) 162-163
Rutas históricas
  Camino de Santiago (Francia y España) 146-149
  Chilkoot Trail (de EE. UU. a Canadá) 14
  Choquequirao (Perú) 80-81
  Gran Muralla (China) 209
  Isla del Sol (Bolivia) 83
  National Famine Way (Irlanda) 105
  Phnom Kulen (Camboya) 203
  Pieterpad (Países Bajos) 120-123
  Sendero del Patrimonio Palestino (Palestina) 166-169
  Twin Valley Ley Line Trail 114-115
  Vallée de la Loire (Francia) 138-141

Rutas salvajes
Arctic Circle Trail (Groenlandia) 66-69
Barranca de Tararecua (México) 72-73
Canol Heritage Trail (Canadá) 16-17
Circuito Dientes de Navarino (Chile) 92-93
Dove Lake-Cradle Mountain (Australia) 233-234
East Coast Trail (Canadá) 28-31
Fundy Footpath (Canadá) 26
Skyline Trail (Canadá) 27

S

Sai Wan Shan (Hong Kong) 206
Sámara (Tenerife) 145
Samaria (Grecia) 157
Sandys Parish (Bermudas) 62
Sangalle (Perú) 82
Santiago de Compostela, catedral de (España) 146
Santiago el Mayor 147
Santuario (Bolivia) 83
Saussure, Horace-Bénédict de 136
Schmilka (Alemania) 127
Schooner, ensenada de (Canadá) 15
Schrammsteine (Alemania) 127
Sea Grape Point (EE. UU.) 52
Seguridad 9
Şelale (Turquía) 159
Selimiye (Turquía) 159
Senderismo responsable 8
Sendero Costero de Michinoku (Japón) 216-221
Sendero Tab Kak Hang Nak (Tailandia) 202
Sentier des Sommets (Canadá) 24
Settlers Museum (EE. UU.) 58
Sierra Leona: Gola Rainforest-Tiwai Island 174
Sigchos (Ecuador) 79
Signal Peak (Australia) 232
Sisimiut (Groenlandia) 68
Skåneleden (Suecia) 100-103
Skilderklip, mirador de (Sudáfrica) 185
Skyline Trail (Canadá) 27
Snowdonia National Park (Gales) 116
Söderåsen, Parque Nacional de (Suecia) 100
Solitary Islands Coastal Walk (Australia) 238-239
Sorgo, cerveza de 177
Soufriere Sulphur Springs (Dominica) 65
South West Coast Path (Inglaterra) 106-111
Southampton (Bermudas) 62
Spasimata, puente colgante del (Córcega) 143
Spite Highway (EE. UU.) 52
Split Rock Lighthouse State Park (EE. UU.) 51
Sri Lanka: World's End y Baker's Falls 197
St Michael's Mount (Inglaterra) 108
Stehekin (EE. UU.) 38
Stórihver (Islandia) 97
Strip (Noruega) 99
Strokestown (Irlanda) 105
Sudáfrica: Otter Trail 184-185
Suecia: Skåneleden 100-103
Suiza: Faulhornweg 133
Superior Hiking Trail (EE. UU.) 50-51
Szlak Architektury Drewnianej (Polonia) 153-154

T

Tailandia: Sendero Tab Kak Hang Nak 202
Taiwán: Teapot Mountain Trail 208
Tappiya, cascada de (Filipinas) 205
Te Ara o Te Ao (isla de Pascua) 91
Teapot Mountain Trail (Taiwán) 208
Tediyabaandh (India) 194
Teide, Parque Nacional del (Tenerife) 145
Tenerife: Sámara 145
Tentsmuir National Nature Reserve (Escocia) 119
Terra Siculorum (Rumanía) 154
Teton Crest Trail (EE. UU.) 45
The Spout (Canadá) 29, 31
Thimphu (Bután) 201
Tirrell Pond (EE. UU.) 54
Tiwai Island Wildlife Sanctuary (Sierra Leona) 174
Tobermorey (Canadá) 21
Tok Tokkie Trails (Namibia) 183
Tongariro Alpine Crossing (Nueva Zelanda) 246
Tonquin Valley Trail (Canadá) 18
Topsail Beach (Canadá) 29
Torre Negra (China) 209
Totengrund (Alemania) 128
Tour du Mont Blanc (Francia) 134-137
Tours (Francia) 139
Tower Bridge (EE. UU.) 43
Trango, torres (Pakistán) 191
Traversée de Charlevoix (Canadá) 24-25
Tre Cime di Lavaredo (Italia) 132
Trilha do Ouro (Brasil) 84-87
Turquía: Karia Yolu 158-161
Turrapaani (India) 194
Twin Valley Ley Line Trail (Inglaterra) 114-115
Twitya, río (Canadá) 16

U

Ushguli (Georgia) 163

V

Val Veny (Italia) 134
Valle de Cocora (Colombia) 77
Valle de Langtang (Nepal) 198-199
Valle de las Rocas (Inglaterra) 109
Valle de los 1.000 Lingam (Camboya) 203
Vallée de la Loire (Francia) 138-141
Valley of Flowers (India) 196
Valley of the Giants (Australia) 234
Venus Baths (Australia) 232
Veslfjellet (Noruega) 99
Via Transilvanica (Rumanía) 154-155
Vietnam: Viet Hai 204
Vikos, garganta de (Grecia) 157
Viru purva taka (Estonia) 152
Vizzavona (Córcega) 143

W

Wadi Al-Nakheel (Jordania) 170
Wadi An Nakhur (Omán) 171
Wadi Ghuweir (Jordania) 170
Wadi Ushayqir (Jordania) 170
Waiopaoa Hut (Nueva Zelanda) 247
Waitukubuli National Trail (Dominica) 64-65
Wapama and Rancheria Falls Trail (EE. UU.) 35
Wemyss Caves (Escocia) 119
West Maroon Pass Trail (EE. UU.) 47
West Stony Creek (EE. UU.) 54
Wilpena Pound/Ikara (Australia) 228
Wilseder Berg (Alemania) 128
Wilson's Stump (Japón) 215
Wilyabrup Cliffs (Australia) 224
Woolgoolga Headland (Australia) 239
World's End y Baker's Falls (Sri Lanka) 197

Y

Yosemite National Park (EE. UU.) 35
Yumani (Bolivia) 83

Z

Zemo Svaneti (Georgia) 162-163
Zhuanduokou (China) 209
Zion National Park (EE. UU.) 42
Zirbenweg (Austria) 129

Agradecimientos

Dorling Kindersley quiere agradecer a los siguientes autores sus contribuciones:

Julianna Barnaby vive en Londres y es escritora especializada en viajes y fundadora de las premiadas webs *The Discoveries Of* y *London x London*. Cuando no se dedica a buscar los lugares más inusuales de Londres está recorriendo destinos más remotos; últimamente se ha perdido por las islas Lofoten y el desierto de Atacama.

Pashmina Binwani es una aventurera y viajera independiente que siente atracción por los paisajes áridos y las comunidades que tienen poco contacto con el mundo moderno. Sabedora de que el senderismo y el ciclismo son las mejores maneras de descubrir el mundo, publica sus aventuras en thegonegoat.com para animar a la gente a embarcarse en experiencias que jamás hayan imaginado.

Paul Bloomfield es escritor especializado en viajes de aventura, naturaleza, conservación e historia. Ha caminado, pedaleado, remado y corrido por seis continentes y ha colaborado para diarios, revistas, webs y libros como *The Telegraph*, *The Times*, *National Geographic Traveller*, *Wanderlust* y *BBC Wildlife*.

Ann Marie Brown es autora de 14 guías de viajes y de cientos de artículos publicados en *Sunset*, *VIA*, *Travel + Leisure*, *Islands*, *Backpacker*, *Hemispheres*, *AFAR*, *San Francisco Chronicle* y *Los Angeles Times*. Cuando no está vagando por algún camino se la puede encontrar en su casa de Sierra Nevada, en California.

Keith Drew, antiguo director editorial de Rough Guides, ha caminado por las cuatro esquinas del planeta y escribe sobre sus aventuras en *The Telegraph* y *BBC Travel*, entre otros medios. Es cofundador de la web de viajes familiares Lijoma.com, una cuidadosa selección de inspiradores itinerarios –siempre con alguna ruta a pie– a destinos como California, Islandia, Marruecos y Japón.

Gabrielle Innes es editora y escritora especializada en viajes. Vive en Berlín con su familia, pero sueña con su Melbourne natal.

Anita Isalska es una escritora *freelance* afincada en San Francisco y especializada en viajes, tecnología y actividades al aire libre, en particular senderismo, ciclismo y deportes de invierno. Sus destinos preferidos son Francia, Europa del Este y su hogar adoptivo, California. Publica sus textos en anitaisalska.com y Twitter: @lunarsynthesis.

David LaHuta es un periodista afincado en Bermudas que escribe para *Conde Nast Traveler*, *Travel + Leisure* y *The New York Times*, entre otros medios. Cuando no tiene ningún encargo se va a navegar o a la playa de Warwick, donde vive con su esposa y sus dos hijos.

Jessica McKenzie es periodista y vive en Brooklyn, Nueva York. Ha publicado en *The New York Times*, *National Geographic*, *Backpacker* y *Grist*, entre otros medios. Es mochilera y ha completado rutas como el Vermont's Long Trail, el Northville-Placid Trail, en Nueva York, y el Cohos Trail, en New Hampshire.

Shafik Meghji es un premiado escritor de viajes, periodista y autor. Está especializado en Latinoamérica y el sur de Asia. Escribe para publicaciones como *BBC Travel* y *Wanderlust*, es coautor de más de 40 guías y habla sobre viajes en la televisión, la radio y en internet, donde está presente en shafikmeghji.com y en Twitter e Instagram: @ShafikMeghji.

Alice Milne es una amante del senderismo y el chocolate. Entre semana trabaja como terapeuta del lenguaje y los fines de semana se pierde en la naturaleza neozelandesa. Alice escribe un blog sobre senderismo, aliceadventuring.com, para animar a la gente a planear y vivir sus propias aventuras.

Roger Naylor es un escritor de viajes afincado en Arizona que camina cientos de millas cada año por los senderos del suroeste de Estados Unidos. Es autor de varios libros, como *Arizona's Scenic Roads & Hikes* y *Death Valley: Hottest Place on Earth*. También es miembro del Arizona Tourism Hall of Fame. Más información en rogernaylor.com.

Jabulile Ngwenya es escritora de viajes y vive en Sudáfrica. Ha viajado por 18 países africanos y ha colaborado en varias publicaciones internacionales. Jabulile pone todo su empeño en cambiar la narrativa de viajes africana y contar historias únicas sobre los paisajes, la historia y, aún más importante, la gente de su continente.

Brooke Nolan descubrió su pasión por el senderismo tras recorrer el camino Inca, en Perú, cuando cumplió 30 años. Desde entonces busca aventuras en todo el mundo y, cuando no está viajando, suele estar desempeñando su oficio de escritora.

Stefanie Payne diseña las estrategias de comunicación para los vuelos tripulados de la NASA en la oficina central de la agencia en Washington, D.C. Aparte de narrar la historia de la exploración del espacio, escribe sobre aventuras en la Tierra. Sus artículos aparecen en notables medios digitales e impresos. También es autora de varios libros sobre los parques nacionales estadounidenses.

Sarah Reid es escritora, editora, experta en viajes sostenibles y apasionada de los viajes globales con impacto positivo. Esta australiana entusiasta del senderismo fue nombrada escritora de viajes del año en 2020 por la Australian Society of Travel Writers; ese mismo año recibió el premio a la mejor escritora especializada en viajes en los UK's Travel Media Awards.

Chris Scaife vive en el Distrito de los Lagos de Inglaterra y pasa la mayor parte de su tiempo caminando, pedaleando y explorando cuevas. Es miembro del Outdoor Writers and Photographers Guild y tiene debilidad por los destinos salvajes y remotos.

Regis St Louis nació en las llanuras del Medio Oeste estadounidense y desde muy pequeño sintió fascinación por las montañas. Ha recorrido incontables rutas de montaña por todo el mundo, desde los Andes peruanos hasta la península de Kamchatka. Ha colaborado en más de 100 guías de viajes, cubriendo destinos en seis continentes. Actualmente vive en Nueva Orleans.

Dan Stables es escritor y periodista y vive en Manchester. Colabora en una gran variedad de publicaciones impresas y digitales, y ha participado en más de 30 guías de viajes sobre destinos en Europa, Asia y América. Publica textos en danielstables.co.uk y en Twitter: @DanStables.

Emma Thomson escribe para periódicos y revistas del Reino Unido y hace colaboraciones en la radio, en *podcasts* y en eventos. En 2019 fue nombrada escritora de viajes del año por el British Guild of Travel Writers. El senderismo la ha llevado por todo el mundo, desde las montañas de Sierra Nevada de Santa Marta, en Colombia, hasta la primera expedición a la costa de los Esqueletos, en Namibia.

Peter Watson es escritor de viajes y fundador del blog *Atlas & Boots*. Le encanta caminar y escalar, y suele frecuentar las grandes cordilleras de Asia. Ha estado en unos 80 países y ahora está centrado en escalar la montaña más alta de cada continente (siete en total).

Christian Williams es escritor *freelance* de viajes desde 1998. Ha escrito o coescrito unas 20 guías de viajes y aplicaciones digitales, así como artículos para revistas, webs y periódicos del Reino Unido. Está especializado en Canadá, Escocia y Alemania. Cuando no está trabajando suele viajar, a menudo en una de sus diez bicicletas.

La editorial quiere agradecer a las siguientes personas, instituciones y compañías el permiso para reproducir sus fotografías:

Leyenda: a-arriba; b-abajo; c-centro; f-lejos; l-izquierda; r-derecha; t- superior

123RF.com: Galyna Andrushko 36-37, Freda Bouskoutas 189tr, Iwona Grzywaczewska 163tr

4Corners: Onlyfrance / Robert Palomba 143cl, Massimo Ripani 91br

Afil-CC BY-SA: 154tl

Alamy Stock Photo: A Room With Views 115br, AfriPics.com 176tl, AGB Photo Library 89tl, / Horst Lieber 125bc, agefotostock / James Carroll Richardson 59cb, / Javier Larrea 77crb, Alizada Studios 159bc, All Canada Photos / Barrett & MacKay 31tr, All Canada Photos / Ron Erwin 27tl, Sally Anderson 209clb, Galyna Andrushko 161bl, Dr. Wilfried Bahnmüller / imageBROKER 166clb, Andrew Bain 92br, 93cr, 93bc, Tom Bean 42cra, Holly Bickerton 121cl, Gerry Bishop 243cra, Pat & Chuck Blackley 54cla, Andriy Blokhin 60b, Ian Bottle 106-07, Kevin Britland 108bl, Jean Brooks 105cr, Chris Bull 197bl, Cavan Images 59cra, Cavan Images / Menno Boermans 135cr, Mike Cavaroc 44cla, Bonita Cheshier 53ca, CHROMORANGE / Beate Tuerk 9tr, Corbin17 182tl, Curved Light Australia 232tr, Luis Dafos 163crb, Danita Delimont 51cr, Danita Delimont Creative / Yuri Choufour 15br, DanitaDelimont / Martin Zwick 69crb, Barry Davis 62tc, DGB 119cl, Joshuah Dowell 215clb, dpa picture alliance / Britta Pedersen 127br, DPK-Photo 47cra, eFesenko 197br, Effi 176br, Michele Falzone 62cra, Lincoln Fowler 228cra, Zachary Frank 40bl, Eddie Gerald 74tc, Oliver Gerhard 236t, GFC Collection 201tr, Gil Giuglio / Hemis.fr 64cr, gotravel 111tl, 171tl, Andrew Greaves 185crb, Christopher Heil 29bl, 30-31t, Hemis.fr / Bertrand Rieger 139tr, Hemis.fr / Julien Garcia 99br, Hemis.fr / Philippe Renault 24bl, Adrian Hepworth 76tc, Louise Heusinkveld 139cla, Lukas Hodon 172bl, Holmes Garden Photos / Neil Holmes 112cla, Graham Hunt 109ca, Image Leaks 198tc, Image Professionals GmbH / Lengler, Gregor 183crb, Image Professionals GmbH / TravelCollection 127ca, imageBROKER / Marc Rasmus 129bl, imageBROKER / Martin Siepmann 160tl, imageBROKER / Matthias Graben 174tl, imageBROKER / Moritz Wolf 241tc, Jam World Images 148bl, Carolyn Jenkins 109tl, Don Johnston_EC 29crb, Jon Arnold Images Ltd / Walter Bibikow 154cra, JSK 193cr, 211cra, Kaedeenari 219bl, Wolfgang Kaehler 245cr, Joseph Khoury 190cra, Christian Kober 1 8bl, Chris LaBasco 43br, Samer Lahoud / EyeEm 171crb, LatitudeStock / Patrick Ford 181clb, Ben Lewis 245cb, Yan Liao 210bl, Stephen Lioy 189crb, Ilene MacDonald 35cr, mauritius images GmbH / Bernd Ritschel 130bc, Gareth McCormack 97cra, 132tr, Jon Mclean 33tl, Mieneke Andeweg-van Rijn 105bl, Hugh Mitton 246tr, Raquel Mogado 80tr, Dawn Monrose 112tr, Martin Mwaura 180br, Joe Ng 21cl, Ingo Oeland 228tl, 230bl, 232bc, Edson Oliveira 85cra, Oneworld Picture / Stefan Oberhauser 184cr, Only France / Onlyfrance.fr / Robert Palomba 143tc, Only France / Onlyworld.net / David Ducoin 74crb, George Ostertag / agefotostock 43crb, Robert Palomba / Onlyfrance.fr 143cra, Panoramic Images 44crb, Panther Media GmbH 150cr, Panther Media GmbH / Ursula Perreten 199ca, Sean Pavone 221b, Marieke Peche 185tr, photocay 124br, Solveig Placier / Photononstop 220tl, 220br, Christopher Price 18cr, Prisma by Dukas Presseagentur GmbH / CCOphotostock_KMN 38cra, Prisma by Dukas Presseagentur GmbH / Frischknecht Patrick 133tr, Andreas Prott 202br, Pulsar Imagens 86bl, Random Lights Photography 224tc, Philippe Renault / hemis.fr 24tc, Lee Rentz 41tl, Robertharding / Christian Kober 72br, Robertharding / George Robertson 192b, Robertharding / Jochen Schlenker 199tr, Robertharding / Julian Elliott 140t, Robertharding / Loraine Wilson 157cb, Robertharding / Matthew Williams-Ellis 155cra, Robertharding / Rolf Richardson 211tl, David Robertson 153clb, William Robinson 229tr, Jon Rosenthal 185cla, Ellie Rothnie 134tc, Micah Rubin 55cr, Arkadij Schell 88br, Tillman Schlageter 225bl, Bernd Schunack / mauritius images GmbH 126br, Alex Segre 84clb, Igor Shtygashev 21tc, 21br, Dennis Stone / LatitudeStock 201cb, Olena Suvorova 32br, tahoelight.com / scott sady 39br, Steven Scott Taylor 119br, Alireza Teimoury 193tr, Markus Thomenius 38bl, TMI 34br, Alex Treadway / robertharding 142br, Thiago Trevisan 189cla, Anders Tukler 103b, Universal Images Group North America LLC / Jumping Rocks 247cra, Visions from Earth 76cr, Stefan Wackerhagen / imageBROKER 16br, Sebastian Wasek 114cl, 114br, Andrew Watson 233crb, 234cra, Jim West 51cb, Westend61 GmbH 144ca, 156tl, Westend61 GmbH / Markus Kapferer 129cb, Michael Wheatley 19tl, Chris Wildblood 183tl, wildnerdpix 48cr, Janusz Wrobel 73cr, Ben Young 203bc, Tomas Zavadil 67

AWL Images: Marco Bottigelli 228bl, ClickAlps 30tl, Danita Delimont Stock 231t, Niels van Gijn 180clb, ImageBROKER 27cr, Jason Langley 123cra, 166tl, 167cr, 168tl, 168cr, 168br, Richard Stanley 226-27

Anna Cochrane: 240tr

Depositphotos Inc: ericlaudonien93 63tr

Dreamstime.com: Debra Reschoff Ahearn 33br, Barmalini 121br, Tomislav Birtic 148t, Bubutu 153br, Diego Vito Cervo 148br, Rafał Cichawa 80cl, Francisco Crusat 146tl, Igor Dolgov 213tl, Cristian Duminecioiu 154crb, Andriy Dykun 128bc, Erastef 53crb, Ggw1962 29cl, Gestur Gislason 104br, Giuseppemasci 139cb, Diego Grandi 83tr, Hatzenbichler 14bl, Kristýna Henkeová 97bc, Laszlo Konya 147tc, Viktor Kovtun 159tr, Makaule 150bl, Matyas Rehak 79cl, 83cr, Saiko3p 138bl, Florian Schuetz 130cla, Jacek Sopotnicki 151tl, Ilona Titova 163c, Marc Witte 225tr

Keith Drew: 116crb, 116br

Druk Memoirs: Tshering 201tc

Frostavallen © Apelöga.: 100cra

Getty Images: Chris Bennett 61cr, Cavan Images 22, 28br, Matteo Colombo 246br, Sebastian Condrea 156cr, DigitalVision / Abstract Aerial Art 224crb, EyeEm / Igor Kondler 245tl, Feng Wei Photography 191bl, Francesco Vaninetti Photo 137, Roy Goldsberry 19cr, Manfred Gottschalk 141, Chris Griffiths 114tr, Marc Guitard 175tl, Gary Holpin / EyeEm 111tr, I love Photo and Apple. 219cla, Richard I'Anson 201cl, Markus Keller / imageBROKER 26tr, Veeravong Komalamena / EyeEm 91tc, Reimo Luck / EyeEm 98tl, Matthijs Borghgraef 122, MB Photography / Moment 237t, Moment / by Marc Guitard 179, Moment / Emad aljumah 205cr, Moment / Jamie Lamb - elusive-images.co.uk 233tl, Dmitry Naumov 244br, Nico De Pasquale Photography 42clb, Michael Nolan 69tl, NurPhoto 146br, James O'Neil / Photodisc 127tl, James Osmond / The Image Bank 2-3, Praveen P.N 196tl, Joe Daniel Price 113tr, Ketkarn sakultap 98br, Raphael Schneider 102clb, Schon 100tl, Sidney / The Image Bank 14tl, Solveig Placier / Photononstop 218br, Stone / John W Banagan 203cra, Stone / Peter Unger 236-37t, Westend61 123br, 243tl, Art Wolfe 18bl, David Woolley / Photodisc 110bl, Bruce Yuanyue Bi / The Image Bank 68cl, Tomas Zrna 68br, 97tl

iStockphoto.com: 8vFanI 125cla, a_Taiga 132clb, Alina555 84br, benedek 20br, bjdlzx / E+ 209br, DenisTangneyJr / E+ 54tr, DonFord1 65cr, Jordan Gagne 234crb, Derek Galon 65cl, gcosoveanu 47tl, George-Standen 109bc, gionnixxx 206bl, GoranQ / E+ 214tl, GordonBellPhotography 161, guenterguni / E+ 178bl, gyro 216-17, htrnr 48tc, Joel Carillet / E+ 58bl, LeManna 152tc, lightphoto 54cr, Lokibaho 38cla, Kateryna

Mashkevych 200cra, PatricioHidalgoP 79tl, PatrickPoendl 191tr, Photosbypatrik 101cra, Rocky89 / E+ 151cra, Simona Sirio 134br, stockstudioX / E+ 6, Sundry Photography 35bl, WhitcombeRD 157bc, Sara Winter 121cra, World-Travel 174bl

Indiahikes: Gourab Nandy 194tr, 194clb, 194br

Patrick M. Lynch: 52cra

Monts Grands-Fonds: S.Brisson 24crb

naturepl.com: Derek Galon 65tc

Naturespic: Rob Suisted 243crb

NWT Tourism: Hans Pffaf 16tc

plainpicture: DEEPOL / Michael D. Wilson 56-57

Shutterstock.com: 4H4 Photography 211clb, Aerometrex 239clb, aquatarkus 206tl, Enselme Arthur 77bl, Paul Ashcroft 119tr, Bernard Barroso 89tr, Greg Brave 239cla, Samantha Van Buren 51tl, Sergi Michavila Carbonell 82bc, Peter Popov Cpp 166cra, Tetyana Dotsenko 199bl, Frolova_Elena 205cla, foto-select 128tr, German Globetrotter 191cla, Giedriius 175cr, Chris Howey 239cr, Marianna Ianovska 82tr, Island Photographer 80bc, Judyta Jastrzebska 90tr, Jan Jerman 173tr, jodaarba 188br, KAZU_49M 219crb, Dmitry Kovba 134cl, Puripat Lertpunyaroj 242cr, Pazargic Liviu 154cb, lowsun 117tl, lrosebrugh 170br, Maridav 25cra, mhenrion 181cra, Tilpunov Mikhail 212br, 213tr, 213crb, mochilaosabatico 93tl, Carlos Neto 173clb, periscope 144clb, Photo Volcano 158br, Pommy.Anyani 241br, Rodrigobarreto 84tr, 87, Robin Runck 75tl, Randall Runtsch 59tl, Sirichai Saengcharnchai 113bc, Aygul Sarvarova 145tr, seaonweb 206cr, Awon Shah 118cra, William Silver 49tr, 61tr, SL-Photography 78br, 79br, strelka 152crb, TDway 162br, Jimmy Tran 204tr, Marc Venema 120br, wada 215tr, Karin Wassmer 247clb, Dennis van de Water 182bl, weniliou 208crb, Kris Wiktor 44tc, wonderlustpicstravel 117cr, wtondossantos 89bc, Cody Zandelin 100clb, Dominika Zara 173bc, zstock 234tl

Tirol Werbung: Frank Bauer 130cr, Sebastian Schels 131cra

Horward Trofanenko: 16cl

wilde-weite-welt.de: 73tl

Imágenes de cubierta: Delantera y trasera: **Getty Images:** Moment / Roberto Moiola / Sysaworld; Back: **Alamy Stock Photo:** agefotostock / Javier Larrea cb; **Getty Images:** Feng Wei Photography crb, Raphael Schneider clb.

Para más información, visitar: *www.dkimages.com*

Edición de proyecto Elspeth Beidas, Rachel Laidler
Diseño sénior Ben Hinks, Stuti Tiwari
Diseño de proyecto Bharti Karakoti
Diseño Jordan Lambley
Ilustración Ben Spurrier
Documentación fotográfica Adam Goff, Myriam Megharbi, Martin Copeland, Taiyaba Khatoon, Vagisha Pushp
Cartografía sénior Casper Morris
Cartografía Ashif
Responsable cartografía Suresh Kumar
Diseño de cubierta Ben Hinks
Iconografía de cubierta Adam Goff, Ben Hinks
Producción sénior Jason Little
Diseño DTP Rohit Rojal
Preimpresión sénior Tom Morse
Producción sénior Samantha Cross
Responsable editorial Hollie Teague
Edición de arte sénior Bess Daly
Dirección de arte Maxine Pedliham
Dirección editorial Georgina Dee

Publicado originalmente en Gran Bretaña por Dorling Kindersley Limited, DK, One Embassy Gardens, 8 Viaduct Gardens, London, SW11 7BW

Título original: Hike. Adventures on foot

Primera edición 2023

Servicios editoriales: Moonbook

Traducción: Daniel Odevaine

ISBN: 978-0-7440-8622-5

Impreso y encuadernado en Malasia

Para mentes curiosas

www.dkespañol.com

Este libro se ha impreso con papel certificado por el Forest Stewardship Council ™ como parte del compromiso de DK por un futuro sostenible.
Para más información, visita www.dk.com/our-green-pledge

Consciente del frenético ritmo al que avanza el mundo, el equipo de DK Guías Visuales se mantiene informado de todo cuanto acontece. Si bien hemos trabajado arduamente para asegurarnos de que esta edición de *Rutas* esté actualizada, sabemos que las carreteras y los establecimientos se cierran, las rutas se modifican y aparecen otras nuevas en su lugar. Por tanto, si observas que la información expuesta varía, ponte en contacto con nosotros a través de travelguides@dk.co.uk

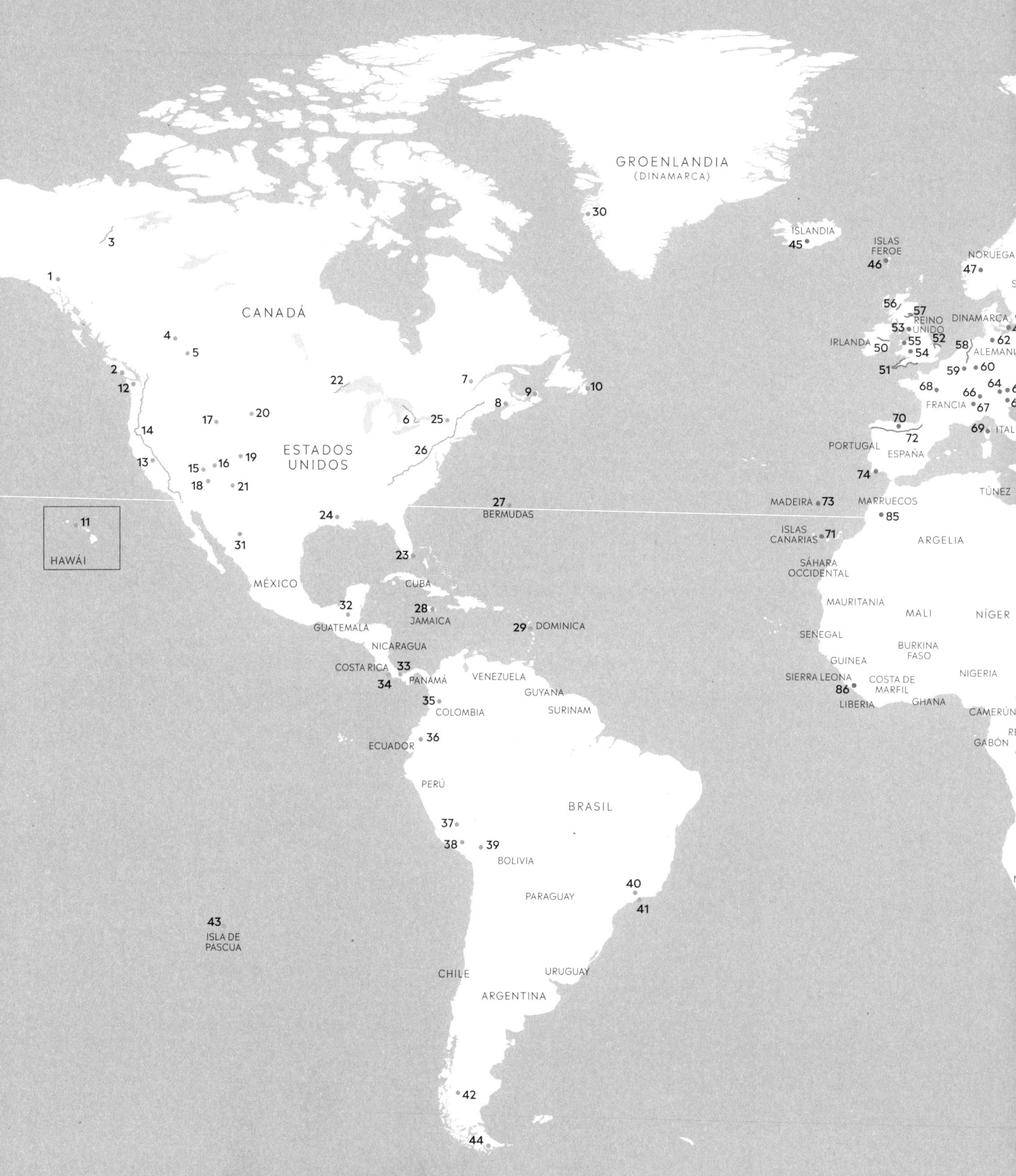

GROENLANDIA (DINAMARCA)
30
ISLANDIA
45
ISLAS FEROE
46
NORUEGA
47
CANADÁ
1
2
3
4
5
6
7
8
9
10
12
13
14
15
16
17
18
19
20
21
22
24
25
26
ESTADOS UNIDOS
27
BERMUDAS
11
HAWÁI
31
MÉXICO
23
CUBA
32
GUATEMALA
28
JAMAICA
29
DOMINICA
NICARAGUA
COSTA RICA
33
34
PANAMÁ
VENEZUELA
GUYANA
SURINAM
35
COLOMBIA
36
ECUADOR
PERÚ
BRASIL
37
38
39
BOLIVIA
40
41
PARAGUAY
43
ISLA DE PASCUA
CHILE
URUGUAY
ARGENTINA
42
44
56
57
REINO UNIDO
DINAMARCA
53
55
52
62
IRLANDA
50
54
58
ALEMANIA
51
59
60
68
66
64
FRANCIA
67
70
72
69
PORTUGAL
ESPAÑA
74
TÚNEZ
MADEIRA
73
MARRUECOS
85
ISLAS CANARIAS
71
ARGELIA
SÁHARA OCCIDENTAL
MAURITANIA
MALI
NÍGER
SENEGAL
BURKINA FASO
GUINEA
SIERRA LEONA
COSTA DE MARFIL
NIGERIA
86
LIBERIA
GHANA
CAMERÚN
GABÓN